THE
TOP 100
DREAMS

THE TOP 100 DREAMS by Ian Wallace
Copyright © 2011 by Ian Wallace
Originally published in 2011 by Hay House UK Ltd.
All rights reserved.
Korean translation rights © 2012 Jiwa Sarang
Korean translation rights are arranged with Hay House UK Ltd. through Amo Agency Korea.
Tune into Hay House broadcasting at: www.hayhouseradio.com
이 책의 한국어판 저작권은 아모 에이전시를 통해 저작권자와 독점 계약한 知와 사랑에 있습니다.
신 저작권법에 의해 한국 내에서 보호를 받는 저작물이므로 무단 전재와 무단 복제를 금합니다.

십만 가지 꿈 100가지 해석

초판인쇄 2012. 7. 13. | 초판발행 2012. 7. 20. | 지은이 이안 월리스 | 옮긴이 김규태
펴낸이 김광우 | 편집 최정미, 김지영 | 디자인 박솔 | 영업 권순민, 허진선 | 펴낸곳 知와 사랑
서울시 영등포구 당산동 3가 558-3 더파크365빌딩 908호
전화 (02)335-2964 | 팩시밀리 (02)335-2965 | 이메일 jiwa908@chol.com
등록번호 제10-1708호 | 등록일 1999. 6. 15.
ISBN 978-89-89007-62-3 (13180)
값 15,000원

www.jiwasarang.co.kr

이 도서의 국립중앙도서관 출판시도서목록(CIP)은 e-CIP홈페이지(http://www.nl.go.kr/ecip)와 국가자료공동목록시스템(http://www.nl.go.kr/kolisnet)에서 이용하실 수 있습니다. (CIP제어번호: CIP2012003117)

◆ 본서는 원서 내용을 주제에 따라 재배열했음을 밝힙니다.

십만 가지 꿈 100가지 해석

꿈에서 배우는 행동심리
THE TOP 100 DREAMS

이안 월리스 지음
김규태 옮김

知와 사랑

〈십만 가지 꿈 100가지 해석〉 차례

저자의 말 꿈꾸는 모든 이들에게   13
들어가며 꿈에 관하여   15

1장　삶과 죽음, 신체에 관한 꿈

1	이가 빠지거나 부서지는 꿈	39
2	사랑하는 사람이 죽는 꿈	41
3	무덤과 주검에 관한 꿈	43
4	총이나 칼에 다치는 꿈	45
5	치명적인 병에 걸리는 꿈	47
6	입안 가득 껌을 씹는 꿈	49
7	임신하는 꿈	51
8	치명적인 부상을 입는 꿈	54
9	신체 일부분이 잘리거나 사라지는 꿈	56
10	유리를 씹는 꿈	58
11	투명인간이 되는 꿈	60

2장   인물, 영혼, 신적인 존재에 관한 꿈

12	유령이 출몰하는 꿈	65
13	아이들이 위험에 빠지는 꿈	67
14	사랑했던 사람을 만나는 꿈	69
15	유명 인사를 만나는 꿈	71
16	잊고 있던 아기에 관한 꿈	73
17	낯선 사람이 메시지를 전하는 꿈	75
18	옛 친구를 만나는 꿈	77
19	초대하지 않은 사람들이 방문하는 꿈	80

3장   행동과 상황에 관한 꿈

20	화장실을 찾지 못하는 꿈	85
21	공공장소에서 알몸이 되는 꿈	87
22	시험 준비를 하지 못한 꿈	89
23	하늘을 나는 꿈	92

24	떨어지는 꿈	94
25	지각하는 꿈	96
26	술에 취하거나 마약에 중독되는 꿈	98
27	샤워하는 꿈	100
28	무언가를 찾는 꿈	102
29	바람피우는 꿈	104
30	끝없이 짐을 싸는 꿈	107
31	쫓기는 꿈	109
32	범죄를 저지르는 꿈	111
33	집으로 돌아가는 길을 잊는 꿈	113
34	당국에 쫓기는 꿈	115
35	몸을 움직이지 못하는 꿈	117
36	폭력배에게 납치되는 꿈	120
37	스파이나 비밀요원이 출몰하는 꿈	122
38	외계인에게 납치되는 꿈	124
39	사활이 걸린 싸움에 휘말리는 꿈	126
40	좀비에게 쫓기는 꿈	128
41	결혼하거나 이혼하는 꿈	131
42	스포츠 경기에서 승리하는 꿈	133
43	영화의 주인공이 되는 꿈	135
44	공연하는 꿈	137
45	전쟁에 휘말리는 꿈	139
46	슈퍼영웅이 되는 꿈	141

4장 장소와 공간에 관한 꿈

47	사용하지 않는 방을 찾는 꿈	147
48	언덕을 오르는 꿈	149
49	엉뚱한 길로 가는 꿈	151
50	으스스한 다락방에 관한 꿈	153
51	불가사의한 복도에 관한 꿈	155
52	낯선 도시나 거리에 있는 꿈	157
53	어두운 지하실로 내려가는 꿈	160
54	집에 도둑이 드는 꿈	162
55	뛰어넘을 수 없는 장애물에 관한 꿈	164
56	깊은 숲이나 정글을 헤매는 꿈	166
57	진흙탕에서 헤어나지 못하는 꿈	169
58	상점에서 길을 잃는 꿈	171
59	엘리베이터에 갇히는 꿈	173
60	지붕이 새는 꿈	175
61	과거의 시대로 가는 꿈	177
62	집이 무너지는 꿈	179
63	부엌에 갇히는 꿈	181
64	좁은 터널이나 구멍에 들어가는 꿈	184
65	건물이 불타는 꿈	186
66	감옥에 갇히는 꿈	188

67	회사가 텅 비어 있는 꿈	190
68	학교로 돌아가는 꿈	192
69	어릴 적 살던 집에 가는 꿈	195
70	미래로 여행하는 꿈	197

5장 감정에 관한 꿈

71	예기치 못한 사랑에 빠지는 꿈	203
72	옛 애인과 사랑을 나누는 꿈	205
73	부적절한 사랑을 나누는 꿈	207
74	성난 얼굴과 대면하는 꿈	210

6장 자연, 자연현상에 관한 꿈

75	해일에 관한 꿈	215
76	지진과 화산에 관한 꿈	217
77	토네이도에 휘말리는 꿈	219
78	물에 빠지는 꿈	221

7장   동물에 관한 꿈

79	개의 공격을 받는 꿈	227
80	뱀에게 둘러싸이는 꿈	229
81	거미가 위협하는 꿈	231
82	해로운 동물에게 위협받는 꿈	233
83	맹수가 몰래 접근하는 꿈	235
84	버림받은 동물을 찾는 꿈	237
85	정원에 동물이 있는 꿈	239
86	야생동물의 친구가 되는 꿈	242

8장   사물에 관한 꿈

87	비행기 추돌 사고의 꿈	247
88	통제 불능인 차량에 관한 꿈	249
89	차를 잃어버리거나 차가 망가지는 꿈	251
90	기차를 타는 꿈	254
91	비행기를 놓치는 꿈	256
92	폭탄이 터지지 않는 꿈	258

93	복권에 당첨되는 꿈	260
94	어울리지 않는 옷을 입고 있는 꿈	263
95	귀중품을 잃어버리는 꿈	265
96	서류 작업이 잘못되는 꿈	267
97	틀린 전화번호나 버튼을 누르는 꿈	269
98	기계가 고장 나는 꿈	271
99	신발을 잃어버리는 꿈	273
100	상한 음식이 나오는 꿈	275

| **나가며** | 꿈의 소리에 귀를 기울여라 | 278 |

저자의 말

꿈꾸는 모든 이들에게

나는 어렸을 때부터 꿈에 완전히 매료되었습니다. 어릴 적 꿈에 관한 기억 중 하나는 질주하는 증기기관차를 타고 스코틀랜드의 들판을 달리는 것이었습니다. 꿈에 놀라 야단법석을 떨면 아버지가 잠에서 깨어 달래주었고, 이내 다시 잠이 들곤 했습니다. 다음날 아버지는 철로 위 다리로 나를 데려갔고, 우리는 손을 잡고 우레 같은 소리를 내며 질주하는 증기기관차를 내려다보곤 했습니다. 나는 꿈이 현실로 이뤄졌다는 사실에 놀라움을 금치 못했습니다. 아버지는 심리학자가 아닌 석탄을 캐는 광부였으며, 눈에는 보이지 않는 석탄층을 본능적으로 인지하고 더 많은 석탄을 캘 만한 곳을 예측하던 분이었습니다.

  부모님의 격려와 지도로 나는 꿈을 탐구하고 그 의미를 해석하는 진로를 선택했습니다. 자신의 꿈을 연구하면 할수록 다른 사람들의 꿈에 대한 호기심이 커져갔습니다. 과학수사를 하듯 그들의 꿈을 단순히 해체 분석하는 것이 아니라, 꿈을 실현한 사람들에게 매혹된 것입니다. 이런 초기의 꿈 연구 이후 수많은 몽상가와 그들의 꿈을 연구하는 좋은 기회를 접했습니다. 함께 꿈을 공유해주신 많은 분들에게 진심으로 감사드립니다.

나의 꿈을 실현할 수 있도록 도와주신 분들에게 특별히 감사를 드립니다. 론다, 콜린, 매튜, 다니엘 그리고 토마스는 내가 이 책을 쓰는 꿈을 가질 수 있게 사랑과 지원을 아끼지 않았고, 집필을 마칠 수 있게 도왔습니다. 닐 슬레서는 어디에 있든 늘 함께하는 진정한 친구로, 꿈을 실현하기 위한 용기와 인내를 보여주었습니다.

아이린 깁의 지속적인 격려와 영감에도 감사를 표합니다. 그녀는 많은 사람들이 자신의 영감을 미래와 연결하도록 도움을 주는 대단한 일을 했습니다. 미래를 점칠 줄 아는 통솔력을 지녔으며, 스패너로 볼트와 너트를 죄고 풀듯 현실에서 꿈을 실현하기 위한 스패너 사용법을 알려준 키스 매시에게도 감사를 표합니다.

심리학자이자 공연가로서 탁월한 재능을 지닌 노엘 틸은 신비로운 이야기를 이해하려면 자신의 이야기 속 신비함부터 탐구해야 한다고 조언해주었습니다. 방송에서 나를 너그럽게 이해해주고 청중과 가까워질 수 있게 도와준 마이크 포웰에게도 감사를 표합니다.

크리스 에반스는 너그럽고 편협하지 않은 마음으로 나를 자신의 쇼에 초대해주었습니다. 헬렌 토마스와 수지 디트리히는 그 쇼를 계획하고 준비해서 새로운 꿈을 접할 기회를 제공해주었습니다.

마지막으로, 쇼의 사회자로서 열광적으로 나를 맞아주고 시청자의 관심을 불러일으키게 도와준 스티브 라이트에게도 감사를 표합니다. 또한 스티브를 연결해준 BBC 방송국의 루이스 헐란드에게도 특별히 감사를 표합니다.

들어가며

꿈에 관하여

백억의꿈

당신이 이 책을 읽는 동안에도 전 세계 인구 3분의 1은 잠들어 있으며, 그들이 꾸는 꿈을 합치면 백억 가지도 더 될 것입니다. 몽상가들은 대부분 자신이 꾸는 꿈이 매우 독특하고 기묘하며 순서가 없다고 생각합니다. 하지만 그들이 꾸는 꿈은 세상에 하나뿐인 유일무이한 것이 아니라 일정한 패턴과 내용으로 분류가 가능합니다. 수천수만 년 전부터 사람들은 꿈의 패턴을 분석해왔으며, 그것은 끊임없는 이야깃거리와 신념을 제공해주었습니다.

  꿈을 다루는 심리학자인 나는 지난 30년 동안 십만 가지도 더 되는 꿈을 분석해왔으며, 유사한 꿈들을 분류하다 보니 100가지 보편적인 패턴들이 있다는 사실을 깨달았습니다. 믿기지 않게도 전 세계 인구가 꾸는 꿈은 비록 인종과 문화가 다르더라도 100가지 꿈의 패턴 가운데 하나에 해당했습니다. 이는 러시아 경찰관과 일본 요리사를 비롯해, 노르웨이의 폭주족과 베네수엘라의 간호사는 물론, 인도 무용수에서 앙골라 석유 노동자에 이르기까지 누구나 동일한 패턴의 꿈을 꾼다는 의미입니다. 이런 보편적인 꿈의 내용은 꿈꾸는 과정에서 드러나는 버릇이나 행동이 아니라 그 꿈을 꾸는 사람 내면의 잠재의식이 반영된 것입니다.

우리는 꿈을 우리 의지와는 상관없는 무의식적인 것이라고 생각하지만, 사실 의지나 의식이 꿈으로 나타나는 것입니다. 꿈이 우리에게 나타나는 것이 아니라 우리가 꿈에 나타나는 것입니다. 꿈은 먼 별자리의 반짝이는 별부터 사랑하는 연인의 지문에 이르기까지 모든 걸 쉽게 창조해냅니다. 자연현상은 우리 삶의 본질을 반영하므로 꿈에 자주 등장합니다. 바쁜 일상의 압박에도 불구하고 사람들은 인생의 진정한 목적과 의미가 무엇인지 꿈을 통해 더 깊이 알고 싶어 합니다.

꿈에 나타나는 보편적 패턴들은 우리의 확고한 의지를 반영합니다. 사람들은 역설적이게도 꿈에는 아무런 의미와 목적이 없다고 생각합니다. 하지만 꿈에 나타나는 개개의 상징을 인식하고 그 속에 숨어 있는 상징적인 의미를 이해하면, 꿈이 주는 메시지를 파악할 수 있습니다. 꿈에 나타나는 상징들은 서로 연결되지 않아서 언뜻 중요하지 않은 듯 보이지만, 꿈 이야기를 좀 더 풍성하게 풀어나가기 위해서 꼭 필요한 재료입니다. 한 발 물러서 꿈의 패턴이 지닌 근본적인 의미를 들여다본다면, 꿈과 현실에서 나타나는 좀 더 큰 그림을 엿볼 수 있습니다.

『십만 가지 꿈 100가지 해석』은 꿈에 가장 빈번하게 나타나는 100가지 패턴과 더불어서 각각의 꿈이 말하고자 하는 바가 무엇인지 소개합니다. 꿈의 패턴을 인지하고 꿈의 의미와 상징을 알게 되면 많은 사람들이 감사하는 마음을 갖게 될 것입니다. 당신은 꿈에 나타나는 특별한 상징이 무엇이며 서로 어떻게 연결되어 있는지가 아니라 꿈의 보편적 의미와 그 의미가 주변 상황과 어떤 연관이 있는지를 알아야 합니다. 당신의 심리적, 문화적 배경도 꿈의 패턴을 통해 나타나는데, 꿈에서 경험한 모든 것이 당신의 행동에 지침서 같은 역할을 할 것입니다.

소망과 동경

꿈과 현실은 아무 관계가 없는 듯 보이나, 사실 꿈은 당신의 현실을 반영합니다. '꿈'이라는 단어 역시 꿈에서 겪는 경험과 함께 당신의 소망과 동경을 표현합니다. 현실에서 추구하는 꿈과 자면서 꾸는 꿈은 완전히 다른 듯 보이지만 이는 모두 자아에 대한 깊은 인식의 결과로 나타납니다. 자신을 좀 더 잘 이해하고 싶은 것은 인간의 타고난 본성입니다.

우리는 무의식을 종종 망각과 동일시하지만, 무의식은 당신이 받아들인 모든 정보와 경험을 의식적으로 인식하지 않으려는 심리 상태를 의미합니다. 이성적 존재인 인간은 의식적으로 현실에서 겪는 경험들 가운데 일부를 추려 꿈에서 보고 싶어 하는 경향이 있습니다. 무의식은 미처 깨닫지 못한 당신의 일부분입니다. 그것은 과거의 경험과 미래의 가능성을 구체적으로 나타내며, 당신의 진정한 목적의식과 잠재력을 실현해주는 중요한 요소입니다.

꿈은 당신이 무의식적으로 알고 싶어 하는 모든 것을 표현합니다. 그리고 현실에서 찾고자 하는, 가장 가치 있는 것이 무엇인지도 알려줍니다. 꿈 속 이야기는 무의식을 표현하는 언어이며, 의식적 자아보다 더 심오한 지혜와 넓은 이해력을 보여줍니다.

사람들은 의식적으로 알고 싶지 않은 질문에 답하기 위해 같은 패턴의 이야기들을 무의식적으로 계속 만들어냅니다. 보통 "인생을 바꾸려면 어떻게 해야 할까?", "왜 늘 나와 맞지 않는 사람을 사랑하는 걸까?" 또는 "어째서 나의 능력과 재능을 알아주는 사람은 없는 걸까?" 같은 질문이 포함됩니다.

꿈은 이런 질문들에 지속적으로 답을 제시합니다. 꿈꾸는 사람이 없다면 꿈은 있을 수 없습니다. 꿈을 통해 당신의 심리적 상황이 드러날 수 있습니다. 나는 누구이고 내가 요구하는 것이 무엇인지, 그리고 내가 믿는 것이 무엇인지 꿈을 통해 나타날 것입니다. 나를 바꾸어줄 어떤 사람이나 관행이 있을 것이라는 희망에 매달리지 말고 당신의 무의식을 믿으십시오. 무의식은 당신 전체를 설명하지는 못하지만, 당신도 몰랐던 당신의 많은 부분을 알고 있습니다. 무의식으로부터 얻는 이런 통찰력을 이용해 스스로를 완성할 수 있으며, 자신만을 위한 심리학자가 될 수 있습니다. 무의식을 반영하는 꿈의 탐구와 분석은 이를 가능하게 합니다.

    현실에서는 마치 꿈을 꾸는 것처럼 아무 연관성 없는 사건과 사고가 이어집니다. 당신의 원대한 야망이 무엇인지 미처 알아차릴 여유도 없습니다. 현실의 압박과 강요로 자신의 꿈이 멀어지는 걸 느낄 것입니다. 또한 부적절한 요구와 계발하지 못한 잠재력 때문에 좌절하는 자신을 마주할 것입니다. 그렇다고 해서 꿈에만 매달리기보다는 현실의 삶을 즐기십시오. 그러려면 당신의 꿈과 그 꿈이 상징하는 무의식이 무엇인지 좀 더 잘 알아야만 합니다.

조명과 탐구

잠든 동안 꾸는 꿈은 단순히 무의식적 이야기인 듯 보입니다. 밤마다 당신은 꿈의 세계에 빠져들었다가 시계 알람이 울리면 눈 비비며 일어나 현실로 돌아옵니다. 하지만 알람이 울린다고 해서 꿈이 끝난 건 아닙니다. 무의식은 당신이 모르는 그 순간에도 활동하고 있습니다. 무의식적으로 주위를 둘러볼 때 당신의 관심은 신비스러운 것들에 집중되겠지만, 당신에게 되돌아오는 것은 더 복잡하고 혼란스러운 것일 수도 있습니다.

    불확실한 건 버리고 확실하게 보이는 것에 집중하면, 무의식적 과대망상은 쉽게 무시됩니다. 당신은 무의식적으로 반영되는 생각을 막으려고 하지만 그런 생각이 의식 속으로 계속 스며듭니다. 텔레비전이 고장 나서 좋아하는 프로그램에 잠깐 멈추었다가 다른 채널로 바뀐다면, 당신은 프로그램 전체가 아니라 일부분을 잠깐 본 것입니다. 마찬가지로 꿈에서 보는 것은 아주 단편적인 장면들입니다. 하지만 그저 스쳐 지나는 장면이 아니라 중요한 메시지를 전달합니다. 그 의미를 이해하는 건 그리 어려운 일이 아닙니다. 단편적인 의미들을 종합하면 꿈이 상징하는 전체적인 의미를 파악할 수 있습니다.

본능적으로 꿈을 인식해서 얻는 단편적인 장면들을 탐구하기보다는 의도적으로 꿈을 합리화하려고 하십시오. 합리화 과정을 거치면 꿈을 더 잘 이해할 수 있습니다. 밖으로 나가 세상을 경험하지 않아도 집에서 신문을 보고 세상을 이해할 수 있듯이 말입니다. 명백한 논리와 객관성이라는 테두리 안에서 바라보면 세상을 쉽게 이해할 수 있을 것 같지만, 이는 오히려 꿈을 이해하는 데 방해가 됩니다. 어떤 사람들은 그 테두리를 벗어나 무의식의 세계로 들어가, 넓은 이해력을 바탕으로 자신과 세상에 대해 심오한 발견을 하기도 합니다.

1895년, 알베르트 아인슈타인은 눈 덮인 언덕에서 별빛을 받으며 썰매 타는 꿈을 꾸었습니다. 아인슈타인은 그 꿈에서 영감을 얻어 상대성 이론을 발표했습니다. 훗날 그는 "꿈은 나에게 의식적으로 습득한 지식보다 훨씬 더 의미 있고 중요한 것을 선물했다"라고 회고했습니다. 그는 꿈에 나타난 환상을 보고 그 의미를 잘 이해함으로써 자신이 꿈꾸던 과학자가 되었습니다. 실제로 무의식을 통해 표현되는 이야기를 주의 깊게 들은 아인슈타인 같은 몽상가들은 과학 기술 분야에서 최고의 업적을 이뤄냈습니다.

비행기를 만든 오빌과 윌버 라이트 형제는 늘 하늘을 나는 꿈을 꾸었습니다. 라이트 형제는 노스캐롤라이나 주 데어 카운티의 키티 호크에서 비행기와 비행에 관해 끊임없이 연구했으며, 마침내 최초의 동력 비행기를 타고 하늘을 날아올랐습니다. 노벨 물리학상 수상자인 덴마크의 물리학자 닐스 보어는 태양 위에 앉아 있는 자신의 주위로 여러 행성들이 각각의 경주로를 따라 쏜살같이 지나가는 꿈을 꾼 후, 원자 구조를 밝히는 원자 모형을 제시했습니다. 독일의 유기화학자 프리드리히 케쿨레는 꿈에서 벤젠 분자 구조를 발견한 후 벤젠의 탄소 고리구조를 발표했습니다. 그는 동료 과학자들에게 "꿈에서 배우라"고 강력하게 권했습니다.

꿈속의 인물

무의식의 불빛으로 주위를 비춰볼 때 무심히 둘러보지 말고 당신에게 도움이 되는 중요한 사람을 찾으십시오. 그러면 산만하고 불확실한 환경에서도 자신의 진정한 모습을 찾는 사람이 될 것입니다. 진정한 정체성은 그저 스쳐 지나가는 정도로는 찾을 수 없어서 사람들은 본능적으로 정체성을 찾기 위해서 애를 씁니다. 당신의 자아인식을 보여주는 가장 훌륭한 거울은 바로 타인입니다. 그러므로 사람들의 충고와 비판을 받아들인다면, 당신의 특성을 계발하는 데 많은 도움이 될 것입니다.

여권이나 신분증의 사진이 사람마다 다르듯이 자신이 유일무이한 정체성을 가졌다고 생각하는 건 지극히 당연해 보이지만, 모든 사람은 그의 집안 대대로 간직한 고유한 특성을 지닙니다. 당신이 어디서 무엇을 하느냐에 따라 여러 특성이 다양한 시기에 나타납니다. 때로는 당신이 구현하는 특성들이 아침마다 하루를 시작하듯 매우 현실적인 것으로 보일 수도 있습니다. 배우자나 부모에게서도 자신의 모습을 찾을 수 있으며, 직장에서는 자신에게서 전문가의 모습을 발견하기도 합니다. 어떤 때는 매우 달라진 행동을 보여주기도 하는데, 그럴 때면 '내가 무엇 때문에 이런 행동을 하는지 모르겠다' 또는 '도대체 내가 누구인지 모르겠다' 라고 혼잣말을 하기도 합니다.

당신은 현실에서 나타나는 당신의 또 다른 정체성들을 의식적으로 부정하려고 할지도 모릅니다. 하지만 당신이 부정하면 할수록 그것들은 꿈에서 계속 나타납니다. 꿈에서 창조된 인물들은 바로 당신의 모습이며, 현실에서 그런 특징을 가진 누군가를 통해 경험한 사실을 반영합니다. 당신이 닮고 싶은 특징을 지닌 사람을 찾을 수 없다면, 가상의 인물을 만들어내십시오. 무의식적으로 관찰한 사람들에게서 나타나는 갖가지 특징들을 조합하면 당신이 닮고 싶은 특징을 지닌 가상의 인물을 만들어낼 수 있습니다.

꿈속 인물들의 행동은 이런 특징들과 당신이 어떤 관계가 있는지를 보여줍니다. 예를 들어, 꿈에 사랑하는 사람이 등장했다면 이는 속이 깊고 말이 없는 당신의 성격을 의미합니다. 깊이 사랑하는 관계에서는 자아와 타인의 구분이 어려울 때가 많습니다. 잠시라도 그들과 떨어지면 자신의 일부분을 상실한 듯한 느낌을 받기도 합니다. 사랑하는 사람이 나타나는 꿈은 그 사람이 과연 당신에게 어떤 의미인지, 그리고 그 사람이 어떻게 당신의 일상을 풍성하게 하고 당신을 격려하는지 이해하는 데 도움을 줄 것입니다.

꿈에 나오는 인물 가운데 유명 인사와 연예인도 있습니다. 현실에서 함께 지낸 적은 없지만 매체를 통해 자주 접하므로 그들에게 굉장한 친밀감을 느낍니다. 연예인은 일반적으로 특별한 재능과 성취를 상징합니다. 그러므로 꿈에 나타나는 연예인은 그동안 알지 못했던 가치 있고 독특한 당신의 특성을 발견할 수 있게 일깨우는 역할을 합니다. 유명 인사와 연예인을 볼 수 있는 텔레비전이 나오기 훨씬 전에는 독특한 재능과 능력을 가진 신과 여신들이 그들을 대신했습니다.

꿈속의 동물

꿈에서는 또한 어두운 밤에나 만날 법한 모든 생물을 만날 수 있습니다. 꿈에 나타나는 동물은 타고난 본능을 의미합니다. 인간이 아무리 고등한 존재라고 해도 우리는 여전히 동물의 몸으로 살고 있으며, 사회생활에는 부적합하고 불필요한 본능과 충동적 욕구를 지닌 채 살아갑니다. 동물적 본능은 통제 불가능하고 위험해 보이지만, 꿈에 나타나는 동물 대부분은 우리가 현실에서 쉽게 접하기 어려운, 창조적이며 지혜로운 존재입니다.

꿈에 나타나는 동물은 무언의 힘을 상징합니다. 프랑스 남부 론알프스주에 있는 쇼베동굴Grotte de Chauvet에서 발견된 3만 년 전 선사시대 벽화 속 동물은 꿈속 동물을 그린 첫 번째 기록이라고 할 수 있습니다. 거의 모든 문화에서 특정 동물의 고유한 힘을 숭배해왔습니다. 고대 이집트인의 고양이 신, 미국 인디언 원주민의 토템 신앙 동물이 그 예입니다. 수많은 집단의 주술사들이 아직도 강한 직관적 인식으로 동물의 힘을 끌어내어 의식의 세계와 무의식의 세계를 중재하고자 합니다.

우리는 꿈에서 무섭고 위험한 동물부터 충성스런 애완동물까지 모든 동물을 창조할 수 있습니다. 애완동물은 편안히 안주하고 싶은 심리 상태를 반영하고, 야생동물은 길들여지지 않은 우리의 일부분을 이해하고 싶은 심리 상태를 반영합니다. 모두가 샤머니즘을 따르는 건 아니지만, 애완동물을 기르고 이름을 지어주고 가족처럼 여기는 건 아직도 인간이 동물의 영과 밀접한 관계를 유지한다는 의미입니다. 어린 아이들이 테디 베어나 귀여운 동물 인형을 갖고 싶어 하는 이유도 애완동물을 신비한 마력을 지닌 존재로 여기기 때문입니다.

어릴 적 우리가 접했던 이야기들에는 대부분 동물이 등장합니다. 동물 소리는 어린이가 처음 흉내 내는 소리입니다. 이는 우리의 내면에 동물적인 본성이 있음을 의미합니다. 아이들은 고양이나 소 울음소리를 흉내 내는 데서 나아가 동물들과 대화하는 만화 주인공들을 동경하기도 합니다. 인간의 동물적인 본성은 꿈에서도 이어져 인간과 대화하는 환상의 동물들을 창조하는데, 반인반수의 모습을 한 동물도 있습니다. 이런 멋진 창조물들은 우리의 꿈을 벗어나 신화나 동화의 스핑크스, 늑대 인간, 또는 곰돌이 푸의 모습으로 실제 세계에 나타나기도 합니다.

사회적 압력으로 우리의 타고난 본능은 어느 정도 제어가 됩니다. 하지만 동물적인 본능마저 제어되면 쉽게 스트레스를 받거나 병에 걸립니다. 꿈에서 만나는 동물은 종종 지금 우리 몸에 어떤 음식이 필요하며 무엇을 주의해야 하는지 알려줍니다. 예전부터 인간은 병을 치유하는 힘이 있다고 믿는 동물들을 이용해왔습니다. 뱀이 칭칭 휘감고 있는 의술의 신 아스클레피오스의 지팡이는 서양 의술의 상징으로 사용됩니다. 아무리 본능을 억제하려고 해도 동물들은 늘 우리의 꿈에 나타납니다. 우리의 무의식에 늘 존재하면서 우리를 격려합니다.

꿈속의 사건

꿈에서 만나는 인물과 동물은 또한 사건을 일으키기도 하는데, 꿈이 마치 일련의 사건들이 펼쳐지는 한 편의 드라마 같다고 생각한 적이 있을 것입니다. 몽상가들이 꿈을 묘사할 때 가장 자주 사용하는 말이 '그 다음에' 라는 표현입니다. 보통 묘사하는 중간에 '그 다음에' 라는 말을 여러 번 사용하며, 마지막에는 '그 다음에 내가 꿈에서 깨어났지!' 로 끝납니다. 꿈속의 중요한 사건을 설명할 때마다 '그 다음에' 라는 말을 사용하고, 마침내 그 사건들이 모여 하나의 꿈 이야기가 됩니다. 이런 사건들에 나타나는 인물은 당신의 모습이므로 결국 당신의 무의식적인 특성들이 꿈의 줄거리를 만들어가는 것입니다.

　꿈에서 벌어지는 일련의 사건들은 모두 다른 이야기처럼 보이지만 대부분 비슷한 내용을 지닙니다. 강렬한 신화와 다양한 이야기들은 우리가 꿈에서 경험하는 이런 보편적인 사건들로 구성되어 있습니다.

　<스타워즈>를 제작한 미국의 영화감독이자 제작자 조지 루카스에게 영감을 준 미국 신화학자 조셉 캠벨은 지구상의 수많은 문화에 전해오는, 꿈을 바탕으로 한 신화들을 수집해서 연구, 분석했습니다. 그 결과 대부분의 신화에서 동일한 구조의 사건들이 등장한다는 사실을 발견했습니다. 이런 신화적 사건들은 개개인이 공감할 만한 이야기들을 담고 있어서 우리의 감정을 자극합니다.

　우리의 꿈과 이야기에서는 기본적으로 사건이 세 단계로 펼쳐집니다. 처음 사건은 행동촉구에 대한 응답이고, 다음은 행동을 결정하고 실행하기 위해서 노력하는 것이며, 마지막은 내면의 재능을 성공적으로 실현하는 것입니다. 문학작품의 이야기들처럼 우리는 어떤 행동을 하기 전 꿈으로 들어가야 합니다. 연극 무대로 말하면, 1막 또는 할리우드 극작가들이 언급하는 배경을 비롯한 소설의 설정 단계에 해당합니다. 연기를 하는 것은 이야기의 핵심 부분인 2막에 해당합니다. 이야기에 깊이 빠져들수록, 즉 2막의 중간 단계에 이르면 어려운 결정을 해야 하는 상황이 됩니다.

　우리는 종종 결정적인 순간에 도망을 치기도 합니다. 그러나 도망치지 않고 자신에게 집중하기로 결정한다면, 즉 2막으로 좀 더 들어가면 더 많은 도전에 직면합니다. 이 도전들에 응한다면 3막으로 가게 되며, 그곳에서 마침내 연극하는 내내 지녔던 긴장감이 해소됩니다. 연극의 막이 내려지거나 영화의 마지막 자막이 화면에 올라가면, 연극과 영화의 이야기를 통해서 우리는 자신을 돌아보게 됩니다. 대부분의 고전 연극이나 영화는 이런 세 가지 사건들이 연속적으로 전개되는 형식을 따릅니다.

  보통 꿈의 일화는 15~45분 정도 지속됩니다. 하지만 이렇게 짧은 시간에 인생 전부를 담을 수도 있습니다. 당신은 최고의 극작가처럼 사건들을 전개해나갑니다. 그렇게 함으로써 당신이 찾는 인물의 동기와 야망이 무엇인지 지속적으로 밝혀낼 수 있습니다. 그러나 당신은 현실의 시간으로 꿈을 꾸는 것이 아니라 이야기 속 시간으로 꿈을 꾸고 있는 것입니다. 그러므로 주어진 시간 안에서 가장 중요한 사건에 초점을 맞추면 꿈속 이야기의 전개와 서술은 더욱더 단편적이고 압축적이 되므로 짧은 시간이지만 인생 전부를 담을 수 있습니다.

꿈속의 장소

꿈속 인물들은 당신이 창조해낸 장소들을 자유로이 넘나들며 이야기를 만들어냅니다. 꿈속 풍경은 현실에서 당신이 존재한다고 느끼는 곳을 나타내는 내면 세계의 투영입니다. 꿈에서 익숙한 장소들은 특별한 추억이 깃든 곳이거나 구체적인 장소, 즉 어린 시절에 살던 집이나 교실 같은 곳입니다. 꿈에서 이런 친숙한 장소를 다시 방문하거나 친숙하지 않은 장소를 만들어내는 까닭은 현실에서는 미처 알지 못했던 가능성과 잠재력을 발견하고 싶어서입니다. 또한 꿈속 장소들로 통하는 자신만의 길을 만드는 행위는 당신이 도달하고 싶은 인생의 어떤 곳으로 통하는 자신만의 길을 찾고 있음을 의미합니다.

  집이나 사무실 같은 건물 안에 있는 꿈은 당신이 이미 알고 있는 자신의 특성과 잠재력을 살펴보고 있다는 걸 의미합니다. 반면 야외에 있는 꿈은 당신이 알고 있는 세계 너머에 무엇이 있는지, 어떻게 하면 그 가능성을 확인할 수 있을지 관심을 갖고 있다는 걸 의미합니다. 마을이나 도시 같은 장소는 그동안 쌓아온 지식과 경험, 시외나 야생이 살아 숨 쉬는 장소는 개방적이고 기회주의적인 당신의 성격을 의미합니다. 그리고 꿈에서 멀리 떨어진 곳으로 여행하는 건 현실에서 색다른 경험을 하고 있음을 의미합니다.

우리가 사용하는 언어는 내면의 무의식을 반영합니다. "앞날이 험난하다"는 말은 험난한 암벽을 오르는 사람처럼 많은 노력을 해야 함을 의미합니다. 너무 작은 것에 집착해 넓게 보지 못할 때는 "나무만 보고 숲은 보지 못한다"라고 말합니다.

무의식의 불빛으로 주위를 비추면 때때로 내면을 반영하는 장소를 발견하게 됩니다. 이는 당신이 강렬한 인상을 받았던 장소의 물리적 위치가 당신과 깊은 관계가 있음을 의미합니다. 어떤 장소는 집단 내 모든 사람의 내면세계를 반영하기도 하는데, 시간이 경과하면서 이런 장소들은 사람들의 내면에 매우 중요한 신성한 장소로 변합니다. 어떤 사람은 신성한 장소를 기념하기 위해서 사원이나 사당을 짓고, 또 어떤 사람은 신성한 식물이 있는 곳 주위로 모여들기도 합니다.

자신이 누구인지 알고자 하는 무의식은 당신이 어디에서 왔으며 어디로 가는지에 대한 공감과 이해에 근거를 둡니다. 인간의 모든 문화에는 샹그릴라Shangri-La(제임스 힐튼의 소설에 등장하는 지상낙원), 샴발라Shambhala(티베트 오지에 존재한다는 불교도의 지상낙원), 히페르보레아Hyperborea(그리스 신화에 등장하는 신화적 인물들이 거주하는 곳) 그리고 유토피아 같은 약속된 땅이나 꿈의 공간이 있습니다. 의자에 앉아서, 거리를 걸으면서 사람들은 종종 먼 곳을 보는 듯한 눈을 하는데, 이는 그들의 무의식이 그들만의 꿈의 공간을 배회하고 있음을 보여줍니다. 이런 꿈의 공간들은 지도에도 나와 있지 않고, GPS 좌표도 없습니다. 하지만 우리의 무의식 세계에서는 실제로 존재하는 공간이며, 그곳에서는 진정한 자신이 될 수 있습니다.

꿈속의 사물

당신은 꿈에서 수많은 인물과 사건, 장소 외에도 갖가지 사물을 창조해냅니다. 꿈속의 사물들은 현실에서 필요한 도구나 수단들을 상징하며, 본래의 사용 목적 외에 매우 중요한 의미를 내포합니다. 꿈속 사물들은 본래의 물리적인 성질이 아닌 다른 의미가 있으며, 대부분 마력을 가진 사물로 변해갑니다. 하지만 사물 자체가 마력적이라는 것이 아니라 무의식의 측면에서 타고난 재능을 반영할 뿐입니다.

수만 년 동안 우리는 꿈속에 등장하는 사물들이 우리에게 전달하고자 하는 의미가 무엇인지 이해하려고 노력해왔습니다. 물론 깨닫지 못한 숨은 재능에 대한 반영이라는 사실을 논리적으로 분석하기도 했으나, 그것만으로는 본능적인 단계에서 느끼는 의미의 많은 부분들을 놓칠 수 있습니다. 비이성적인 것을 이성적인 언어로 묘사하는 건 무척 어렵습니다. 그래서 모든 문화와 종교는 정의할 수 없는 것을 객관적으로 정의하기 위해서 상징을 사용했습니다. 상징은 인간의 의식적 인식으로는 제대로 표현할 수 없는 무형의 의미를 유형의 단어로 표현한 것입니다.

꿈속 사물이 우리에게 보여주는 의미를 인식하면 그 상징적 가치를 획득할 수가 있습니다. 상징은 추상적 개념처럼 보이지만, 회사 상표에서 컴퓨터 아이콘에 이르기까지, 팀 색깔에서 종교의 도상학에 이르기까지 쉽게 찾아볼 수 있습니다. 우리 조상은 언어를 사용하기 전부터 상징을 이용해서 의사소통을 해왔습니다. 심지어 언어를 사용하고 난 후에도 심오한 감정을 표현하기 위해서 상징적인 이미지를 사용했습니다. 말로는 표현할 수 없는 것들을 표현하기 위해서 이런 상징적인 사물을 사용합니다. 그리고 그 상징은 단지 어떤 것을 대체하는 용도가 아니라 어떤 것과 우리를 연결하는 통로입니다.

'상징symbol'은 '증표token'를 뜻하는 그리스어 '심벌론symbolon'에서 유래했습니다. 증표는 두 사람의 관계를 증명하기 위해 동전이나 뼈를 둘로 쪼개 나눠 갖는 용도로 사용하던 물건이었습니다. 증표를 나누어가진 두 사람은 증표가 완벽하게 모양이 맞는지 보고 서로를 확인할 수 있었습니다. 이는 그 사람이 믿을 만한 사람이거나 신뢰할 만한 사람인지 확인하는 방법이었습니다. 상징은 이렇듯 사람과 사물을 연결하는 속성이 있으므로 그 자체의 고유한 물질적 가치보다 더 값진 의미를 지닙니다.

현대 사회에서 인간과 인간이 아닌 다른 어떤 것을 연결해주는 사물은 상징적인 가치가 가장 높은 것으로 받아들여집니다. 그런 사물은 믿음이나 신념의 상징일 것입니다. 현재 상징적인 가치가 가장 높다고 여기는 것들 가운데 하나가 바로 의사소통을 위해서 사용하는 휴대전화입니다. 휴대전화는 우리와 우리의 자의식을 연결해주는 잠재력을 지닌 사물로 매우 널리 사용되고 있습니다. 꿈속 사물들 역시 무의식적으로 당신과 의미 있는 어떤 것을 연결해주는데, 관계성을 추구하는 것은 어쩔 수 없는 인간의 본성입니다.

꿈속의 언어

꿈에서 창조되는 형상과 상징은 자아를 넘어 자신에 관해 더 많은 것을 알려주며, 또한 현실에서 경험담을 이야기하듯 꿈속 경험을 우리에게 전달하는 데 많은 도움을 줍니다. 고대 그리스인은 추상적인 개념을 표현하기 위해 '은유metaphor'라는 기법을 사용했습니다. 은유는 전달할 수 없는 의미를 표현하기 위하여 유사한 특성을 가진 다른 사물이나 관념을 빌려 오는 어법입니다. "가장 훌륭한 꿈 해석가는 유사성을 관찰하는 능력을 가졌다"라고 말한 그리스 철학자이자 극작가인 아리스토텔레스는 어떤 의미를 연결, 전달하고자 하는 꿈의 은유적인 능력을 주시했습니다. 또 다른 그리스 학자이자 최초의 꿈 해석 책인 『꿈풀이 Oneirocritica』의 저자 아르테미도로스 Artemidorus도 이런 말을 했습니다. "꿈의 해석은 단지 유사한 것을 나란히 놓는 것에 불과하다."

은유는 상상의 세계에서 통용되는 모국어라고 할 수 있습니다. 우리는 은유적인 표현을 쓸 때도 있지만 가끔 은유적 표현이 외국어처럼 낯설게 느껴질 때도 있습니다. 하지만 꿈에서 자신도 모르게 현실에서 사용하는 관용구를 은유적인 표현으로 사용하기도 합니다. '저기압이다 under the weather', '식은 죽 먹기 a piece of cake', '같은 운명 all in the same boat' 또는 '이미 지난 일 water under the bridge' 같은 표현은 현실에서 자연스럽게 사용되지만, 이를 형상화한다면 매우 낯설게 보일 것입니다.

꿈속 언어의 이미지는 단순히 임의적인 것이 아니라 은유적인 풍경을 묘사합니다. 우리는 보통 실용성과 현실성을 표현할 때 땅의 단단한 성질이 포함된 말을 사용합니다. 예를 들면, '실제적인 down to earth', '충분한 노력 solic effort'이라는 표현들입니다. 하늘은 종종 생각이나 아이디어를 상징하는데 예를 들면, '이상적인 생각 blue-sky thinking', '너의 견해를 피력하라 airing your views' 그리고 '호언장담 shooting the breeze' 등입니다. 물은 감성과 경험을 상징하며 '마음 깊이 느끼다 feel it in my water', '눈물을 펑펑 흘리다 floods of tears' 그리고 '저조하다 at a low ebb' 등을 예로 들 수 있습니다. 불과 빛은 창의력과 열정을 나타내며 '불타는 욕구 burning desire', '열광적인 all fired up' 그리고 '깜빡하는 순간 a light-bulb moment' 등이 있습니다.

구어와 문어가 진화함에 따라 우리는 낱말을 이미지로 되돌리기 시작했고, 꿈에서도 깊은 의미를 표현할 수 있었습니다. 우리는 꿈에서 본 중요한 이미지를 표현하기 위해서 동음이의어 homophones(발음은 같지만 철자나 뜻이

다른 단어들)를 이용한 말장난puns을 사용합니다. 음은 같지만 의미가 다른 동음이의어처럼 꿈은 다른 의미로도 해석될 수 있습니다. 예를 들면, 많은 유명인사들이 여배우 페이 더너웨이와 함께 영화에 출연하는 것이 꿈이라고 말합니다. 이는 단순한 소원이 아니라 그들의 경력이 쇠퇴하고 있으며, 지위가 곧 사라질 것에 대한 불안감을 나타냅니다.

다양한 언어와 문자들을 사용하기 전 대부분의 문화권에서 통합된 하나의 언어로 의사소통을 했다는 이야기를 찾아볼 수 있습니다. 이런 이야기들 가운데 가장 잘 알려진 것이 '바벨탑 이야기' 입니다. 인류가 전 세계로 흩어져서 서로 다른 언어를 사용하기 전까지, 바벨탑 건설 현장에서는 하나의 언어로 의사소통을 했다고 합니다. 이 이야기가 얼마만큼 신빙성 있는지는 알 수 없지만, 중요한 건 아직도 꿈의 상징적, 은유적 이미지가 통합된 인간의 언어로 사용된다는 점입니다. 현실에서 은유적인 언어를 사용하는 건 바로 꿈에서 본능적인 언어로 말하고 있다는 의미입니다.

꿈속의 이야기

우리는 꿈꿀 때 본능적으로 상상의 언어를 사용하고, 더 복잡한 형태의 상징을 만들어냅니다. 이런 패턴은 우리의 세계를 설명하고 자신을 이해하기 위해서 사용하는 주된 장치이며, 이를 우리는 이야기라고 부릅니다. 현실에서 이해하지 못할 상황에 부딪히면 보통 우리는 그 상황에서 의미 있는 주제들을 발견하고 그 패턴과 연관 지어 이야기를 만들어냅니다. 상황이 복잡할 때는 보통 "무슨 이야기입니까?" 라고 질문합니다. 패턴들이 연결되지 않고 무의미하다면 "일이 어떻게 되어 가는지 모르겠다" 라고 말합니다.

때때로 꿈은 덧없고 환상적인 것처럼 느껴질 때가 있지만, 유명 문학작품 대부분은 저자가 무의식의 탐구에서 영감을 얻어 완성한 것들입니다. 아일랜드의 소설가 제임스 조이스가 자신의 작품에서 구사한 수법은 '의식의 흐름' 기법으로 알려졌지만, 오히려 '무의식의 흐름'이 더 정확한 표현입니다. 조이스의 대표작 중 하나인 『율리시스』는 호메로스의 서사시 『오디세이』에 나오는 오디세우스Odysseus(라틴어명 Ulysses)의 꿈같은 여행과 유사한 신화적 패턴을 통해 등장인물과 배경의 무의식적 흐름을 보여주는 작품입니다. 그의 마지막 작품 『피네간의 경야Finnegan's Wake』(1939, 드림비전 패턴의 작품으로 『율리시스』에서 사용된 '의식의 흐름' 수법을 종횡으로 구사)는 더 많은 꿈의 이미지와 동음이의어들을 사용해서 '무의식의 흐름'을 보여줍니다.

우리 시대 최고의 소설가이자 시인이며 극작가인 윌리엄 셰익스피어는 감동적이고 탁월한 희극의 기초를 잡기 위해서 그가 꾼 꿈들을 종종 이용했습니다. 그의 많은 연극들에서 꿈을 각색한 듯한 장면을 종종 볼 수 있습니다. 초기 작품인 『헨리 6세』와 『리처드 3세』 같은 역사극은 꿈과 전조들로 이야기가 시작되며, 『맥베스』에서 단검이 나오는 장면과 줄리엣이 로미오에게 생명을 불어넣기 위해 키스하는 장면에서도 몽환적인 이미지를 사용했습니다. 또한 줄거리의 토대를 만드는 데에도 꿈을 이용했습니다. 『겨울이야기』의 보헤미안 숲이나 『폭풍』에 등장하는 프로스페로Prospero(추방된 밀란의 공작으로 마술에 능통)의 마법의 섬, 『한여름 밤의 꿈』에서 사용된 꿈의 세계와 같은 꿈의 배경이 셰익스피어의 작품들에 등장합니다.

셰익스피어와 조이스는 문학계의 거장이지만, 꿈에서는 우리도 세계 최고의 작가이자 극작가입니다. 우리가 꾸는 꿈은 단순히 공간을 묘사하는 것이 아니라 은유적인 이미지를 이용하여 창조적인 공간을 만드는 무의식적인 시와 같습니다. 꿈에서 우리가 만들어내는 이야기들은 내면의 심오한 의미를 현실에 적용시켜 자아와 초자아를 연결하는 통로입니다. 경험의 조각들을 연결해서 의미 있는 패턴을 만들듯이 꿈속의 무의식을 연결함으로써 이야기를 만든다면, 그 꿈의 이야기는 현실에서 우리가 겪는 더 큰 이야기를 표현하게 됩니다.

꿈의 패턴처럼 현실의 이야기들도 기본적인 패턴으로 구성됩니다. 인상 깊은 현대 이야기 중에는 옛 이야기들을 무의식적으로 재구성한 것이 있습니다. 피터 브래드포드 벤츨리의 소설을 기초로 한 스티븐 스필버그의 <죠스Jaws>(1975)는 고의는 아니었겠지만 1천2백 년 전 고대 영어로 쓴 영국의 영웅 서사시 『베오울프Beowulf』(3,182행으로 되어 있음, 늪에 사는 괴물인 그렌델에게 위협받는 흐로트가르 성에서 일어나는 이야기)와 묘하게 비슷합니다. 꿈은 모든 예술, 심리학, 영성, 그리고 신화를 형성하는 더 큰 현실에서 기인한 이야기에 우리가 살고 있는 현실을 연결해줍니다.

꿈속의 신화

현대 사회에서 신화는 보통 입증되지 않거나 근거 없는 신념으로 간주됩니다. 하지만 "단지 신화일 뿐이다" 또는 "단지 꿈일 뿐이다"라고 말하는 건 자신을 현실의 더 큰 이야기에서 분리하는 것과 같습니다. 우리 문화와 관련 없는 것처럼 보이는 신화는 공허하고 터무니없는 이야기가 아닙니다. 신화는 우리의 현실을 이해하고 현실에 의미를 부여하는 방법으로서 큰 틀을 제공합니다. 따라서 인간이 이야기를 공유하기 시작한 이래 창조된 신화들은 심리학적 탐구의 가장 근본적인 틀을 제공합니다.

현대 심리학과 행동연구학은 고대 신화 이야기들에 기초합니다. 신화는 언뜻 남신과 여신의 이야기(공상적인 생물과 불가사의한 사건을 포함하는)인 듯 보이나, 실제로는 인간 행동의 근본적인 패턴을 나타냅니다. 즉 어떤 특정

신화는 구체적인 사건 하나만을 묘사하는 듯 보이지만, 보편적인 인간의 경험에 관한 이야기도 담고 있습니다. 신화에서 반복되는 패턴들은 당신의 무의식에서 나타나는 것과 같은 패턴입니다. 신화의 패턴들은 우리와 우리의 더 큰 그림을 연결시키며, 삶의 의미와 균형감을 찾게 해줍니다.

신화는 오래전부터 전해오던 단순한 옛날이야기처럼 보이지만, 사실 그 속에는 우리 삶의 면면이 스며들어 있습니다. 예를 들면, 일일 드라마에서 광범위한 영화 오락물에 이르기까지, 우리 주위에는 인간 행동의 신화적 기반이 되는 이야기들이 많습니다. 단순한 요정 이야기에서 복잡한 아서왕의 서사시에 이르기까지, 기본적인 행동 패턴을 이야기 속에 융화하기 위해서 스토리텔링 문화가 발달한 것입니다. 개인적인 신화는 이성적으로는 이해하기 힘든 인간의 행동 패턴을 이해하는 데 도움이 됩니다. 또한 인식의 세계를 넘어 미지의 세계로 나아갈 수 있는 용기를 줍니다.

과학적 사고와 조직적 종교가 발달하고 성장하면서 우리는 신화와 멀어졌습니다. 하지만 신화는 우리가 꾸는 꿈들처럼 창조적인 작품이므로 이성적 사고의 한계를 초월해서 우리의 상상력을 최대한 이용할 수 있게 도와줍니다. 신화는 실제 사건의 해석이 아니라 실제 행동의 본보기임을 이해해야 합니다. 이는 신화를 이용해 상상력을 탐구, 지원할 수 있다는 걸 의미합니다. 개인의 꿈은 신화를 모두 모아놓은 총체적 신화라고 할 수 있는데, 개인적인 이야기들이 얼마나 풍부하고 복잡한 내용을 포함하는지 깨닫게 해줍니다.

당신 개인의 신화를 안다면, 현실이라는 드라마에서 당신이 연기하는 인물과 그 정체성을 잘 알 수 있습니다. 당신의 신화는 당신이 인생에 잘 적응하도록 도와주고, 당신이 어디에 와있는지 파악하도록 도와주며, 어디로 가고 있는지 깨달을 수 있게 도와줍니다. 신화적인 삶을 사는 건 물리적인 삶을 사는 것만큼 중요합니다. 신화는 당신이 깨어 있을 때는 볼 수 없는 수많은 틀을 형성하고 있기 때문입니다. 꿈은 신화이고 신화는 총체적인 꿈입니다.

꿈의 심리학

꿈을 탐구할 때 꿈 자체에 너무 집착하면 꿈에 나타난 것들을 창조한 사람이 자신이라는 사실을 망각하게 됩니다. 꿈을 꾸는 사람을 이해하고 그 사람의 행동 패턴을 파악하는 건 꿈의 의미와 꿈이 전달하고자 하는 메시지가 무엇인지 이해하는 데 도움이 됩니다. 심리학은 인간의 행동을 연구하고 인간이 보여주는 순수한 의식적, 육체적 징후 이상의 것을 연구하는 학문입니다. 심리학적 연구가 명백한 모순들을 지닌 복잡한 탐구일 수도 있지만, 심리학의 기본은 '나는 누구인가, 나에게 필요한 것은 무엇이고, 내가 믿고 있는 것은 무엇인가'에 대한 탐구입니다.

'나는 누구인가'는 꿈에 나오는 인물의 정체성에 의해 밝혀집니다. 심리학적 관점에서 보았을 때 정체성은 행동과 연관됩니다. 따라서 당신이 자신의 특성을 잘 알수록 현실에서 야망을 성취하기 위해 필요한 것을 더 쉽게 찾을 수 있습니다. 보통 꿈속 인물뿐 아니라 당신의 정체성을 반영하는 꿈에는 일종의 결정적인 선택이 수반됩니다. 또한 정체성을 보여주는 꿈에는 종종 건물들이 등장합니다. 이 건물들은 당신과 타인을 나타내는 것입니다. 때로는 장벽과 장애물이 나타나기도 하는데, 이는 개인의 한계를 상징합니다. 꿈을 통해 당신의 다양한 정체성들을 인지할 수 있다면, 당신은 좀 더 쉽게 바른 결정을 내리고 최선의 행동방침을 따르게 될 것입니다.

꿈속에서 가장 귀하고 중요하게 보이는 것들은 현실에서 당신에게 필요한 것입니다. 가치 있는 필수품이 꿈속에 계속 나타난다는 건 그것이 실생활에서 당신에게 얼마나 가치가 있었는지를 반영합니다. 당신에게 필요한 것을 보여주는 꿈에서는 보물을 발견하거나 중요한 것을 분실하게 됩니다. 당신에게 필요한 것은 꿈속에서 당신이 창조해낸 물건일 수도 있고 제거하려는 물건일 수도 있습니다. 아니면 사랑, 우정 그리고 욕망에 대한 체험일 수도 있습니다. 놀라운 일과 눈부신 발전이 가득한 꿈들도 당신이 정말로 필요로 하는 것이 무엇인지를 보여줍니다.

당신이 믿고 있는 것은 어떤 특별한 상황을 바라보는 당신의 특별한 시각입니다. 무의식적으로 자신의 정체성을 찾으려고 하고 가치 있게 여기는 것에 마음이 끌린다면, 당신은 다양한 시각과 관점들로 여행하고 있는 것입니다. 꿈속에서 의사소통을 하거나 자신이 진정으로 원하는 것을 말한다면, 이는 당신의 신념을 반영하는 꿈입니다. 신념에 관한 꿈은 무언가를 찾고 있지만 그것을 찾지 못하는 꿈일 수도 있습니다. 신비함과 초월성이 있는 꿈 그리고 가능성을 찾아 탐험하는 꿈도 신념에 관한 꿈입니다.

『십만 가지 꿈 100가지 해석』은 우리가 창조한 꿈의 이야기 속에 반복해서 나타나는 인간 심리학의 기본 패턴들을 보여줍니다. 꿈의 근본적인 내용을 알게 된다면 정체성이나 자신에게 반드시 필요한 것 그리고 신념이 무엇인지 더 명백히 알 수 있을 것입니다. 자신이 누구이며, 필요한 것이 무엇인지 그리고 진실로 믿는 것이 무엇인지 잘 인지할수록, 결정하기와 가치 있는 것을 추구하기, 자신을 표현하기 좀 더 쉬워질 것입니다. 하지만 꿈은 심리학 이론들을 요약해놓은 것이 아니라 확실한 의미를 가진 이야기입니다. 꿈속으로 들어가야 그 이야기를 가장 잘 이해할 수 있으며, 의미하는 바를 찾아낼 수 있습니다.

일러두기	꿈의 내용	💬
	꿈의 의미	❓
	대처 행동	
	꿈의 배경	

1장

삶과
죽음,

신체에
관한 꿈

1 이가 빠지거나 부서지는 꿈

💬

갑자기 이가 흔들리거나 빠진다. 그전까지만 해도 별다른 문제는 없었다. 나머지 이라도 온전하기를 바라지만 그것 역시 흔들리기 시작한다. 입안에 피가 고여서 뱉어내거나 이가 산산조각이 나서 가루가 되기도 한다. 거울에 입안을 비추어보면 이가 심하게 썩어 있거나 동물 또는 흡혈귀처럼 커다란 송곳니가 돋아 있다.

❓

이에 관한 꿈은 현실에서 당신의 힘과 자신감을 나타낸다. 보통 웃을 때나 음식물을 먹을 때 이가 드러난다. 따라서 이가 드러나는 꿈은 당신이 지금 얼마나 자신감 있고 적극적인지를 반영한다. 이가 빠지는 꿈은 당신이 어떤 도전에 직면해서 싸우고 있지만 자신감을 잃어가고 있음을 의미한다. 이가 하나씩 빠지는 건 어느 순간 당신의 자신감이 상처를 입어서 마치 이가 빠지면서 신경을 잃어버리듯, 앞으로 또 다른 상처를 받게 될 것을 뜻한다. 당신은 자신감이 흔들리는 탓에 큰 소리로 말하는 것보다 입을 계속 다물고 있는 것이 나은 일임을 알게 된다.

  이가 부서지는 꿈은 당신의 자존심이 상처를 입어서 자신감이 사라지고 있다는 뜻이다. 이가 썩는 꿈은 당신의 힘이 약해지고 있다는 신호다. 이에

땜질한 물질이 느슨해지는 꿈은 더 이상 채울 자신감이 없음을 의미하며, 치조(치근이 박혀 있는 턱뼈의 공간)에서 나오는 피는 가까운 사람과의 갈등으로 자존심이 상처를 입었음을 의미한다. 치아교정기를 낀 모습은 외부의 도움을 받아서라도 자신감을 지키고 싶은 소망의 표현이다. 눈부시게 하얗고 고른 이는 자신감의 증대로 생긴 힘의 과시를 의미한다. 흡혈귀처럼 뾰족한 송곳니는 당신이 자신감을 되찾기 위해서는 다른 사람의 에너지와 열정이 필요하다는 뜻이다.

이가 빠지거나 부서지는 꿈은 현실에서 어떤 시련이 닥쳐도 자신감을 가져야 한다는 메시지다. 비록 역경 앞에서 무력감을 느낄지라도 자신감 있게 행동함으로써 무력감을 없앨 수 있다. 자신감을 보여줄수록 난관을 해결할 가능성은 높아진다. 무력감만 안겨주는 불안한 마음은 던져버리고, 이를 다시 해 넣는다는 마음으로 도전을 즐겨라.

누구나 어렸을 적 젖니가 빠진 경험이 있다. 젖니가 흔들리면서 빠질 때까지 아이는 힘과 정체성을 두고 사람들과 협상을 한다. 하지만 보통 그 협상 대상자가 힘 있는 부모이거나 교사이기 때문에 상대적으로 어린 당신은 무력감을 느끼고 자신감을 상실한다. 이가 빠지는 꿈은 어렸을 적 느낀 이런 자신감의 상실을 성인이 되어서도 경험하는 것이다.

2 사랑하는 사람이 죽는 꿈

몹시 사랑하는 사람이 죽었다는 소식을 접하고 당신은 충격을 받고 슬퍼한다. 죽은 사람은 보통 부모이거나 당신에게 무조건적인 사랑과 지원을 아끼지 않던 사람이다. 사랑하는 사람을 잃고 비탄에 빠진 당신은 그들이 생전에 보여주었던 믿을 수 없는 자질을 사람들에게 알리려고 노력한다. 꿈에서 깨면 슬픈 느낌을 받지만, 실제로는 사랑하는 사람이 살아 있다는 사실을 알고 안도하고 기뻐한다.

사랑하는 사람이 죽는 꿈은 삶의 방식 하나가 끝나고 다른 삶의 방식이 시작됨을 상징한다. 사랑하는 사람이 죽을 것이라는 예지몽이 아니라는 말이다. 꿈에서 누군가를 본다는 건 그 사람 자체가 아니라 그 사람을 통해서 나타나는 자신의 특징적인 인간적 자질을 보는 것이다. 사랑하는 사람이 현실에서 따뜻하고 교육적인 사람이라면, 당신은 자신이 따뜻하고 교육적인 자질을 얼마나 갖고 있는지 생각하고 있음을 의미한다. 사랑하는 사람이 책임감 있고 유능한 사람이라면, 당신이 그런 책임감 있고 유능한 자질을 갖고 있는지 의문을 품고 있음을 의미한다. 꿈에서 사랑하는 사람을 잃는다는 건 당신이 소유한 특징적인 자질이 변질되고 있음을 의미한다. 특징적 자질의 변질은 오래된 습관을 버리고 새로운 행동방침을 인생행로에 받아들여 큰 변화가 생겼기 때문에 일어난다. 종종 무덤 옆이 꿈의 배경이 되기도 한다. 과거의 것을 소중히 덮어두어야 새로운 미래로 나아갈 수 있기 때문이다. 꿈의 배경이 병원이라면, 사랑하는 사람에게 과도하게 의존하고 있어서 좀 더 책임 있고 자립적일 필요가 있다는 의미다. 꿈에서 깨어난 후 사랑하는 사람이 살아 있음을 알고 기뻐하는 건 그 사람과 당신의 관계가 새롭게 태어나고 재개되었음을 강조하는 것이다. 그리고 그것은 그 사람과 더욱 돈독한 유대 관계를 구축하는 데 도움이 될 것이다.

사랑하는 사람이 죽는 꿈은 삶에서 특정한 활동 시간이 끝나가고 있으나 두려워하지는 말라는 의미다. 그리고 완전히 새로운 분야의 기회가 다가오고 있음을 알려주는 것이기도 하다. 과거로부터 해방되어야 비로소 새로운 미래로 한 걸음 내디딜 자유를 얻는다. 이 꿈을 죽음과 관련된 예지몽이라고 생각할 수도 있지만, 그런 일은 거의 일어나지 않는다. 죽음의 가능성에 관심을 갖기보다는 당신 앞에 펼쳐진 새로운 가능성과 삶을 풍족하게 넓혀 나가기 위해서 이 가능성을 어떻게 이용할 수 있을까를 생각해야 한다.

어렸을 적 경험하는 불안감 가운데 하나는 우리를 키워주고 우리의 안락함과 안전을 보장해주는 부모와 이별하는 데서 온다. 여행을 간다거나 하는 일로 그들이 잠깐 자리를 비우면 그동안 우리는 많은 걱정을 한다. 커가면서 독립성을 가질수록 부모나 사랑하는 사람에게 덜 의지하게 된다. 하지만 불확실한 상황에 직면하면, 부모가 다시 나타나 모든 걸 제자리로 돌려

놓을 것이라고 기대한다. 죽음은 완전히 돌이킬 수 없는 것이라고 종종 생각하지만, 꿈에서 죽음은 단지 새로운 시작을 위한 자연스러운 끝남을 의미한다.

3 무덤과 주검에 관한 꿈

검은 무덤 위로 무언가 창백하고 하얀 것이 튀어나온다. 가까이 다가가다 순간 발에 걸리는 것이 시신이라는 걸 알고는 소름이 끼친다. 당신은 그 사람의 죽음과 연관이 없지만, 심한 죄책감으로 그 시체를 무언가로 덮어주고 싶은 마음이 든다. 시신을 공동묘지에 묻으려는데 이미 그곳에 매장된 다른 시체들을 발견한다. 당신은 무덤을 빨리 덮어 감추고 사람들의 눈에 띄기 전에 그 자리를 떠나려고 한다.

무덤과 주검에 관한 꿈을 꾸는 건 어떤 특별한 계획에 활기를 불어넣기 위해서 자신의 숨겨진 능력을 어떻게 사용할지에 대해 생각하고 있음을 의미한다. 시신에 발이 걸리는 것은 과거에 버려두었던 특별한 능력이 있음을 의미한다. 당신은 사장된 재능을 살리기에는 이미 늦었다고 생각하지만,

현실에서 그 재능들을 되살려 사용할 새로운 기회가 주어진다. 당시에는 어쩔 수 없이 그 재능을 묻어버렸지만, 오래된 희망과 꿈을 버렸다는 죄책감이 남아 있다. 하지만 죄책감과 후회에도 불구하고 당신은 그 재능을 계속 묻어놓고 있다.

사람들의 기대에 부응하기 위해서 처음에는 당신만의 특별한 창조적인 열망을 포기했을지도 모른다. 이는 사람들이 당신의 진가를 인정해줄 것이라는 피상적인 희망에서 비롯된 것이다. 하지만 실제로 당신이 한 행동은 자신의 열정적인 창조력을 사장한 것이다. 지금 당신이 들춰내려는 것은 자신만의 고유한 재능의 구현이며, 실제로 당신은 야망을 되살릴 기회를 갖고 있다. 누군가의 죽음의 원인이 당신이라는 꿈을 꾼다면 당신의 재능을 포기하도록 선택한 사람이 바로 자신이라는 의미다. 공동묘지에서 많은 시체들을 들춰내는 꿈은 현실에서 팀의 일원으로 재능을 발휘할 기회가 많다는 것을 의미한다.

무덤과 주검에 관한 꿈은 지금까지 무시했던 재능을 되살릴 필요가 있음을 당신에게 다시 한 번 상기시켜준다. 인생을 가치 있게 만드는 것들을 포기해버린 당신은 자신이 심각한 위험에 처해 있다는 걸 무의식적으로 알고 있다. 하지만 당신은 의식적으로 포기를 선택했으며, 대신 사람들과 잘 어울리면서 그들의 인정을 받을 것이라는 희망을 갖고 있다. 고유한 능력은 아무리 깊숙이 감추려고 해도 굴하지 않고 계속 기회를 보다가 부적절한 순간에 표면으로 떠오르려고 할 것이다. 자신의 능력에 대한 죄책감을 떨쳐버리고, 그 능력에 새 생명의 입김을 불어넣도록 노력하라.

📖

살면서 사체와 직면하는 경우는 거의 없지만, 우리가 접하는 대중물에는 살인자와 주검 그리고 그들의 죽음을 둘러싼 범죄 이야기가 가득하다. 이런 이야기에서는 보통 한쪽은 시체를 숨기려고 하고 다른 한쪽은 시체를 찾아 죽음의 원인을 밝히려고 한다. 이런 전형적인 탐정 추리소설은 재능을 숨기려고 했던 우리의 죄책감과 그 재능을 무시한 이유가 무엇인지 찾아내려는 노력을 떠올리게 한다. 진부하게도 소설에서 범인은 다른 사람의 시중을 드는 집사인 경우가 많은데, 이처럼 우리는 종종 자신의 요구를 무시하고 다른 사람들의 시중, 즉 요구를 들어주려고 한다.

4 총이나 칼에 다치는 꿈

괴한이 당신에게 총이나 칼을 겨누고 있으며, 총알이나 칼날이 갑자기 몸을 관통했다는 사실을 깨닫고 당신은 충격을 받는다. 상처에서 나오는 피를 막느라 정신없는 가운데 그 괴한에게 왜 자신을 공격했는지 물어본다. 다시 총에 맞거나 칼에 찔리지 않기 위해서 그 자리를 피하려고 하지만 괴한은 끝까지 쫓아와서 다시 위협을 가한다. 당신은 자신을 방어할 방법도 없고 상처까지 입었지만, 아직 정상적으로 움직일 수 있다.

총이나 칼에 다치는 꿈은 현실에서 의지에 반하는 어떤 일을 하도록 강요당하고 있다는 의미다. 총과 칼은 당신이 요구에 따르지 않아 초래한 불쾌한 결과 때문에 당신을 위협하는 힘 있는 사람을 상징한다. 총알은 특별한 행동으로 입은 상처를 뜻한다. 총은 비인격적이며 칼보다는 좀 더 먼 거리에서 사용되므로 공적인 인간관계에서 압박받는 당신의 상황을 의미한다. 가까운 거리에서 찌르는 데 사용되는 칼은 사적인 인간관계에서 생긴 갈등으로 상심에 빠졌음을 의미한다.

총알에 관통된 구멍이나 칼에 찔린 상처는 괴롭고 고통스럽지만, 당신은 상처 자체보다는 왜 상처를 입었는지 그 이유에 더 관심이 많다. 공격은 정당한 이유가 없는 것으로 보이지만, 희생자인 양 행동하는 당신이 사람들에게 비난의 대상이 되어버린 상황을 반영한다. 자신을 방어하지 않은 탓에 당신은 모든 종류의 혹독한 비난과 교활한 험담에 노출되었다. 이런 상황에서 벗어나려고 노력하는 꿈은 당신이 공격에 맞서기에는 역부족한 탓에 앞으로도 사람들의 공격이 계속될 것임을 말해준다. 자신을 방어하는 가장 좋은 방법은 부당한 비판을 꺾을 용기를 갖고 당신의 요구를 강력하게 주장하는 것이다.

총이나 칼에 다치는 꿈이 전하는 메시지는 사람들이 당신에게 무력을 행사할 기회만 줄 뿐 그것을 그만두게 하지 못하는 상황을 말한다. 당신이 무력감을 느끼는 이유는 당신이 자신의 요구를 주장하는 것을 두려워하기 때문이다. 자신의 생각을 분명히 말하고 자신의 요구가 확실히 받아들여진다면, 당신은 굉장히 직설적으로 변할 것이다. 좀 더 자신 있게 자신을 표현한다면 당신의 솔직함을 이용하려는 사람들에게 쉬운 대상으로 보이지 않을 것이다.

📖

무기는 주로 사람들을 제압하거나 특정한 방식의 행동을 강요할 때 사용된다. 개인적인 무기로서 총과 칼은 사람들 위에 군림하려는 개인적인 힘을 상징한다. 이런 무기들은 현실에서 그리 흔히 볼 수 있는 건 아니지만, 영화들에서 자주 등장한다. 고전 서부 영화에서 현대의 살인 추리 영화까지 피해자는 총이나 칼을 가진 가해자의 협박을 받는다. 이는 최신 컴퓨터 게임으로까지 이어진다. 총을 쏘고 서로를 죽이는 컴퓨터 게임의 승패는 어떤 종류의 게임 무기와 기술을 갖고 있느냐에 좌우된다.

5 치명적인 병에 걸리는 꿈

건강해 보였던 지인이 갑자기 불치병을 선고받았다는 소식을 듣고 충격을 받는다. 그 병은 암이거나 심장병 또는 치유될 가망이 없는 질환이며, 그 질병으로 지인은 병들고 허약해진 것이다. 비록 치료 불가능한 병이지만, 당신은 기적을 바라고 그 사람을 더 잘 돌봐줄 훌륭한 의사를 찾고 있다.

현실의 당신은 건강하다고 확신하지만 꿈에서는 자신이 병에 걸렸을 수도 있다.

❓

치명적인 병에 걸리는 꿈을 꾼다는 건 당신이 현실에서 감정적으로 불안정한 상태에 있음을 의미한다. 이는 마음을 불편하게 만드는 일이지만, 그렇다고 확실한 치료법도 없어 보인다. 잠시만이라도 어떻게든 현재 상황에 대응해보려고 하지만, 더 이상 그런 방법으로는 지탱할 수 없다는 것을 갑자기 깨닫게 된다. 질병이 암이라면 인생의 어떤 상황이 통제 불가능할 정도로 악화되어 다른 부분까지 악화되고 있음을 의미한다. 통제할 수 없게 악화된 상황은 당신의 에너지를 고갈시키고 속을 태울 것이다.

　질병이 심장질환이라면, 당신이 내키지 않는 어떤 관계에 연루되어 있음을 의미한다. 상사병을 앓고 있거나 불필요한 심적 고통에 시달리는 것보다는 당신의 사랑을 표현할 방법을 찾는 게 최선의 선택이다. 위가 불편하다는 건 이룰 것이라고 기대했던 바를 이루지 못한 상황에 처해 있음을 의미한다. 이런 상황을 참고 견디기보다는 당신의 야망을 충족시킬 다른 방법을 찾아 즐겨라. 체력을 소모하는 질환은 자신의 재능과 기회가 낭비되는 느낌을 받고 있음을 의미한다. 모든 일이 한순간에 잘 될 것이라고 기대하지만 가장 좋은 치료법은 자신이 적극적으로 행동하는 일이다.

지인이나 당신이 치명적인 병에 걸리는 꿈은 당신이 지금 위험한 상황에 처해 있음을 알려준다. 인간의 몸처럼 당신의 희망과 열망은 스스로 재생할 수 있는 엄청난 능력을 지니고 있다. 하지만 지금 당신은 자신을 치료할 수 없는 만성 스트레스의 상황으로 몰아넣고 있다. 아무리 생각해도 다른 선택은 없고 불행한 결과만 초래할 것 같아 보이지만, 균형을 되찾을 바람직한 방법은 늘 존재한다. 당신의 행복에 더 집중할수록 당신의 전망은 더욱더 밝아질 것이다.

실제로 치명적인 병에 걸린 경험이 없다고 해도 주요 시간대의 텔레비전 드라마들에서 병원이나 의사의 수술 장면을 본 적이 있을 것이다. 이런 드라마에서는 중병에 걸린 환자의 상태가 갑자기 호전되어 건강을 완전히 되찾는 상황이 자주 묘사된다. '치유heal'의 어원은 고대 영어 '해란haelan'에서 왔으며 '정정하고 원기 왕성하다being hale and hearty'라는 말을 쓰듯이 '온전하게 만들다to make whole'라는 의미다. 실제로 건강해지는 방법은 기분을 좋게 만드는 긍정적인 행동을 하는 것이다.

6 입안 가득 껌을 씹는 꿈

입안이 껌 같은 끈적끈적한 물질로 가득 차 있다. 씹을수록 물질은 더욱더 늘어나고 입을 가득 채우는 느낌이다. 물질을 뱉어버리려고 안간힘을 쓰지만 절대 뱉어지지 않는다. 손가락으로 꺼내보려고 하지만 끈적거리는 거품 덩어리가 되어버린다. 물질이 치아를 치료한 봉을 뽑아내고 치아를 손상시키지 않을까 걱정된다. 물질을 삼키면 숨이 막히거나 아플 것 같다.

입이 껌으로 가득한 꿈은 현실에서 꼭 말해야 하지만 말하는 데 어려움을 느끼는 일이 있음을 의미한다. 먹는 꿈은 현실에서 당신이 필요로 하는 것을 채워주는 활동을 의미한다. 끊임없이 껌을 씹는 행동은 지속적으로 에너지를 앗아가지만, 결국 채워지지 않는 어떤 활동에 관여되어 있음을 의미한다. 이런 활동은 주로 다른 사람들을 위해 하는 일이다. 처음에는 자극이 될지라도 이내 흥미를 잃어 이제 시늉만 하는 지루한 잡일이 되어버린 것이다.

당신은 우려하는 바를 표현하고 싶지만 속마음을 말하면 곤란한 상황에 처할까 봐 걱정스럽다. 이 문제를 처리하기 위한 방법을 생각하면서 많은 시간을 들여 고심한다. 처음에는 분명 사소한 일이었는데 어느 순간 걷잡을 수 없이 부풀려졌다. 이는 주로 개인의 능력을 나타내는 것으로, 이가 상할까 봐 걱정하는 것은 문제를 공개하면 개인의 능력에 피해가 갈까 봐 걱정하는 것이다. 이런 답답함을 해소하는 최선의 방법은 마음속의 생각을 그냥 발설하는 것이다.

입안 가득 껌을 씹는 꿈은 입 밖으로 내뱉기 어려운 의견을 표현하라고 종용한다. 당신은 평소에 품위 있고 조리 있게 말하는 사람이지만, 이런 상황을 말로 끄집어내기란 상당히 어려운 일이다. 당신은 천성적으로 긴장이나 불편함을 피하기 위해서 말해야 할 사항을 미화하는 사람이다. 하지만 정말로 말하고 싶은 것을 피한다면 같은 자리를 맴돌 뿐이다. 진실을 말할 때 정녕 자신이 누구인지 느끼게 된다.

많은 사람들, 특히 치과의사나 치과 교정전문의들은 껌을 씹는 꿈을 이를 가는 것과 연관해서 생각한다. 이를 가는 행동이 껌을 씹는 꿈으로 연결된다는 것이다. 이처럼 반대의 경우도 사실이다. 진실한 감정을 표현하기 어려울 때 사람들은 보통 이를 간다. 현실의 문제가 껌을 씹는 꿈으로 나타나고, 꿈을 꾸는 사람은 이를 간다. 껌을 씹는 꿈과 이를 가는 행동은 자신이 말하고자 하는 바를 표현해서 상황을 해결하면 대부분 멈춘다.

7 임신하는 꿈

당신은 배가 크게 불러 있고, 곧 아이를 낳아야 한다는 걸 깨닫는다. 임신의 징후가 유난히 빠르게 나타나는 듯하지만 실제로 아기가 나오기까지는 시간이 걸릴 것으로 보인다. 임신은 생활에 지장을 주는 듯 보이고, 걸어 다니다 보면 움직이기가 어색하다. 출산을 하면 이상한 생물체 또는 물체가 나오거나 정말로 못생긴 아기를 낳는다. 아기가 유산되거나 임신중절수술을 받기도 한다.

❓

임신하는 꿈은 현실에서 프로젝트나 계획을 완성하기 위해서 너무 긴 시간을 기다려왔음을 의미한다. 임신 기간은 당신이 계획을 구상한 기간으로 이제 막 계획이 실현되기 직전임을 의미한다. 임신하는 꿈은 당신이 인내를 해야 하며, 프로젝트를 성공적으로 완성하기 위해서 적절한 자원이 동원되어야 한다는 점을 보여준다. 계획 구상은 꽤 최근에 시작했지만 현실적으로 실행에 옮기려면 시간이 걸린다. 더구나 프로젝트와 연관된 추가적인 책임감의 무게 때문에 이전 방식으로 지속해나가기가 어려우며, 다른 활동을 즐길 자유가 제한된다는 걸 알게 된다.

   마침내 산고의 결실을 세상에 내놓았을 때 기대에 미치지 못해서 좌절할 수도 있다. 결과물이 다소 보기 싫고 이상하게 보이면, 아이디어를 계발하고 육성하는 데 해야 할 일이 좀 더 있음을 의미한다. 당장은 실망했을지라도 활기차고 건강하게 준비해나간다면 시간이 지날수록 아름다운 것으로 성장해나갈 수 있다. 유산이나 중절수술을 하는 꿈은 외부의 영향을 통제할 수 없어서 프로젝트를 중단해야 한다고 느끼고 있음을 알려준다. 대부분의 가치 있는 경험은 마찬가지로 씨를 뿌려 열매가 맺기까지 얼마간의 시간이 걸릴 것이다.

임신하는 꿈이 주는 메시지는 당신이 어떤 아름다운 것을 막 창조하려고 하지만, 상황이 자연스럽게 진행될 수 있게 속도를 조금 늦춰야 한다는 의미다. 여기서 중요한 건 결과가 아니라 이제 막 나타나려 하는 엄청난 기회를 기다리면서 자신을 돌보는 데 초점을 맞추는 것이다. 당신은 인내하면서 일이 자연스럽게 흘러 적당한 때가 될 때까지 기다려야만 한다. 이는 상당히 힘겨운 경험일 수 있지만, 막 싹트기 시작한 당신의 야망에 완전한 성공의 기회를 부여하는 일이다.

📖

임신은 가장 강렬한 인간의 경험 가운데 하나로 우리의 자원과 창조력을 사용해서 무엇인가를 창조해내는 지속적인 능력을 증명하는 것이다. 모든 문화에는 다산을 기원하는 의식이 있는데, 이와 관련된 상징들도 있다. 부활절 달걀이나 이집트의 개구리를 예로 들 수 있다. 아이디어와 계획에 관한 많은 표현이 임신 그리고 다산과 관련된 단어와 구문에서 나왔다. '계획을 구상하다 conceiving a plan', '개념적 아이디어를 진행하다 working on a conceptual idea', '풍부한 상상력을 갖고 있다 having a fertile imagination' 등의 말이 이에 해당한다. 또한 우리는 '의미심장한 휴식 pregnant pause' 같은 구문을 사용할 때 임신을 기대감과 연결하기도 한다.

8 치명적인 부상을 입는 꿈

무해하고 현실적인 활동을 하던 중 당신은 갑자기 공격을 받는다. 어디선가 공격자가 나타나서 무슨 일이 일어나는지 상황을 파악하기도 전에 치명적인 공격을 가한다. 무기는 보통 식칼이나 망치처럼 쉽게 손에 잡히는 것이고, 공격자는 경고 따위는 하지 않으며 살인적인 공격을 감행한다. 상처가 심각하지만 당신은 자신이 왜 공격 대상이 되었는지에 더 신경을 쓴다.

치명적인 부상을 입는 꿈은 현실에서 감정적으로 심각한 상처를 입었음을 의미한다. 감정적인 상처는 보통 가까운 관계나 로맨틱한 관계의 갑작스런 중단으로 야기된다. 공격을 예상하지 못했기 때문에 공격자가 어디선가 갑자기 나타난 것처럼 보이며, 그래서 당신은 불시에 공격을 당한다. 모든 일이 잘 되고 있다고 생각했지만 이제 삶이 산산이 부서지는 느낌을 받는다. 불화는 현실적인 가정사나 직장 상황 같은 작은 갈등에서 야기되었으므로 공격자가 사용한 무기는 현실에서 사용되는 물건으로 나타난다.

당신은 부상의 정도를 걱정하는 것이 아니라 왜 공격을 받았을까를 걱정한다. 자신은 무고한 희생자라고 생각하지만, 당신은 인간관계에서 꽤 안일한 태도를 취했거나 늘어나는 불안감에 대한 수많은 사전 경고들을 알아채지 못했던 것이다. 이런 경고 신호는 매우 미묘해서 알아차리기 힘들지만, 이 신호를 빨리 인식했다면 좀 더 효과적인 방법으로 상황을 타개할 수 있었을 것이다. 꿈에서 죽음을 경험하는 건 보통 본질적인 변화를 의미하며, 치명적인 부상은 과거에서 벗어나서 삶을 변화시켜야 하는 것을 의미한다.

치명적인 부상을 입는 꿈은 특정 관계나 애정 관계에서 너무 안일하게 대처해서 자신에게 실망하고 있음을 의미한다. 상대방의 의도에 집착하거나 의심을 하고픈 유혹을 느끼지만, 상대방을 끊임없이 확인하면 할수록 자신이 점점 더 희생자가 된 듯 느껴진다. 상대방이 당신을 위해 늘 그 자리에 있어줄 것이라고 단정하지 말고 좀 더 솔직해지고, 그들의 마음을 얻으려고 노력하라. 상대방과의 유대를 존중할수록 그 관계가 갑작스럽게 끊어질 확률은 줄어든다.

현대 사회에서 치명적인 부상을 입을 확률이 거의 없다는 건 매우 다행스러운 일이지만, 이별을 말할 때 사용하는 단어나 구문은 여전히 폭력적 이미지를 담고 있다. 재정적인 문제를 말할 때 우리는 '야만적인 삭감 savage cuts' 이라든지 '엄청난 비용이 들다 costing an arm and a leg' 라고 표현하며, 공공 서비스가 중단될 때 '도끼로 치다 being axed' 등의 표현을 사용한다. 정신적인 충격을 말할 때는 '정말 상처를 입다 feeling really cut up about it' 라든지 '뺨을 때리다 slap in the face' 등의 표현을 사용한다.

9 신체 일부분이 잘리거나 사라지는 꿈

몸에 심한 상처를 입어 고통스러운 상황에서 무엇인가가 떨어져나가는 이상한 느낌이 든다. 당신의 신체 일부가 잘리거나 내장이 쏟아지는 부상을 입은 것이다. 손이나 발이 잘린 것일 수도 있고, 머리가 잘려나갔을 수도 있다. 당신은 심한 부상에도 불구하고 아무 일도 일어나지 않았다는 듯이 움직이려고 한다. 그리고 앞으로 어떻게 생활해야 할지 고심한다.

신체의 일부분이 잘리거나 사라지는 꿈은 현실에서 당신의 능력이 일부 손상되었음을 의미한다. 당신은 신체의 여러 부분들을 사용해서 자신의 목적과 잠재력의 측면들을 표현한다. 꿈에서 신체 일부분이 잘리거나 사라졌다면, 현실에서 당신의 능력이 약화되고 저하되는 것을 우려하고 있음을 나타낸다. 팔다리가 잘리거나 내장 기관이 쏟아져 나왔다면, 당신이 사람들에게 너무 많이 노출되었거나 당신의 사적인 영역을 돌보지 않았다고 느끼는 것이다.

    신체의 다른 부분을 잃은 경우는 당신이 잠재력을 계발하는 것에 답답함을 느끼고 있음을 의미한다. 다리는 인생을 헤쳐 나가고 앞으로 나아갈 힘을 부여한다. 다리는 당신이 발 딛고 서 있는 곳이자 당신이 소중히 여기는 것이다. 팔은 행동을 취하고 자신을 주장하는 능력이다. 팔은 미래를 만들고 제어하는 방법이다. 머리는 당신의 생각이자 논리와 합리성을 담고 있는 부분이다. 가슴은 느낌이자 가까운 사람과 연결되는 부분이다. 이처럼 몸에서 중요한 부분이 잘려나가는 듯한 느낌에도 불구하고 계속 움직이려고 하며 하던 일을 계속하려고 한다는 건 당신이 도움을 구하기보다 자신의 답답함을 계속 숨기려 하고 있다는 의미다.

신체 일부분이 잘리거나 사라지는 꿈은 당신과 남아 있는 당신의 능력을 다시 연결해준다. 처음에는 다소 상실감을 느낄지라도 남은 능력을 최대한 활용해야만 한다. 살아남은 잠재력이 계발되려면 다소 시간이 걸리는데, 이 부분을 다시 연결하는 최선의 방법은 사람들과 관계를 맺는 것이다. 자신의 힘으로 상황을 해결하고 싶겠지만 당신이 다리를 다시 찾을 때까지 도움의 손길을 주고 싶은 사람이 있다는 걸 기억하라.

행동을 하는 것 또는 행동을 하면서 느끼는 답답함을 표현하는 많은 언어가 신체의 부분들에 근거하고 있다. 우리는 몸을 전체적인 유기체보다는 개별 부품들로 만들어진 기계로 보는 경향이 있다. 그래서 '심장이 없다 heart not being in it', '싸울 배포가 없다 not having the stomach for a fight', '가슴보다 머리가 앞선다 head ruling the heart', '버틸 다리가 없다 not having a leg to stand on' 같은 표현을 쓴다. 사람들은 대부분 평생 심각한 부상을 당하지 않고 살아가지만, 영화나 텔레비전, 컴퓨터 게임에서는 생생한 유혈장면이 자주 등장한다.

10 유리를 씹는 꿈

💬

친구나 동료와 보통 때처럼 대화하고 있는데 갑자기 유리조각이나 면도날처럼 날카로운 것이 입에 가득 찬 것처럼 느껴진다. 조심해서 말하려고 하지만 말할 때마다 입안이 베인다. 입에서 피가 솟구쳐 나오고 얼굴로 흘러내린다. 당신은 날카로운 조각을 삼킬까 봐 걱정이 된다. 또한 피 때문에 목이 막힐까 봐 무섭기도 하다. 이와 유사한 꿈으로 말벌처럼 침이 있는 곤충이 입에 가득 차는 꿈을 꾸기도 한다.

유리를 씹거나 입에 날카로운 물체가 가득 찬 꿈은 현실에서 당신이 사람들과 대화할 때 얼마나 날카롭게 말하는지 고민하고 있다는 의미다. 입은 부드러운 살과 조직으로 구성되어 있으며, 우리는 입을 통해 말을 한다. 입은 신체에서 가장 민감한 부분의 하나로 입에 예기치 않게 날카로운 것이 들어간다면 충격을 받는다. 하지만 이 조각들은 실제로 유리가 아니라 당신의 입을 통해 나오는 뜻밖의 날카로운 말이나 가시 돋친 발언들이다. 이것들은 단지 단어일 뿐이지만, 사람들의 가슴을 찌르는 말로 그들에게 상처를 주기도 한다.

위협을 느낀다거나 자신의 위치를 방어하려고 할 때 사람들은 날카로운 말을 사용한다. 말을 조심스럽게 선택하려고 해도 마침내 사람들의 감정을 해치고 자신에게도 상처를 주어 불쾌할 수 있다. 피는 깊은 감정을 나타내며, 아무리 막고 삼켜보려고 해도 사람들이 보는 앞에서 계속 피가 쏟아진다. 이는 자신이 뱉은 말을 취소하려고 하면 자존심에 상처를 입을까 봐 걱정한다는 의미다. 입에 말벌이 있다는 것은 자신이 지나치게 가시 돋친 말을 할까 봐 우려하고 있음을 의미한다.

유리를 씹는 꿈은 사람들에게 좀 더 부드럽게 접근하고 자신의 약점을 수용해서 면도날 같은 발언을 자제할 것을 제안한다. 사람들을 공격해서 자신을 방어하기보다는 부드러운 말을 사용하여 자신이 지금 처한 불화에서 벗어나려고 노력하라. 불필요한 입장을 유지하는 것은 스트레스로 이어지며, 거칠고 험한 면만을 보여주려고 한다면 당신의 약한 자부심은 깨지고 말 것이다. 부드럽고 바르게 말하는 것은 날카로운 비난보다 훨씬 더 강력해서 상대방을 감동시킬 수 있다.

모욕과 다툼을 묘사하는 데 사용하는 많은 표현들이 상처와 부상을 나타내는 은유법을 바탕으로 한다. 우리가 도구를 사용하기 전에 상처를 내는 가장 기본적인 방법은 입을 사용하는 것이었다. 입은 또한 신체의 부분이기도 하다. 현대 사회에서 입을 사용하는 것은 자신을 방어하고 사람들을 공격하는 주요 방법들 가운데 하나다. 적을 깨물어 물리적인 상처를 입히기보다는 말을 사용해 우리를 위협하는 사람들을 방어하기도 한다.

11 투명인간이 되는 꿈

모든 것이 정상적인 상황이지만 당신의 존재를 아는 사람은 아무도 없다. 당신의 눈에는 자신이 보이지만 사람들의 눈에는 보이지 않는 듯하다. 당신은 지금 사교모임이나 익숙한 장소에 있으며, 당신의 친구들도 모두 있다. 하지만 아무도 당신을 보지 못한다. 당신이 끼어들려고 할 때마다 사람들은 당신을 무시하고 자기들끼리 대화한다. 때때로 사람들이 당신을 바라보지만 투명인간을 보듯 지나친다. 당신은 사람들이 위험에 처했음을 알고 경고하려고 하나 아무도 관심을 보이지 않는다.

투명인간이 되는 꿈은 보통 현실에서 당신이 원하는 것만큼 자신을 드러내지 않고 있음을 의미한다. 이 꿈은 아무도 당신이 한 일을 인정해주지 않는다고 느낄 때 꾼다. 당신은 자신의 노력을 알아주지 않는다고 사람들을 탓한다. 투명인간이 되는 꿈은 당신과 당신의 재능을 사람들에게 알리라는 의미이기도 하다. 당신이 자신의 재능을 인정하지 못한다면, 사람들도 당신의 재능을 인정하기 어렵다. 이는 자신의 재능에 대한 확신이 부족하고 일에 실패하여 비난받을까 봐 두려워하기 때문이다.

이러한 자신감 부족은 자신의 욕구보다 다른 사람들의 욕구를 먼저 생각할 때 발생한다. 다른 사람들의 욕구를 먼저 돌봄으로써 당신은 자신이 그들에게 가치 있어 보일 거라고 믿는다. 그리고 그들이 당신을 인정함으로써 보답을 받는다고 생각하고 정작 자신의 욕구에는 주의를 기울이지 않고 있다. 따라서 그들이 당신을 인정하지 않는다고 해도 놀라지 않고 소란을 일으키기보다는 한 발 뒤로 물러서서 사라지는 것이 편하다고 생각한다. 꿈에서 사람들에게 위험을 경고하려는 것은 당신이 자신을 무시하는 위험에 빠졌음을 의미한다. 사람들의 관심을 끄는 가장 좋은 방법은 스스로 자신의 재능에 관심을 갖고 사람들에게 최대한 재능을 드러내는 것이다.

투명인간이 되는 꿈은 자신을 좀 더 드러내어 사람들이 당신의 재능과 진정한 가치를 알 수 있게 하라는 의미다. 관심을 받지 않는 쪽이 더 편할 수 있지만 이는 사람들이 당신의 노력을 보지 못하고 지나친다는 뜻이기도 하다. 당신은 알아주기를 바라는 욕구를 감추는 것을 최고 미덕으로 생각하지만, 이는 당신의 고유함을 드러낼 기회를 부정하는 것이다. 능력을 솔직하게 드러낼수록 당신의 가치가 더욱더 명확해질 것이다.

자신을 얼마나 드러내느냐 하는 것은 사회 집단에서 감지되는 위치에 따라 결정된다. 당신이 자신을 보잘것없는 사람으로 생각한다면 자신을 투명인간처럼 느낄 것이고, 훌륭한 인물로 생각한다면 관심의 대상이라고 느낄 것이다. 이는 사회뿐 아니라 친밀한 관계에서도 나타난다. 무시당한다고 느낄 때 '그들은 나의 존재조차 모른다'라고 표현한다. 자신에게 관심을 기울이면 우리의 재능은 더욱 빛을 발할 것이다.

2장

인물,
영혼,

신적인
존재에
관한 꿈

12 유령이 출몰하는 꿈

💬

당신은 곁눈질로 희미한 형상을 바라보고 있다. 어딘가 익숙해 보이는 얼굴이지만 누구인지 알 수가 없다. 좀 더 가까이 다가가 살펴본 뒤 비로소 실체가 분명하지 않은 투명한 유령이란 사실을 알고 놀란다. 어떻게 해서든 유령에게서 도망치려고 하지만 유령은 끝까지 쫓아온다. 당신이 주시하는 모든 장소뿐 아니라 이상한 소리가 들리거나 이상한 이미지를 볼 때마다 그곳에는 늘 유령이 있는 것 같다.

❓

유령이 출몰하는 꿈은 기억하고 싶지 않은 과거의 경험을 반영한다. 꿈속의 유령이 당신을 닮지 않았더라도 그 유령은 죽었거나 매장된 당신의 한 측면을 보여준다. 이는 계속 문제가 되는 과거의 습관이거나 추억을 의미한다. 당신은 현실에서 이런 기억을 지우려고 노력하기도 한다. 유령이 실체가 없는 투명한 모습으로 나타나듯 당신의 기억도 실체가 없기 때문이다. 하지만 유령은 당신 삶의 일부이므로 아무리 도망치고 숨으려고 해도 늘 당신과 함께 존재한다.

　과거의 습관과 기억은 현실에서 특이한 행동으로 나타나며, 이를 무시할수록 유령이 더 자주 출몰하여 당신의 주의를 끌 것이다. 그로 인해 자주 좌절하며 많은 시간과 노력을 허비한다. 그러니 회피하지 말고 직면하여 문제를 해결해야 한다. 그러면 더 많은 창조력을 끌어낼 수 있다. 당신의 창조력은 당신의 아이디어나 과거에서 되살아난 가치 있는 재능에 새로운 기운을 불어넣을 것이다. 이 재능은 무척 독특하고 고유한 자질이어서 그것을 무시하더라도 늘 당신의 일부로 남아 있다.

유령이 출몰하는 꿈은 실체가 없다는 이유로 묵살했던 경험이나 사건을 돌아보라고 당신의 주의를 끈다. 이 사건은 현실에서 많은 영향을 끼치고 있으며, 가끔은 덮어두어야 할 필요도 있는 것이다. 과거의 경험이 어쩌면 당신의 가치 있는 특성을 가둬놓고 있었는지도 모른다. 이제 겁먹지 말고 과거의 경험에 당당하게 맞서라. 과거에 사로잡히지 말고 숨은 재능을 다시 불러들여 자신의 것으로 만들어야 할 때다.

예로부터 죽음의 수수께끼를 풀고자 할 때 실체도 없고 표현할 수도 없는 것을 가리켜서 유령이라고 했다. 유령은 망자의 영혼으로 여겨져 왔으며, 물리적으로는 확인되지 않는 우리의 일부분을 상징한다. 현대 사회에서 나타나는 설명할 수 없는 이상한 사건들은 아무리 합리화하려고 노력해도 결국 유령과 영혼 세계의 미스터리로 남는다. 수많은 사람들이 현대화된 기기와 기술로 유령의 실체를 확인하려고 하며, 유령 캐릭터와 유령의 집은 여전히 사람들에게 인기 있는 소재로 남아 있다.

13 아이들이 위험에 빠지는 꿈

당신의 아이들이 위험에 빠진 걸 알고 충격을 받는다. 당신 탓에 아이들이 이런 상황에 놓이게 된 듯한 기분이 든다. 아이들은 매우 심각한 상황에 놓여 있거나 끔찍한 사고를 당하기 일보직전이다. 당신은 아이들이 어디에 있었는지 기억이 나지 않지만 너무 늦기 전에 찾으려고 애를 쓴다. 아이들이 안전한 장소에 있을 거라고 스스로를 위로하지만, 목숨이 위험한 상황에 처했을 거란 생각도 떨쳐버릴 수 없다. 아이들만 거기에 두고 온 자신이 믿기지 않으며, 너무 바보 같았다는 생각이 든다.

아이들이 위험에 빠지는 꿈은 당신이 현실의 어떤 중요한 상황이나 그 상황에 처한 연유에 관해 생각하고 있음을 의미한다. 이런 꿈은 몹시 불길하며 실제로 당신의 아이들이 위험하다는 것을 알려주는 꿈이라고 생각할 수도 있다. 하지만 꿈에 나타난 아이들은 당신에게 무엇보다 중요한, 어떤 방법으로든 계발해야 할 아이디어를 상징한다. 꿈에 나타난 여러 명의 아이들은 지금 깊이 관여하고 있는 일이 잘 될 기회가 많음을 의미한다. 당신은 이에 관심과 의욕을 보이지만, 기회가 주어지면 위험한 상황을 계속 초래할 수도 있다.

지금으로선 야망에 전념할 시간과 에너지가 없으므로 자신도 모르는 사이에 야망을 이룰 수 없는 위험에 처했다고 느낀다. 프로젝트가 중단될 위기에 처했거나 그 프로젝트가 당신에게 얼마나 중요한지 알아주는 사람이 없어서 갑자기 취소될 수도 있다고 생각한다. 야망을 다시 찾으려고 노력하지만, 그것을 어디에 버려두었는지 찾기 힘들어서 당신의 계획도 굉장히 불안한 상황이다. 하지만 위험한 상황에 있다는 걸 알고 나면 당신의 지략을 이용해서 그 야망을 되살릴 수도 있다.

아이들이 위험에 빠지는 꿈은 당신이 한때 무시했던 귀중한 재능에 좀 더 주의를 기울이라는 의미다. 당신이 신경 쓰지 않아도 자신의 아이디어가 성장하고 발전하길 바라지만, 실제로 당신이 지금까지 기울인 노력보다 더 많이 살피고 주의해야 한다. 당신의 도움 없이도 프로젝트가 잘 진행되려면 당신은 지속적인 주의를 기울여야 한다. 이런 귀중한 재능 역시 당신 내면에 존재하는 어린아이 같은 마음의 구현이며, 새롭고 흥미로운 것을 창조할 수 있는 잠재력을 반영하기도 한다.

무방비 상태의 연약한 아이들을 찾는 일은 인간이 경험할 수 있는 일 가운데 가장 감정을 자극하는 상황이다. 인간의 본능은 자신의 안전과 보안이 위협받을지라도 조난당한 아이들을 구조하고자 한다. 아이들의 울음소리는 위험을 알리는 신호로 어떤 소음도 뚫고 나가므로, 우리는 즉시 아이들의 안전을 최우선으로 생각하게 된다. 특히 그 아이들이 자신의 아이라면 더욱 우선시할 것이다. 그러나 아이들이 만족스러워 하고 안전해 보인다면, 계속 관심을 기울이기는 어렵다. 그럴 때는 아이들이 놀고 탐구하는 대로 그냥 내버려두면 된다.

14 사랑했던 사람을 만나는 꿈

당신은 이미 세상을 떠난 사람을 꿈에서 만나 놀라운 한편 기쁘다. 그들은 살아 있을 때와 같은 모습이며, 살아 있는 사람처럼 당신에게 말을 건넨다. 보통 부모나 조부모처럼 당신과 매우 밀접한 관계의 사람들이 자주 등장하는데, 당신에게 어떤 메시지를 주고자 한다. 당신을 만나 몹시 기뻐하지만 가끔은 화가 나 있는 것처럼 보이기도 한다.

세상을 떠난 친척이나 사랑했던 사람을 만나는 꿈은 현실에서 당신의 인식이 변화하고 있음을 말해준다. 비록 망자가 되었지만 그들과의 추억과 경험을 통해 꿈에서 다시 그들을 창조해낸다. 꿈에서 그들과의 만남은 당신의 행동 양상에 나타나기 시작한 그들의 성격적 특징들을 당신이 좀 더 알고 싶어 하는 마음을 의미한다. 살아 있을 당시에 현명하고 원숙한 권위로 당신을 사랑했던 아버지가 꿈에 나타났다면, 당신이 지혜와 권한에 점차 익숙해지고 있음을 의미한다. 살아 있을 당시에 다정다감했던 할머니가 등장했다면, 다정하고 남을 배려할 줄 아는 당신의 능력이 증가하고 있음을 의미한다.

사랑했던 사람이 꿈에서 말을 전하려고 한다면, 현실에서 당신이 자신에게 하고 싶은 말이 있다는 걸 뜻한다. 메시지의 본질은 당신이 자신에게 말하고자 하는 바가 무엇인지를 보여준다. 보통 자신이 미처 몰랐던 잠재력이나 재능의 발견이 포함된다. 그들은 살아생전 당신과 좋은 인간관계를 유지했음에도 불구하고 꿈에서 화를 낼 수도 있다. 하지만 이는 정말 화를 낸다는 의미가 아니라 과거에 그들이 당신을 저버렸기 때문에 당신이 그들에게 화를 내고 있음을 보여준다.

당신은 사랑했던 사람을 만나는 꿈을 통해 영원히 잃어버렸다고 생각했던 자신의 일부분을 확인하고 있다. 사랑했던 사람이 당신을 방문한 것처럼 보이지만, 당신이 만난 것은 실제의 그들이 아니라 그들의 모습으로 상징되는 당신의 어떤 특질이다. 그들이 전해준 것 가운데 하나는 당신이 볼 수 없던 당신의 자질을 알아보는 능력이다. 그들의 죽음을 슬퍼하고 체념하기보다는 그들이 당신에게 보여준 모든 자질을 받아들여 구현할 때다.

사랑하는 사람을 잃는다는 건 인간이 견뎌내야 할 가장 슬프고 아픈 경험 가운데 하나다. 우리는 사랑했던 사람을 자신의 일부분으로 여기기 때문에 그들의 죽음은 자신의 정체성 가운데 일부를 상실한 것 같은 느낌으로 다가온다. 지금 당신과 함께 있지 않지만, 그들로 인해 당신은 특별했던 자신의 자질을 계속 간직할 수 있다. 사랑했던 사람을 잃는다는 건 가슴이 찢어질 듯한 아픔이지만, 당신은 깊은 사랑과 영감 속에서 그들을 지속적으로 만날 수 있다.

15 유명 인사를 만나는 꿈

당신이 좋아하는 유명 인사 가운데 한 사람이 마치 오래 알고 지낸 친구처럼 다가와 말을 건넨다. 당신은 놀랍기도 하고 즐겁기도 하다. 당신은 그의 열혈 팬이며 얼마나 존경하고 있는지 그에게 말하고 싶다. 그는 당신의 회사에서 편히 쉬고 있는 듯 보이며, 당신은 평상시처럼 행동하면서 그와 계속 대화하고 있다. 그에게 긴장감과 경외심을 가지고 있지만, 곧 그를 편하게 대하고 잠시 뒤 함께 프로젝트에 참여하면서 다음 미팅 날짜를 잡는다.

꿈에 등장하는 유명 인사는 당신이 가장 존경하고 존중하는 자신의 고유한 성격을 의미한다. 유명 인사는 특별한 창조적 재능과 수행 능력을 상징하며, 또한 자유로운 선택으로 영향력을 행사하고 슬기로운 결정을 하는 경향이 있다. 당신이 만난 유명 인사는 당신이 현실에서 좀 더 잘 알게 된 당신의 자질을 의미한다. 가장 연관이 있는 자질은 지금 자신이 인지하기 시작한 자질이다. 자신에게 창조적 재능이 있음을 알고 깜짝 놀랄지도 모르지만, 보통 재능은 특별한 방법으로 계발하겠다는 어떤 의도 때문에 성장하는 것이 아니라 자연적으로 성장한다.

당신이 얼마나 많은 재능을 가졌는지 사람들에게 말하고 싶겠지만, 당신의 재능에 대한 인정과 평가를 받아들이는 게 의외로 어려울 수도 있다. 당신의 재능에 관심을 기울이기보다는 오히려 당신에게는 없지만 다른 사람에게는 있는 재능에 관심을 기울이는 것이 더 쉬워 보인다. 하지만 당신이 자신의 특별한 재능에 익숙해지고 편안해진다면, 그 재능을 다양한 사람들과 나누는 일은 어렵지 않다. 더 많은 사람들이 당신의 재능을 칭찬하고 찬양할수록 당신의 재능은 더욱더 계발 육성될 것이다. 유명 인사와의 만남이 낭만적이거나 성적인 느낌을 준다면, 지금 당신이 자신의 고유한 재능과 기술을 무척 상세하게 알아가고 있음을 의미한다.

유명 인사를 만나는 꿈은 당신의 숨겨진 재능을 집중 조명하고 있으며 그 숨겨진 재능을 계발하도록 당신을 격려하고 있다. 다른 사람뿐 아니라 당신도 자신의 고유한 기술을 갖고 있다고 생각할 수 있다. 유명 인사들이 늘 성공하는 것처럼 보이지만, 사실 그들도 그렇게 되기까지 많은 노력을 해 왔다. 그들처럼 당신도 자신의 재능을 숨기기보다는 드러내보여야만 한다. 자신의 숨겨진 기술과 재능을 많이 인지할수록 당신은 해당 분야에서 더욱더 인정받고 유명해질 것이다.

우리 선조들은 자연의 힘을 탐구할 때 늘 초인간적이고 초자연적인 인물이 등장하는 이야기를 만들어냈다. 처음에는 신과 여신으로 추앙받던 이교도적 전사와 왕비들이었고, 점차 모든 교리와 문화에서 신으로 발전한다. 이런 집단 신화들은 계몽주의 시대에 들어서면서 서서히 사라지고 합리적인 과학적 사고가 지배하면서, 우리는 신이나 여신보다는 그들과 같은 자질을 갖춘 보통 사람들을 이용하기 시작했다. 과거에는 사원이나 성지에서 그들을 숭배했지만, 지금은 대중매체를 통해 그들의 유별난 영향력과 재주를 칭송하고 있다.

16 잊고 있던 아기에 관한 꿈

당신은 몇 해 전에 출산을 했지만 지금까지 까맣게 잊고 있던 아기를 뒤늦게 발견하고 큰 충격을 받는다. 무엇인가를 찾다가 서랍이나 옷장 속에서 그 아기를 발견한다. 수년 동안 돌보지 않고 방치해두었지만 아기는 살아 있고, 당신은 아기를 보살피기 시작한다. 이제껏 아기를 유기했다는 사실을 믿을 수 없으며 심한 죄책감에 빠져 후회를 한다. 아기는 되살아난 당신의 사랑과 보살핌에 즉각 반응해서 이내 건강을 되찾고 잘 자란다.

잊고 있던 아기에 관한 꿈은 오래전에 좋아했지만 어떤 이유에서인지 포기했던 현실의 어떤 일을 기억한다는 의미다. 아기는 당신의 매우 소중한 부분을 상징하며, 당신이 갖고 있는 고유한 야망이나 재능을 의미한다. 그 재능은 지금까지 외면당해왔지만 이제 당신에게 주목받기를 원하고 있다. 당신은 아기를 완전히 잊고 있었다는 사실이 믿기지 않지만, 실은 주위 상황으로 인해 그동안 뛰어난 재능을 내버려두고 있었다는 사실을 깨닫는다. 당신은 재능을 꼭꼭 감싸서 한쪽에 방치해두었거나 나중에 다시 사용할 수 있기를 바라면서 안전한 곳에 저장했던 것이다.

하지만 살아가면서 책임을 갖고 우선적으로 해야 할 일들이 생기면서 아기는 잊혔다. 자신의 재능을 한쪽에 방치해둔 것은 다음에 다시 사용할 것이란 기대를 갖고 있었기 때문이다. 비록 아기가 야위고 못나 보이지만 아직 생기가 있고, 건강하고 훌륭하게 자랄 가능성도 보인다. 이런 중요한 재능을 방치해두었다는 죄책감이 들지만, 과거에 소중히 여긴 재능을 다시 되찾기에는 늦지 않았다. 이 아기는 당신이 살려내야 할 당신의 풍부한 상상력의 씨앗이며, 꿈은 지금이 바로 아기를 성장시킬 시기임을 알려준다.

잊고 있던 아기에 관한 꿈은 당신이 훌륭한 기술 또는 재능을 갖고 있지만 오랫동안 방치해두었다는 사실을 상기시킨다. 시간을 투자해야 하는 다른 일들 때문에 자신의 욕망을 포기한 것이라고 쉽게 합리화하지만, 지금은 고유한 재능을 계발하기 위해서 시간을 투자할 기회다. 전문적인 기술을 다시 증진하려면 시간이 걸리겠지만, 당신은 재능을 잘 육성 계발하여 완전히 자기의 것으로 만들 창조적인 능력을 갖고 있다.

📖

부모와 자식 간의 유대 관계는 가장 강력하고 밀착된 관계 중 하나다. 아기는 아무 힘도 없기 때문에 스스로 자신을 돌볼 수 있을 때까지 잘 키워야 할 책임이 부모에게 있다. 아이의 행복이 보장될 때까지 부모는 무조건 모든 것을 희생할 것이라는 의미다. '내 새끼'라는 말은 우리에게 무척 소중한 것을 표현하는데, 그런 소중한 것들을 도외시한다면 꿈을 포기하는 것과 같다. 우리가 새 생명의 탄생에 깊은 감동을 받듯이 우리의 창조력 역시 우리를 자주 감동시킨다.

17　낯선 사람이 메시지를 전하는 꿈

💬

낯선 사람이 찾아와서 당신에게 중요한 메시지를 전하려고 한다. 그는 당신에게 메시지를 전해주기를 간절히 원하지만 당신은 그 사람을 만난 적도 없고 그의 의도를 알 수 없어서 무척 걱정스럽다. 메시지가 나쁜 소식이거나 협박 편지 또는 공적인 경고라는 느낌이 든다. 낯선 사람은 당신에 관해 많은 것을 알고 있는 듯 보이지만, 메시지를 받아야 할 사람이 당신이 맞는지 확인하려고 당신의 신상에 관해 묻는다. 때때로 메시지를 전하는 사람의 얼굴이 기억나지 않거나 얼굴이 아예 없을 수도 있다.

?

메시지를 전하는 낯선 사람이 등장하는 꿈은 당신의 본능이 당신의 의식과 논리적 사고보다 더 통찰력이 있으며 유익하다는 걸 의미한다. 당신은 이성적인 관점에서 자신을 잘 알고 있다고 생각하지만, 아직 밝혀지지 않은 잠재적인 부분도 많다. 밝혀지지 않은 영역은 숨겨진 재능과 깨닫지 못한 야망으로 가득 차 있다. 하지만 이를 깨닫고 접근하기란 쉽지 않다. 자신의 재능을 표현하는 데 익숙하지 않기 때문이다. 당신이 만난 낯선 사람은 그동안 알지 못했으나 의식 속에서 점점 깨닫고 있는 자신의 일부분을 의미한다.

낯선 사람이 가진 중요한 메시지는 당연히 당신으로부터 나온 것으로, 당신의 관심을 얻기 위해서 노력하는 무의식이 익숙하지 않음을 의미한다. 낯선 사람이 메시지를 주는 꿈은 종종 현실에서 새로운 상황을 탐험하거나 자신이 여태껏 모르고 있던 재능을 깨달았을 때 나타난다. 처음에 당신은 이 재능에 확신을 갖지 못하고 심지어 위협적이라고 느끼기도 한다. 당신에 관해 많은 걸 알고 있는 낯선 사람은 바로 당신이며, 그는 당신이 잠재력에 대해 완전히 깨닫기를 바란다. 얼굴이 기억나지 않거나 얼굴이 없다는 건 지금 당신의 잠재력과 대면하라는 의미로 잠들어 있는 재능을 사용할 때가 되었음을 나타낸다.

낯선 사람이 메시지를 전하는 꿈은 당신이 실제로 깨닫고 있는 것보다 훨씬 많은 걸 알고 있음을 의미한다. 당신의 무의식은 끊임없이 주변에서 엄청난 양의 정보를 흡수하지만 의식은 이를 걸러낸다. 그러므로 평소에는 수용하는 모든 지식을 깨닫지 못하는 것이다. 무의식적 단서에 주의를 기울임으로써 당신은 자신이 처해 있는 상황에서 실현될 수 있는 잠재적인 기회에 대해 더 많이 깨닫게 될 것이다. 처음에는 이상하게 느껴지겠지만 곧 진정한 가치를 인정하게 될 것이다.

📖

민화나 전설에서 가장 흔하게 보는 인물 중 하나가 필요할 때 나타났다가 사라지는 신비한 이방인이다. 이방인은 종종 어떤 상황을 알아보기 위해 분장을 한 왕이나 여왕으로 밝혀지기도 한다. 이방인은 신화적인 인물이 되기도 하는데, 특히 서부극처럼 새로운 기회를 이야기하는 장르에서 그렇다. <셰인Shane>, <황야를 전전하는 사람High Plains Drifter>, <창백한 기사 Pale Rider> 같은 고전 영화에 등장하는 영웅적인 인물들은 중요한 교훈을 인격화하는 신비한 이방인이다.

18 옛 친구를 만나는 꿈

오랫동안 만나지 못했던 옛 친구를 우연히 만나 몹시 기쁘다. 무척 친한 사이였지만 어쩌다가 소원해진 친구로 그와 시간을 보내는 것이 좋고 함께 있으면 늘 마음이 편했다. 친구에게는 당신이 존중할 만한 장점이 많으며,

당신이 어려운 상황에 처했을 때에는 그에게 의존할 수 있었다. 무슨 일이 일어나든 친구가 당신을 도와줄 것이고, 당신도 마찬가지임을 확신할 수 있다.

❓

옛 친구를 만나는 꿈은 당신이 잊고 있던 자신의 장점을 다시 알아가고 있음을 의미한다. 꿈에 나타난 친구는 실제로 그런 장점을 갖고 있는 사람으로, 이를 통해 당신의 개인적인 측면을 보여주는 것이다. 옛 친구가 다시 나타난다는 것은 현실에서 당신의 문제를 해결하기 위해 잊고 있던 장점을 다시 불러내야 한다는 의미다. 꽤 성급한 편인 당신과 달리 차분한 친구라면, 당신의 깊고 현명한 자아는 친구처럼 차분해져야 한다고 말하고 있는 것이다. 반대로 당신은 차분한 성격인데 친구가 열정적이고 적극적이라면, 당신에게 모험할 것을 종용하는 것이다.

친구가 어려운 상황에서 당신을 구할 경우, 현실에 어떤 긴장감이 있으며 친구로 대변되는 장점을 표현할 용기를 냄으로써 해결할 수 있는 상황임을 의미한다. 친구가 당신을 못 본 척한다면, 당신이 이런 장점을 무시하고 있음을 의미한다. 당신이 부러워하는 기술이나 재능이 옛 친구에게 있으나, 당시에는 표현할 기회가 없었을 수도 있다. 지금 이 재능을 표현하는 것이 이상해보일 수 있지만, 이는 당신이 무시해온 당신의 자연스러운 일부분이다. 이 기술을 계발하면 재능을 잘 알 수 있게 될 것이다.

옛 친구를 만나는 꿈이 주는 메시지는 당신 안에 잊고 있던 재능이나 개성이 존재하며 이 재능을 다시 접하게 됨을 즐긴다는 것이다. 당신의 현재 상황은 재능을 표현할 이상적인 기회를 맞고 있다. 하지만 대중 앞에서 재능을 표현하는 것이 어색하기 때문에 다른 사람이 대신하는 것을 선호할 수도 있다. 당신은 잠자고 있던 재능을 다시 일깨워 좀 더 깊은 수준에서 자신을 끌어낼 수 있다. 처음에는 다소 불편할 수도 있지만 당신이 잊고 있던 자신의 진정한 가치를 곧 깨닫게 될 것이다.

📖

우리는 꽤 무의식적이고 본능적인 수준에서 친구를 선택하는 경향이 있으며, 우리가 부러워하는 특성과 우리를 보완해주는 재능을 가진 친구에게 끌린다. 삶을 살아가다 보면 친구는 있다가도 없어지지만 그와 공유한 우정은 남는다. 친구는 비밀을 털어놓고 신뢰를 공유함으로써 자신의 취약한 부분을 드러낼 수 있는 사이다. '털어놓다 confide'는 라틴어 '콘 피데레 con fidere'에서 왔으며, '믿음으로'라는 뜻이다. 당신이 자신의 독특한 특성을 찾아갈 때 친구는 당신의 믿음을 확인해주는 존재다.

19 초대하지 않은 사람들이 방문하는 꿈

💬

당신은 집에서 홀로 평화롭고 편안한 시간을 보내고 있다. 그런데 갑자기 혼자가 아닌 듯한 느낌이 든다. 사람들이 집으로 들어오면서 말하는 소리나 집안일 하는 소리가 들리기도 하며, 휴식을 취하고 있는 방문 주변에 사람들의 머리가 보인다. 시끄러운 소리가 무엇인지 알아보기 위해 가 보니 집안은 온통 낯선 사람들로 가득 차 있고, 그들은 당신을 지나치며 못 본 척한다. 몇몇 사람들은 낯이 익어 보이지만 대부분은 모르는 사람들이다.

초대하지 않은 사람들이 방문하는 꿈은 당신이 현실에서 성장과 발전의 기회가 왔음을 깨닫고 있다는 뜻이다. 집에서 휴식을 취한다는 건 당신이 느긋하게 생각하며 조용한 시간을 즐기려 한다는 걸 의미한다. 하지만 성장과 발전의 기회들은 느긋해지려는 당신의 관심을 끌려고 애를 쓴다. 사람들이 집으로 들어오는 것은 이런 가능성들을 의미하며, 당신이 관심을 기울일 때까지 그들의 행동은 계속된다. 처음에는 한두 가지 기회만이 생기는 듯 보이지만 잘 살펴보면 무한한 가능성에 압도되기 시작함을 느낄 것이다.

꿈에 나타난 사람들은 당신의 여러 성격들을 반영하는 것일 수도 있다.

친구와 가족은 당신이 친근하게 생각하는 성격을 상징하고, 낯선 사람은 당신이 탐험하고 계발하고 싶은 성격을 의미한다. 당신을 무시하는 낯선 사람들은 당신이 많은 잠재력을 무시하고 있으며 좀 더 많은 사람들과 능력을 공유해야 한다는 사실을 의미한다. 사적인 공간과 사적인 세계로 숨으면 당신의 재능을 자극하기가 더 어려워진다. 이런 꿈은 사적인 공간을 침범한 것처럼 느껴지기도 하지만 실제로는 아직 발견하지 못한 당신의 잠재력을 계속 일깨우는 꿈이다.

초대하지 않은 사람들이 방문하는 꿈은 당신에게 잠재적으로 매우 유용할 수 있는, 발견되지 않은 성격에 관심을 기울이라는 의미다. 여유롭고 편안한 현실에 숨는 건 쉬운 일이지만, 그런 행동이 기회를 잡는 것을 방해할 수도 있다. 휴식을 취하고 자신을 돌아보는 시간을 갖는 것은 가치 있는 일이지만, 안락한 공간에서 빠져나와 밖에서 무슨 일이 벌어지는지 경험하는 것도 균형을 맞추기 위한 좋은 방법이다.

인간은 사회적인 동물이지만 사적인 공간 또한 필요하다. 인류학자 에드워드 홀Edward T. Hall은 근접학Proxemics(인간과 문화적 공간에 관한 연구)을 설명하며, 아무리 많은 사람들 속에 있어도 인간은 개인 공간을 유지한다고 했다. 안락한 공간, 즉 근심을 느끼지 않거나 근심과 싸울 수 있는 공간은 사적인 공간과 유사하다. 가장 성공적인 사람은 자신만의 안전한 공간을 지속적으로 뛰어넘는 사람이다. 누구나 자신이 편안하게 느끼는 곳에 머무르고 싶어하지만, 이는 그릇된 안전함을 심어줄 수도 있다.

3장

행동과
상황에
관한 꿈

20 화장실을 찾지 못하는 꿈

💬

꿈에서 미친 듯이 화장실을 찾고 있다. 하지만 힘들게 찾은 화장실은 이상한 곳에 있거나 벽이 투명해서 속이 훤히 들여다보인다. 아예 벽이 없거나 문에 잠금장치가 없는 경우도 있다. 용무가 급한데 사람들 줄이 길게 늘어서 있으며, 당신은 차례를 기다리고 있다. 마침내 차례가 되어 화장실 문을 여니 역겨울 정도로 지저분하고 비좁으며 바닥에는 물이 넘치고 변기는 막혀 있다. 신발이 젖을까 봐 염려스러운데 화장실에는 휴지도 손 씻을 세면대도 없다.

현실에서 화장실은 건강이나 살아가는 데 더 이상 도움이 되지 않는 것을 버리러 가는 장소다. 따라서 화장실을 찾지 못하는 꿈은 지금 당신의 일부분이 병들어 있으며, 그것을 어떻게 처리해야 할지 난감한 상황에 처했음을 의미한다. 난감한 상황은 개인적 욕구일 수도 있고, 당신이 처한 곤란한 상황을 사람들에게 어떻게 말해야 할지에 관한 고민일 수도 있다. 화장실을 찾는다는 건 당신에게 진정으로 필요한 것이 무엇이며, 누군가에게 어떤 말을 해야 하는데 어떻게 해야 할지 몰라서 그 방법을 찾고 있다는 의미다. 화장실의 벽이 없거나 잠금장치가 없다는 것은 문이 닫힌 방에서 당신이 이 문제를 처리하고 싶을 정도로 자신감이 없음을 의미한다. 줄을 서서 기다린다는 건 당신이 필사적으로 원하는 바를 표현하고 싶어함에도 불구하고, 다른 사람들에게 그들이 원하는 바를 먼저 말할 수 있도록 기회를 제공한다는 뜻이다.

당신이 어떤 요구를 하려고 할 때 상황이 꼬여버린다면 화가 치밀 것이다. 선택을 할 기회도 줄고 손쓸 방법도 없어지므로 표현할 길이 막혔다고 느낄 것이다. 결국 감정에 휩싸여 눈물을 쏟거나 도움받을 길이 없어지는 것이 아닌지 답답할 것이다. 신발이 젖을까 봐 걱정하는 건 이런 감정적인 상황에 휩싸이지 않으려고 지나치게 조심하는 모습을 의미한다. 감정에 휩싸이면 어떤 결과를 초래할지 자신도 장담하지 못하기 때문이다. 때때로 모든 문제를 털어버리듯이 손을 깨끗이 씻어버리고 싶겠지만 그조차도 할 수 없는 상황이다.

현실에서 당신은 내가 다른 사람의 요구를 잘 들어준다면 그들도 나의 요구를 잘 받아들일 것이라고 기대한다. 하지만 현실은 그렇게 녹록지 않다. 그들은 오히려 자신의 문제까지 당신에게 떠넘기려고 한다. 이런 상황을 해결할 수 있는 가장 좋은 방법은 자신 있게 '아니오'라고 말하고, 그들의 요구보다 당신의 요구를 먼저 주장하는 것이다. 그렇게 하면 사람들과의 경계를 명확하게 하면서 당신의 요구를 먼저 해결할 수 있다. 이런 행동이 이기적으로 느껴질지는 몰라도 당신의 문제를 먼저 처리하고 나면 다른 사람의 요구를 들어주는 일이 훨씬 수월해지고 마음도 편안해진다.

📖

인간은 아주 어렸을 적부터 배변훈련을 하는데, 그때 자신의 욕구를 통제하는 첫 경험을 한다. 즉 인간의 물리적 욕구와 기능보다 우선시되는 사회적 의무를 처음 경험하는 것이다. 이런 훈련을 하는 동안 부적절한 욕구 표현이 일을 엉망으로 만들고 상황을 그렇게 만든 자신이 부끄럽다는 걸 깨닫게 된다. 어릴 적에는 물리적 욕구의 적절한 표현을 배운다면 성인이 된 뒤에는 정서적 욕구의 적절한 표현을 배운다. 성인이 된 뒤에 이런 꿈을 꾸는 이유는 정서적 욕구를 감당하는 것이 어려운 일임을 보여준다.

21 공공장소에서 알몸이 되는 꿈

공공장소에서 알몸인 자신을 발견하고 놀라움을 금치 못한 채 정신없이 몸을 가릴 무언가를 찾는다. 주위 사람들은 모두 옷을 입고 있어 무척 창피하지만, 누구도 당신이 알몸이라는 걸 알아차리지 못한 상태다. 벌거벗어 춥고 불편한 것보다는 자신의 알몸을 사람들이 볼까 봐 두렵다. 완전히 알몸은 아니지만 중요한 부분만 노출되어 있을 수도 있다. 아니면 허리 아래로 아무것도 걸치지 않고 허리 위로는 셔츠도 없이 겉옷만 걸치고 있을 수도 있다.

❓
공공장소에서 알몸이 되는 꿈을 꾼다는 건 현실에서 당신의 약점과 비밀 등이 폭로될 상황에 처해 있음을 상징한다. 자신의 능력을 충분히 발휘하지 못할 것 같은 새 직장이나 확신을 주지 못하는 인간관계 같은 익숙하지 않은 상황에 처한 사람들이 주로 이런 꿈을 꾼다. 꿈에서 옷은 당신이 세상에 보여주고 싶은 모습을 의미한다. 그리고 사람들과의 관계에서 당신의 본래 모습을 감추어주는 일종의 보호막 역할을 하기도 한다. 사적으로는 모든 것을 터놓기 좋아하는 사람일지라도 공적인 장소에서 사적인 부분을 가리지 못하면 무척 불안해할 것이다.

당신은 할 수 있는 모든 방법을 동원해서 당신의 불편한 심정을 감추려고 노력한다. 하지만 이러한 행동이 사람들에게는 무방비하거나 연약한 사람이라기보다는 비밀스럽고 자신감 있는 사람이라는 인상을 주기 때문에 당신이 불안해한다는 사실을 아무도 알아챌 수 없다. 약점이 드러날까 봐 걱정하는 모습은 오히려 차갑게 느껴질 수 있으며, 감정을 감추는 모습은 사람들을 불편하게 만든다. 중요한 곳을 가리지 못하는 옷은 당신이 자신의 보호막에 갈라진 틈이 있다는 느낌을 받았음을 의미한다. 하지만 자신을 감추려고 하면 할수록 당신이 지닌 특별한 재능을 펼쳐 보이기가 더 어려워진다. 당신의 재능을 보여줄 유일한 방법은 그저 마음을 터놓고 진정한 자아를 드러내는 것이다. 살다보면 이런 기회가 종종 찾아올 것이다.

공공장소에서 알몸이 되는 꿈은 자신의 재능을 발휘하고 싶은 욕망을 표출하는 데 도움이 된다. 능력을 숨기면 사람들의 심판과 비난을 쉽게 피할 수 있다. 하지만 가장 안전한 방법으로 보이는 이런 행동은 결국 당신에게 좌절감과 실망감을 안겨줄 것이다. 당신의 재능을 포장지에 싸듯 꼭꼭 감추어둔다면, 사람들 앞에서 능력을 보여주어야 할 때 자신이 원하는 방법이 아니라 사람들이 기대하는 방법으로 보여주어야 한다. 사람들에게 재능을 보여줄수록 당신의 고유함을 더 많이 발견할 수 있다.

📖

우리의 피부는 내적인 삶과 외적인 삶 사이에서 눈으로 볼 수 있는 경계선에 해당한다. 이 경계선에 보호막이 없다면 불안할 것이다. 비난과 욕설을 들었을 때 어떤 사람들의 대처를 보고 종종 '얼굴이 두껍다' 또는 '얼굴이 얇다'라는 말을 한다. 지금은 과거에 비해 공공장소에서의 노출이 큰 문제 없이 받아들여진다. 예를 들면, 방송에서 제대로 옷을 갖추지 않은 사람들을 쉽게 접할 수 있다. 그리고 노출을 하는 사람들 가운데는 자신의 정체성을 밝히고 약점을 감추기 위한 보호벽으로 문신을 하는 사람들도 있다.

22 시험 준비를 하지 못한 꿈

당신은 중요한 시험을 보기 위해서 시험 장소에 도착해 자리에 앉아 있다. 하지만 그 순간 시험 준비를 전혀 하지 못했다는 걸 알고 소스라치게 놀란다. 시험에 대해 잘 알고 있었고, 이 순간을 위해 시험공부와 복습할 시간이 충분했다는 것도 알고 있다. 무슨 이유에서인지 준비를 전혀 하지 못했고 시험 준비를 하기에는 이미 늦었다. 당신은 이 시험이 매우 중요하며 나쁜 결과를 받는다면 좋지 않은 영향을 미칠 것이란 사실을 잘 아는 까닭에 시험 준비를 못한 자신에게 무척 실망하고 있다. 시험을 못본다면 당신이 추구하는 야망에 한 걸음 다가서는 데 장애가 될 것이다.

❓

시험 준비에 관한 꿈은 일반적으로 현실에서 당신의 실적에 관한 비판적인 내용을 담는다. 당신은 지금 사람들에게 진정으로 인정받고 평가받기 위해서 이뤄야 할 어떤 수준에 도달하려고 노력하고 있다. 그런데 이 수준에 도달하기가 힘들다면 무언가 실패했다는 느낌을 받을 것이다. 시험 문제는 다른 사람이 내는 것이지만, 시험에 통과할지 떨어질지 결정하는 기준을 정하는 사람은 바로 당신이다. 당신의 자아인식 수준이 생각만큼 깊지 않아서 자기반성을 할 수 있는 중요한 시간을 대비하지 못한 것이다.

   스스로 미비한 점이 있다고 느끼는 이유는 현실에서 어떤 불안한 요소도 남기지 않으려는, 즉 완벽함을 추구하려는 당신의 성향 때문이다. 주요 프로젝트이든 사소한 심부름이든 상관없이 당신은 자신의 임무를 세심하게 준비하는 사람이다. 따라서 성취할 수 있는 실적보다 더 큰 것을 기대하며, 좋지 못한 결과가 나타나면 끊임없이 화를 낸다. 이런 긴장감 때문에 앞으로 나아가 성공하고 훌륭한 경력을 가질 수도 있지만, 더 근본적인 욕구를 무시하는 결과를 초래할 수도 있다. 성공의 기준은 당신이 어느 정도의 능숙함을 얻느냐가 아니다. 삶을 행복하고 알차게 만들어주는 것이 무엇이며, 그것에 대해 당신이 얼마나 알고 있느냐가 그 기준이 된다.

시험 준비를 하지 못한 꿈은 당신이 인생을 행복하고 성취감 있게 만들어주는 것이 무엇인지, 그것을 이루기 위해서 얼마나 노력했는지 고민하고 있음을 의미한다. 이는 끝없이 준비를 해야 할 필요가 없는 즐겁고 자발적인 일이다. 자신을 너무 가혹하게 비판한다면 당신이 실질적으로 이룬 성공과는 상관없이 당신은 실망하고 말 것이다. 끝없는 자기반성에 몰두하기보다는 재능을 인정하는 것이 당신의 특성에 대한 진정한 시험일 수 있다. 자신의 지식과 성취를 끊임없이 비판하는 대신 칭찬해줌으로써 당신의 재능을 인정할 수 있게 된다.

보통 시험은 사람들의 기대 수준에 비추어 내가 어느 정도인지를 평가받고 나의 기대치에 비추어 자신이 어느 정도인지 판단하는 것을 반영한다. 학교에서 치르는 공식적인 시험은 수천 년 전부터 시행되어 왔지만, 그에 앞서 부족의 제의적인 의례와 결투에 대한 도전이 존재했다. 이런 제의적인 의례에는 보통 입회식이 있으며, 입회식에 참석하기 위해서 참가자들은 부족이 동의하고 인정하는 어느 정도의 성과를 이루어야만 했다. 사람들에게 받아들여지고 인정받는 것도 매우 중요하지만, 더 중요한 것은 당신이 자신의 재능을 받아들이고 성취한 바를 인정하는 것이다.

23 하늘을 나는 꿈

먼저 몸이 두둥실 떠오르는 느낌이 든다. 그리고 중력이 더 이상 당신을 끌어당기지 않는 걸 깨달으면서 하늘 위로 올라가 대기를 가르며 날기 시작한다. 생각만으로도 가고자 하는 곳으로 방향을 조절할 수 있으며, 매우 상쾌한 기분을 느낀다. 가끔은 슈퍼맨이 된 것처럼 혼자 날아오르기도 하며, 어떤 때는 비행기나 일반적이지 않은 운송수단을 타고 하늘을 날기도 한다. 꿈에서 당신은 조종사가 아닌 승객이다. 하지만 조종사가 되어 비행경로를 조절할 때와 마찬가지로 자유로움을 느낀다.

하늘을 나는 꿈은 현실의 한계와 의무로부터 자유로워지고 싶은 소망을 표현한다. 의무를 표현할 때 우리는 무게와 관련된 비유의 말을 주로 사용한다. 예를 들면, '상황의 심각성 gravity of the situation' 또는 '중대한 결정 a weighty decision' 등이다. 보통 막중한 책임감에서 해방되었을 때는 '하늘을 날 것만 같다 walking on air'라는 표현을 쓴다. 하늘을 나는 꿈은 해방감을 상징하며, 당신을 짓누르는 상황에서 자유로워짐을 의미한다. 부담감이 사라져서 자유롭게 선택할 수 있으며 아무 제한 없이 그 선택에 따른 행동을 취할 수 있다. 이는 제한 없이 하늘로 날아오르고 급하게 하강하는 '새처럼 자유롭게' 활공하는 기분을 느끼게 한다.

　이런 선택의 자유는 당신의 독특한 재능을 펼쳐 보이는 창조의 과정 중에 나타난다. 이는 실용성과 절차를 초월할 뿐만 아니라 재능의 한계를 훨씬 뛰어넘어 당신의 기량을 향상시키는 것과 같다. 꿈에서 이륙하기 힘들다거나 비행 중 어떤 장애물을 만난다면, 당신이 아직도 무언가에 지나치게 집착하고 있음을 상징한다. 일반적이지 않은 운송수단을 타고 하늘을 나는 꿈은 큰 해방감을 느끼게 해줄 당신만의 독특한 기술이 있음을 의미한다. 꿈에서 승객이 되었다는 것은 지금 자유로운 상태임을 나타내지만 조종사로서 비행기를 조종할 때만큼은 아니다.

하늘을 나는 꿈은 당신이 현실의 한계로부터 어떻게 탈출할 것이며, 평소보다 더 자유로워지기 위해서 어떻게 해야 하는지를 보여준다. 이런 해방감을 행운이나 우연의 일치로 간주할 수도 있지만, 이는 당신이 기회를 만들려고 노력한 덕분이다. 현실에서 새로운 기회와 가능성을 고려하는 건 가치 있는 일이다. 계속 하늘을 나는 꿈을 꾸면서 자유로움을 느끼고 싶다면 비현실적인 생각을 버려라. 그리고 당신의 생각이 이륙하기 위한 단단한 발판과 그 생각이 착륙할 적절하고 안전한 장소가 있는지 확인하라.

20세기 초부터 우리는 동력 비행기를 타기 시작했지만, 수천수만 년 전부터 하늘은 늘 상상력과 연결되어 왔다. 거울이 정수리를 볼 수 있는 도구가 되었듯이, 넓고 푸른 하늘은 우리의 추리력과 상상력을 펼칠 수 있는 매개체가 되었다. 하늘은 인간의 가장 강력한 재능인 상상력을 표현한다. 대부분의 종교적, 신화적 문화에서 가장 강력한 신성은 하늘을 지배하는 것으로 표현된다.

24 떨어지는 꿈

꿈에서 낙하는 아무 경고 없이 일어나는 것처럼 보인다. 갑자기 발을 헛디뎌 넘어지면서 다리가 부러진다. 때때로 돌뿌리에 발이 걸려 넘어지거나 길가 움푹 팬 골에 발이 빠져 휘청거리는 작은 사고처럼 나타나기도 한다. 또는 끝없이 이어진 계단에서 굴러 떨어지거나 절벽에서 아주 깊은 틈새로 곤두박질치는 것처럼 더 극적일 수도 있다. 낙하, 즉 떨어지지 않기 위해서 당신이 할 수 있는 일은 전혀 없는 듯 보이며, 땅바닥에 부딪히면서 모든 것이 갑자기 정지되는 느낌을 받는다.

떨어지는 꿈은 현실의 실패와 관련이 있다. 갑자기 예상치 못한 상황이 발생한 탓에 당신이 결과를 완벽하게 조정할 수 없다고 깨달았을 때 이런 꿈을 꾼다. 당신은 아마 기대치를 높이 잡았고 그 수준에 도달하지 못하면 실패라고 생각하고 있을 것이다. 이런 패배감 때문에 자신뿐만 아니라 다른 사람들을 실망시켰다는 느낌을 지울 수가 없다. 하지만 때로는 책임감에서 벗어나야 할 때가 있다. 꿈에서 체험하는 낙하의 느낌은 당신이 움켜쥐고 있던 책임감을 놓아버리는 불가피한 과정에서 비롯되는 것이다. 책임감을 포기할 때 당신은 비로소 앞으로 나아가기 위한 자유를 얻을 것이다.

잠이 들면 당신은 의식으로부터 자유로워지므로 긴장이 풀리고 몸이 편안해진다. 그리고 꿈에 젖어들 기회가 생긴다. 떨어지는 꿈은 당신의 몸이 편안해지고 근육에 축적된 긴장도 느슨해졌기 때문에 꾸게 된다. 돌뿌리 같은 조그만 장애물에 걸려 넘어지는 꿈은 현실에서 생긴 작은 긴장을 풀어주고 있음을 의미한다. 위에서 아래로 떨어지는 큰 낙하는 당신을 맥 빠지게 하는 커다란 책임을 포기해야 한다는 의미다. 땅바닥에 부딪히는 건 앞으로 달려 나가기 전 출발선에서 발을 땅에 굳게 디디듯이, 더욱더 철저한 접근 방법을 취해야 한다는 의미다.

떨어지는 꿈은 보통 스트레스와 긴장감 때문에 꾸게 된다. 따라서 떨어지는 꿈을 꾼다면 현실에서 좀 더 여유롭게 행동해야 한다. 몸에 긴장이 남아 있으면 잠에 빠지기 전 몸을 이완하여 풀어주어야 한다. 몸의 긴장은 실패에 대한 두려움 때문에 나타나며, 이는 당신이 현실에서 받는 충격에 버티기 위해 꽤 오랫동안 긴장하고 있었다는 것을 보여준다. 긴장을 할수록 당신에게 찾아온 기회를 알아차릴 가능성이 훨씬 더 낮아진다. 느긋해진다면 당신은 더 나은 결과를 얻을 수 있다.

우리는 수면 상태에 들었다는 말을 '잠에 떨어지다 falling asleep'라고 표현한다. 그래서 '마음을 느긋하게 한다relaxing'는 말을 '낙하falling'나 '놓아두기 letting go'와 연관시키는 경향이 있다. 등과 다리, 팔처럼 평소 중력을 견디기 위해서 사용하는 근육의 긴장이 풀릴 때 침대에서 좀 더 편히 쉴 수 있다. 긴장 완화는 '수면 반사hypnic jerk'로 알려진 근육 경련으로 나타난다. 잠에서 깨기 직전이나 깊이 잠든 상태에서 수면 반사가 일어나 근육 경련이 나타난다면, 당신은 실제로 떨어지는 것 같다는 느낌을 받는다. 낙하는 대개 '내버려두다being let go' 또는 '위신 추락falling from grace' 같은 말에서 보듯이 실패와 관련이 있다.

25 지각하는 꿈

당신은 약속시간까지 여유가 있다고 생각했지만 생각보다 시간이 얼마 남지 않았음을 알아차린다. 급하게 준비한 뒤 시계를 보지만 시간이 왜 그렇게 빨리 가는지 도무지 알 수가 없다. 약속 장소로 향하는데 생각지도 못했던 장애물들이 계속 나타난다. 장애물들을 처리하려 해보지만 여의치 않고 시간만 소비한 탓에 크게 낙담한다. 시간은 자꾸만 흐르고 결국 약속 장소에 제때 도착하지 못할 것 같은 느낌이 든다.

❓
지각하는 꿈은 현실에서 성취를 이룰 기회를 잃어버릴지도 모르는 상황에 처했음을 의미한다. 꿈에서 약속이나 마감시간은 현실에서 전문가 자격증을 따는 일이나 대학입학 시험 등 목표를 이루기 위해 정한 하루하루의 계획표를 상징한다. 하지만 이런 목표를 달성하기에는 시간이 너무 없다는 것을 깨닫게 된다. 꿈에서 시계를 본다는 건 현실에서 당신이 수많은 활동을 하고 있지만, 그 활동들이 당신에게 아무 이득도 되지 않는다는 걸 깨닫게 해준다. 목표를 이루기 위해서 열심히 일했다고 생각했는데 그저 매일 기계적인 삶을 살아온 것이다.

당신이 세운 목표를 이루기 위해 서두를수록 기회는 점점 더 없어질 것이다. 다른 길을 선택할 수도 있지만 어느 길도 당신이 원하는 곳으로 데려다주지는 못한다. 그저 좌절과 혼란만 줄 뿐이다. 또한 이 꿈은 현실에서 특별한 행동방침에 따르게 할 결정들을 계속 회피해왔음을 시사한다. 결정을 미룰수록 당신은 더 많은 시간을 헛되이 써버린다. 그럴 때 결단력 있게 행동한다는 건 결과에 대한 책임을 지기 시작했음을 의미한다. 시계만 계속 바라보지 말고 당신의 행동에 더 전념하라. 그러면 당신의 성공을 위해 더 많은 시간을 쓸 수 있다.

지각하는 꿈이 주는 메시지는 바쁘고 의미 없는 활동에 전념하기보다는 의미 있는 행동에 전념하라는 뜻이다. 결정하기 전까지 당신은 늘 망설이면서 비효율적으로 시간을 사용할 것이다. 당신이 확실하게 행동하면 당신의 목적을 이루도록 도와줄 많은 기회들이 펼쳐질 것이다. 일단 결정하고 나면 나아가야 할 방향이 확실해지고 시간표에 맞춰 진행 계획을 세울 수도 있다.

📖

현대 사회에서는 달력과 시계로 시간을 측정하지만, 사실 우리는 선사 시대 이후 어떤 리듬에 근거를 두고 살아왔다. 태양과 달의 순환을 이용해서 자연의 흐름을 관찰하고 무언가를 할 가장 적절한 시기를 정했다. 정신없이 바쁜 현대 사회에서 시간은 귀중한 요소이며, 우리는 시간이 늘 충분하지 않다고 느낀다. 하지만 목표를 정하고 행동하면 행동을 실행하는 시간은 정말 값진 시간이 될 것이다.

26 술에 취하거나 마약에 중독되는 꿈

현실의 당신은 정상적인 삶을 살고 있지만, 꿈에서는 완전히 술에 취하거나 마약에 중독되어 무책임하게 행동한다. 자신이 통제 불능 상태에 있다고 느끼며 멀쩡한 정신 상태라면 절대로 하지 않을 행동을 한다. 아무리 술을 마시고 마약을 해도 만족하지 못하며, 술을 마시고 마약을 하면 할수록 더욱더 그것을 원하게 된다. 실제로는 비흡연자이지만 꿈에서 줄담배를 피우기도 한다. 기침을 하고 목이 막히는데도 계속 담배를 피워대며 또다시 담배에 불을 붙인다.

❓

술에 취하거나 마약에 중독되는 꿈은 당신이 현실에서 벗어나고 싶은 상황에 처했음을 의미한다. 무척 해로운 상황이란 걸 당신도 알고 있으며, 여기에서 벗어나기 위해 많은 시간을 들여 고민한다. 하지만 이런 상황이 반복되기만 하고 그 이유를 깨닫지 못한다. 꿈에 등장하는 술과 마약은 현실에서 특정한 사람을 가리킨다. 즉 당신이 어떤 사람에게 중독되어 있다는 뜻이다. 그 사람과 당신은 로맨틱한 관계일 가능성이 높은데, 그에게 강력하게 이끌린다고 생각하면서도 둘 사이에는 통제할 수 없는 긴장감이 있다.

통제 불능의 상황은 당신을 불안하게 만드는데, 현실에서는 이런 혼란을 야기하는 것이 무엇인지 알아내기가 무척 힘들다. 중독자가 습관적으로 마약을 찾는 것처럼 그에게 계속 빠져들게 만드는 깊은 욕구나 욕망이 있는 것이다. 장기적으로 이런 관계는 해가 될 것을 알고 있지만 달리 방법이 없다고 생각한다. 그래서 건전한 관계를 유지하기가 어렵고, 중독적이고 파괴적인 행동에 계속 이끌리는 것이다. 관계를 끝내고 싶어 하지만 어느새 더한 것을 원하고, 그 때문에 당신은 기분이 좋지 않다.

술에 취하거나 마약에 중독되는 꿈은 당신이 습관적으로 피하려고 하는, 현실에서 겪는 불건전한 상황을 주의해서 보라는 의미다. 당신이 근본적으로 원하는 것은 사랑과 친밀한 관계이며 그것을 가치 있게 여기지만, 불건전한 감정에서 빠져나오기가 힘들다. 이 문제를 드러내어 다루는 것보다 어떻게든 모든 게 당신에게 유리하게 돌아간다고 생각하는 게 마음이 편할 것이다. 하지만 그런 생각은 자존감에 악영향을 미친다. 그리고 자존감을 잃을수록 당신을 기분 좋게 만드는 관계에 더욱더 의지하게 될 것이다.

📖

다른 사람에게 지나치게 감정적으로 의존할 때 우리는 종종 신체적인 중독과 관련된 표현을 사용한다. '그는 끊을 수 없는 습관이야he's a habit I just can't break' 또는 '당장 손 떼야 해I need to go cold turkey' 등이 그에 해당한다. 이런 표현은 <난 당신이 너무 좋아I Get a Kick Out of You>, <중독된 사랑Addicted to Love>, <사랑은 마약Love is the Drug> 같은 노래 제목에서도 찾아볼 수 있다. 많은 중독자들이 신체적인 방법으로 감정적 욕구를 채우려고 하지만 이는 충동적인 행동과 심리적인 의존성을 높일 뿐이다. 근본적인 감정적 욕구가 실제로 충족될 때까지 말이다.

27 샤워하는 꿈

당신은 덥고 끈적끈적한 느낌을 없애기 위해서 몸을 씻고 싶어 한다. 하지만 누군가가 샤워실을 사용하고 있거나 샤워기가 이상한 곳에 설치되어 있다. 마침내 비어 있는 샤워실을 발견하지만 너무 어두워서 서 있기조차 힘든 곳이다. 샤워기를 틀면 뻑뻑하고 이상한 소리가 나며 물이 아주 조금씩 나온다. 게다가 물은 검은 수증기와 함께 나오며 무척 더럽다. 그러다가 점점 깨끗해지면서 물이 충분히 나오기 시작한다.

샤워하는 꿈은 당신이 현실에서 겪고 있는 복잡한 일들을 깨끗이 처리하고 싶다는 내면의 욕구를 나타낸다. 원하는 것을 말하지 못하거나 죄책감을 느끼게 하는 긴장된 인간관계 때문에 이런 꿈을 꾸는 것이다. 물은 감정을 나타내는 것으로 샤워를 한다는 건 감정을 분출한다는 의미다. 감정을 분출함으로써 지금 맞닥뜨리고 있는 어려운 상황을 정리하고자 하는 욕망을 나타내는 것이다. 따라서 샤워하는 꿈은 당신이 감정을 드러내고 식힐 수 있는 적절한 기회를 찾고 있음을 의미한다.

　샤워실을 누군가가 사용하고 있다면, 당신이 자신의 감정보다는 다른 사람들의 감정을 먼저 생각하고 있으며, 당신의 감정을 표현하기보다는 그들의 문제를 들어주는 데에 더 많은 시간을 할애하고 있음을 의미한다. 샤워기가 이상한 곳에 설치되어 있다는 건 당신의 생각을 말할 적절한 시간과 장소가 아님을 의미한다. 감정을 표현할 기회가 찾아왔더라도 스스로 나서서 해결하기가 힘들며, 당신은 이미 부정적이며 비판적으로 변해있을 것이다. 대화를 통해 진짜 원하는 것을 상대방에게 말하는 것조차 힘든 상황일 수도 있다. 그렇다 해도 당신이 마음을 열수록 모든 것이 점점 더 명확해질 것이다.

샤워하는 꿈을 꿨다면 당신은 죄책감을 느끼게 만드는 현실의 상황을 깨끗이 정리해야만 한다. 지금 처한 상황에서 모든 것을 명확하게 정리한다는 건 어려운 일일지 모르며, 언제가 적절한 때인지를 찾고 있는 중인지도 모른다. 하지만 적절한 때를 찾기 위해서 너무 오랫동안 기다린다면 상황이 더욱 나빠질 수 있다. 완벽한 순간을 하염없이 기다리기보다는 이따금 모든 감정을 표현하는 편이 좋다. 그 순간이 지금인지 혼란스러울 수 있겠지만 당신이 관심을 갖고 있는 상황들을 대체로 정리할 수 있다.

📖

우리가 흔히 죄책감이나 정서적인 혼란을 표현하기 위해 사용하는 언어들은 '기분이 더럽다feel dirty'거나 '일이 정말 엉망이야things are really messy'라는 부정적인 말이다. 그리고 이런 복잡한 상황을 극복하고 앞으로 나가고 싶을 때는 '정리하고 싶다clear things up', '새 출발 하고 싶다make a fresh start'라고 말한다. 따뜻한 욕조에 몸을 담가 깨끗이 씻을 수도 있지만, 이런 수동적이고 소극적인 방법으로는 다른 사람들의 몸까지 깨끗하게 할 수 없다. 샤워를 한다는 건 새롭게 출발할 수 있도록 감정을 솔직하게 표현해서 모든 상황을 적극적으로 정리하는 과정을 상징한다.

28 무언가를 찾는 꿈

당신은 무언가를 끊임없이 찾고 있지만 무엇을 찾는지 정확히 알지 못한다. 또는 집안 모든 방과 벽장을 뒤지거나 정원이나 길 밖에서도 무언가를 찾고 있다. 사무실이나 공장일 수도 있고, 차를 타고 가는 중일 수도 있다.

기차를 타고 멀리 떨어진 마을로 수색작업을 가거나 비행기를 타고 외국으로 향하기도 한다. 하지만 아무리 찾고 또 찾아도 얻고자 하는 것을 결코 찾지 못할 것처럼 보인다.

무언가를 찾는 꿈은 현실에서 성취감과 관련이 있다. 찾고자 하는 것이 무엇인지 모른다는 건 현실에서 성취감을 느끼게 하는 것이 무엇인지 의식적으로 알려고 하지 않음을 반영한다. 꿈의 배경이 집이라면, 당신을 좀 더 온전한 사람으로 만들어줄 숨은 특성을 찾고 있음을 의미한다. 자신에게 숨은 재능이 있다는 걸 알고 있으며, 그 재능과 연결할 방법을 찾고 있는 것이다. 방과 벽장을 뒤지고 있다면, 자신의 일부분을 찾고자 하는 소망을 나타낸다.

찾는 장소가 정원이나 길이라면, 사회에서 당신의 인지도를 높이고 싶은 소망을 의미한다. 사무실이나 공장이라면, 당신이 전문 분야에서 더 큰 성과를 내고 싶은 소망을 의미한다. 운전 중이거나 기차역 또는 공항이라면, 사회생활에서 큰 만족감을 얻는 방법을 찾고 있음을 뜻한다.

모든 상황에서 당신이 진실로 찾고 있는 건 인생의 진정한 목적이다. 진정한 목적의식은 외부가 아닌 내부에서 가장 쉽게 찾을 수 있다. 근본적인 욕구와 동기를 탐색하는 건 당신이 더 깊은 인생의 목적을 찾는 데 많은 도움을 준다.

무언가를 찾는 꿈의 메시지는 인생에서 당신을 행복하게 해주고 성취감을 느끼게 해주는 것을 찾으려고 노력하라는 것이다. 하지만 대부분의 사람들은 대체 무엇이 만족감을 주는지 알지 못하므로 자신에게 주어진 시간을 헛되이 낭비한다. 그러므로 주위를 끊임없이 뛰어다니며 애쓰기보다는 그냥 그곳에 서 있어라. 당신이 찾고자 하는 것은 당신 내면에 이미 존재하고 있기 때문이다. 인생에서 원하는 바가 무엇인지 자신에게 질문한 뒤 그 답을 얻을 때까지 조용히 기다려라.

인간은 대단한 기회주의자다. 우리가 성공하는 이유 중 하나는 미지를 탐구하고 귀중한 자원을 찾으려는 의지 덕분이다. 인간의 욕구는 수렵시대 이후 현대에 이르러 매우 복잡해졌지만 인간은 자신의 가치와 재능을 표현하고 발휘할 능력을 늘 찾아왔다. 어렸을 적 처음 배우는 놀이는 무언가를 찾는 놀이다. 까꿍 놀이나 숨바꼭질처럼 말이다. 이런 놀이를 통해 우리는 의도적으로 어딘가에 숨은 사람을 찾는 가운데 즐거움을 느낀다.

29 바람피우는 꿈

당신은 애인이 바람을 피우고 있다고 확신한다. 집에 늦게 들어가고 주의가 산만하며 당신에 대한 관심이 없어진 것처럼 느껴진다. 미친 듯이 증거를 찾으려고 하지만 애인의 부정행위를 증명해줄 만한 것이라고는 전혀 없다. 그러다가 애인이 다른 사람과 함께 있는 사진을 발견하거나 두 사람이 방에서 부둥켜안고 있는 모습을 목격하고 의혹은 사실로 드러난다. 증거를 찾고 당신은 엄청난 충격에 빠지지만, 한편으로는 자신이 옳았다는 것을 확인하여 만족스럽기까지 하다. 하지만 아무리 화를 내더라도 당신을 배신한 애인에 대한 실망감은 사그라지지 않는다.

?

현실에서 자신의 성적 매력이 점점 없어진다고 생각할 때 이런 꿈을 꿀 수 있다. 실제로 애인이 당신보다 성적 매력이 뛰어난 사람과 은밀한 시간을 보냈다고 한다면 이는 무척 충격적인 일이다. 하지만 이 꿈의 진짜 의미는 당신의 기본욕구 일부가 사라지면서 스스로 성적 매력이 떨어졌다고 느끼고 있음을 반영한다. 이는 보통 자신감이 없어지거나 좌절감에 빠지는 상황에서 느끼는 감정이다. 좌절감과 자신감의 결핍은 자신의 판단을 믿지 못하고 사람들의 인정과 공감을 구하기 시작할 때 생긴다.

　다른 사람들의 인정이 필요하다는 건 자신이 마음속에 품고 있던 야망을 포기한다는 의미다. 사람들의 인정을 얻는 것이 자신을 위한 일이라고 합리화하지만, 당신은 무의식적으로 실망하고 있는 자신을 발견한다. 그 때문에 결국 자신에게 싫증이 나고 짜증이 일기 시작하는데, 문제는 그런 감정을 표현하는 대신 자신의 해결되지 않은 초조함을 다른 것으로 해소하려고 하는 것이다. 당신이 느끼는 좌절감을 애인과 나누는 게 아니라 당신을 매력적이라고 느끼는 사람이 나타나서 그와 바람피우는 헛된 공상을 하게 된다. 현실에서 자신감을 가질수록 당신은 자신 있게 새로운 세계로 한 걸음 더 내디뎌 당신이 늘 꿈꾸던 매력적인 사람이 될 수 있다.

애인이 바람피우는 꿈은 지금 어떤 점에서 당신 스스로가 배신하고 있음을 알려준다. 당신은 자신의 능력에 신뢰를 잃어가고 있다. 그리고 당신이 특별한 존재라고 느끼게 해주는 사람들의 인정에 지나치게 의존하고 있다. 이 꿈은 당신을 매력적으로 만들어주고 자신감을 북돋워줄 사람들을 찾기보다는 있는 그대로의 자신이 되라고 격려하고 있다. 당신의 희망과 열망에 대한 책임을 타인에게 떠넘기지 마라. 이제는 당신의 목표와 가능성에 대한 신뢰를 다시금 확인할 때다.

인간은 자신의 자부심과 자존심을 깊은 관계의 상대에게 투영하고자 하는 경향이 있다. 특히 늘 곁에 있는 정신적 지주 같은 사람보다는 우리의 깊은 욕망을 반영하는 새로운 인물, 즉 새로운 사람을 통해 더 강력하게 드러낸다. 새로운 파트너가 왠지 자신의 행복과 바람을 이루게 해줄 거라고 생각한다. 그가 자신의 행복과 바람을 이루는 데 전적으로 책임이 있다고 생각하는 것이다. 특히 자신이 불행하다고 느낄 때 자신의 능력에 믿음을 가지기보다는 그 불행의 책임을 상대방에게 전가하기 쉽다.

30 끝없이 짐을 싸는 꿈

당신은 곧 출발해야 하는 중요한 여행을 위해서 짐을 싸고 있다. 꾸려야 할 짐이 점점 더 많아지고, 여행에 필요한 것을 모두 넣기에는 가방의 공간이 충분치 않아 걱정이다. 마침내 가방을 모두 쌌지만 아직 넣어야 할 물건들이 남아 있다는 걸 알게 된다. 여행 시간에 맞춰 짐을 모두 싸기란 불가능할 것 같아 초조해진다.

끝없이 짐을 싸는 꿈은 체계적인 생활을 통해 좀 더 많은 일을 하려고 끊임없이 노력하는 당신의 모습을 의미한다. 당신은 주어진 시간 내에 가능한 한 많은 일을 하려고 하지만 끝내야 할 일들이 너무 많은 데다 시간조차 충분치 않다. 수많은 짐은 일을 수행하는 당신의 잠재력을 상징하고, 계획과 야망을 이루기 위해서 필요한 당신의 지혜를 의미한다. 곧 떠나야 한다는 초조함은 특별한 야망을 수행하기 위해서 지켜야 할 구체적인 마감시간을 의미한다. 하지만 아무리 체계적으로 일을 해도 무엇인가 빠진 것 같은 느낌을 늘 받는다.

당신은 목표를 위해서 미친 듯이 노력하지만 늘 좌절감을 느낀다. 현실에서 당신이 하는 일 대부분은 자신의 목적을 달성하기 위한 특정한 행동이라기보다는 성공을 위한 준비다. 가방에 집어넣는 물건들은 과거 당신이 겪은 경험과 습관을 나타내지만, 만일의 사태에 대비해서 준비한 물건들은 당신을 방해한다. 이런 물건들은 당신이 나아갈 새로운 방향을 결정하고 탐구하는 데 도움이 될 수도 있지만 결국 커져가는 기대감에 짓눌리는 부담만 안겨줄 것이다.

끝없이 짐을 싸는 꿈이 보여주고자 하는 것은 오래된 짐들을 버리고 새로운 기회를 만드는 방법이다. 새로운 기회를 만들기 위해서 당신에게 필요한 것이 무엇인지 계속 생각하는 건 오히려 자신에게 부담만 될 것이다. 성공으로 향하는 가장 좋은 방법은 준비하는 시간을 줄이고 목표를 위해서 일하는 시간을 늘리는 것이다. 준비하는 시간이 길어질수록 새로운 상황에 대처하기 위한 행동 양상은 결국 과거의 행동 양상과 비슷해질 것이다.

인간이 도구를 사용해서 사냥을 하고 농경생활을 하기 시작한 이래 우리는 소유물을 보관하고 운송하기 위해서 가방을 사용해왔다. 처음에는 예상치 못한 사태를 대비해서 부싯돌이나 약초들을 작은 가방에 보관했다. 하지만 삶이 부유해지고 복잡해짐에 따라 가방의 크기는 '거추장스러울' 정도로 커져만 갔다. '거추장스럽다encumber'라는 단어는 '둑으로 막다'라는 의미의 오래된 프랑스어 'combre'에서 유래한 것으로, 기대가 클수록 삶은 점점 더 자유에서 멀어질 것이다.

31 쫓기는 꿈

당신은 무엇인가에 쫓기고 있다. 다수의 사람이나 동물, 괴물들이 당신을 추격해온다. 하지만 무엇이 쫓아오는지 알지 못한 채 그저 무작정 뛰거나 몸을 숨기려고만 한다. 아무리 빨리 달려도 위협적인 공격과 부상에서 피할 수가 없다. 심지어 몸을 숨길만 한 안전하고 은밀한 장소에 도달할 수도 없다. 쫓기는 상황을 피하는 건 불가능해보이고, 한 걸음 한 걸음 내디딜 때마다 분노만 더해간다.

현실에서는 추격자를 따돌릴 수 있지만 꿈에서는 피할 수가 없다. 아무리 빨리 달리고 잘 숨으려고 해도 추격자들이 어딘가에서 늘 나타난다. 당신을 쫓는 건 바로 당신의 일부분이며 당신이 가고자 하는 장소가 당신이 현재 있는 곳이기 때문이다. 이런 특이한 행동은 꿈을 꾸는 사람이 현실에서 겪는 구체적인 상황을 드러내며, 특별한 사건이나 특정한 사람에 의해 유발된다. 하지만 그것이 실제로 당신을 쫓고 있는 사건이나 사람을 의미하지는 않는다. 꿈은 그런 사건이나 사람 그리고 자신의 성격을 당신이 어떻게 인지하는지를 의미한다.

추격자의 모습은 실제의 한 측면을 반영한다. 당신을 쫓고 있는 것이 동물이라면, 이는 현실에서 억눌려 있는 당신의 본능적인 충동을 의미한다. 괴물의 모습이라면, 당신에게 다듬지 않은 엄청난 재능이 숨어 있으나 그것을 찾아내 개선하고 계발하는 것이 어려운 일임을 의미한다. 남자, 여자 또는 범죄의 형태를 띈다면, 당신에게 특별한 재능을 발휘할 기회가 있으나 그 능력을 보여주는 데 따르는 책임을 회피하고 있다는 의미다. 꿈에서 누군가에게 쫓기는 건 두려운 일이지만, 추격자는 당신의 숨은 힘과 재능에 스스로 관심을 갖도록 이끌어준다.

쫓기는 상황에서 탈출하려면 먼저 지금 현실에서 겪고 있는 긴장감과 불안감의 원인이 무엇인지 알아내야 한다. 그리고 그 상황을 해결하고 앞으로 나아가기 위해서는 안전지대로부터 나와 적극적이고 자신감 있는 행동을 취해야만 한다. 그냥 아무것도 하지 않는 것이 더 쉽고 편안해 보이겠지만, 이는 오히려 더 많은 긴장감과 불안감을 야기할 수 있다. 문제를 회피하지 않고 직면하면, 자신이 무기력한 희생양이라는 느낌을 지우고 당신의 재능을 자신 있게 드러낼 수 있다. 그렇게 한다면 당신은 상황에 쫓기는 게 아니라 스스로 선택한 기회를 추구하는 사람이 될 것이다.

현대 사회에는 석기시대의 수렵활동에서 비롯된 행동 패턴들이 아직 남아 있다. 석기시대에 인간은 먹을거리를 얻기 위해서 무엇인가를 찾아다니거나 잡아먹히지 않기 위해 도망치는 존재였다. 현대 사회에서 우리가 찾으려는 기회는 석기시대의 그것에 비해 덜 위험하더라도 여전히 '추구'라는 말로 표현되고 있다. 우리가 추구하는 목표는 우리 모두의 희망과 소망의 기반이며, 우리가 깨어 있든 잠들어 있든 우리의 꿈에서 가장 명백하게 나타난다.

32 범죄를 저지르는 꿈

어떤 이유로 당신은 큰 죄를 짓고 그 죄를 필사적으로 숨기려고 한다. 때로는 살인처럼 심각한 범죄를 저지른 뒤 시신을 없애는 중이다. 하지만 아무리 증거를 숨기려고 애를 써도 눈에 띄는 발자국이나 손자국 또는 지울 수 없는 통화기록 같은 단서가 늘 남아 있다. 당신은 도망치려고 하며 범행을 사람들에게 들킬까 봐 몹시 겁내고 있다. 그 범죄는 자신을 보호하기 위해서 어쩔 수 없이 한 행동이거나 일종의 사고 같아 보인다.

범죄를 저지르는 꿈은 당신이 죄책감을 느끼고 있음을 의미한다. 당신은 좌우명을 갖고 늘 바르게 살려고 하지만, 왠지 도덕성을 위반한 느낌을 받는다. 그리고 살인을 저지르고 시체를 치우는 꿈은 자신의 특질 한 부분을 없애고 싶은 마음을 의미한다. 특질은 대체로 지금 현실에서 포기해야만 하는 독특한 재능이나 창조적인 기술을 가리킨다. 그 재능이나 기술을 포기하지 않고 계속 지니고 싶지만, 다른 이들의 행복을 위해서는 어쩔 수 없이 희생해야만 하는 상황이다.

당신은 자신의 숨겨진 재능에 관한 모든 증거를 감추려고 하지만, 계속 밖으로 노출되기 때문에 관심을 가질 수밖에 없다. 귀중한 것을 훔치는 꿈은 자신을 소중하게 여기지 않음을 의미한다. 훔친다는 건 허락 없이 무언가를 가져가는 행위로 아무런 책임감 없이 순간의 쾌락을 즐기는 자신을 용납하지 못하는 것을 상징한다. 도망치고 싶은 욕구는 자신을 제한하는 신념에서 벗어나 인생에서 목표로 하는 사람이 되기 위해서 자유를 획득하고자 하는 욕구를 반영한다. 범죄가 사고나 정당방위처럼 보이는 이유는 사람들이 당신을 기꺼이 받아들이도록 하려는 당신의 노력 때문이다.

꿈에서 범죄의 증거를 지우려고 하는 행위는 다른 사람들의 요구를 들어줌으로써 그들로부터 인정받으려는 당신의 숨겨진 욕구를 감추기 위한 노력을 상징한다. 하지만 사람들이 당신을 판단하게 한다는 건 자신을 표현하는 자유를 상실함을 의미할 수도 있다. 다른 사람의 사랑과 인정을 얻기 위해 그들의 요구를 들어주려면 당신의 욕구를 포기해야 할 수도 있다. 당신이 좀 더 자연스럽게 행동한다면, 다른 사람의 요구로부터 자유로워질 수 있으며 당신의 진정한 재능을 마음껏 발휘할 수 있을 것이다.

우리가 말을 하기 전에 부모에게 배우는 것 중 하나가 옳고 그름에 대한 개념이다. 옳고 그름의 개념은 학교에 입학한 뒤 어떤 것이 좋은 행동이고 어떤 것이 나쁜 행동인지 규칙을 배우는 가운데 계속 강화된다. 어떤 때에는 행동 규칙의 도덕적 테두리를 넘어 작은 위반을 범하기도 한다. 이런 과정을 거쳐서 우리는 사회의 규칙과 규범을 배우고, 마침내 그 사회의 일원으로 받아들여진다. 당신은 사회 집단에 충실하고 준법정신이 투철한 사람처럼 보일 수 있지만, 대신 타고난 본능에는 종종 충실하지 않을 수도 있다.

33 집으로 돌아가는 길을 잊는 꿈

당신은 어딘가를 여행하고 있으며, 이제 집으로 돌아가고 싶지만 어떤 이유에선지 집으로 돌아가는 길을 찾을 수가 없다. 길을 알고 있다고 확신했는데 주위의 모든 것이 혼란스럽기만 하다. 다른 길을 통해 돌아가려고 시도하지만 집에 가까워지기보다는 오히려 점점 더 멀어지는 느낌이다. 당신을 도우려고 하는 사람들도 집으로 가는 정확한 방향을 가르쳐주지 못한다. 당신은 혼자 걷거나 어떤 종류의 탈 것으로 여행을 하고 있다.

집으로 돌아가는 길을 잊은 꿈은 현실에서 당신이 누구인지 표현하지 못하는 답답한 상태일 때 꾸게 된다. 집은 당신의 진정한 자아, 즉 편안한 마음 상태에서 자신이 누구인지 느끼는 자아를 상징한다. 어딘가를 여행하고 있다는 건 당신이 변화의 시기를 거쳐 왔으며 지금 그것을 넘어 앞으로 나아가려 하고 있음을 의미한다. 이런 변화의 방향을 찾고 있다는 건 당시에는 적절하다고 생각했던 행동이 더 이상 자연스럽지 않다고 느끼기 때문이다. 따라서 자신답지 못했다는 좌절감이 남는다. 정말로 하고 싶은 것을 망각한 채 직장생활을 할 때 이런 일이 종종 일어난다.

또는 당신의 공헌을 인정받지 못하거나 요구가 받아들여지지 않는다고 느끼는 인간관계에서도 이런 현상이 일어날 수 있다. 집으로 돌아가는 다른 길을 찾는다는 건 다른 사람을 기쁘게 해줄 희망을 의미한다. 하지만 그 길로 가는 것은 자아의 욕구와 멀어지는 일이다. 다른 사람들이 가야 할 방향을 가르쳐주려고 하지만, 결국 가야 할 길을 정하는 것은 당신이다. 혼자 여행을 하는 이유는 그 여행을 통해 자신의 정체성과 그것을 표현할 방법을 찾을 수 있기 때문이다. 도보나 자전거 같은 개인 이동수단은 당신이 관심을 기울이는 삶의 일정 부분이 사적인 분야임을 상징한다.

집으로 돌아가는 길을 잊은 꿈은 당신이 과연 누구인지 알 수 있는 길을 당신에게 보여준다. 다른 사람들의 삶이나 요구에 자신을 맡기면 당장 편할 수는 있지만, 그러면 당신은 자신의 욕구와 더 깊은 자아를 볼 수 없다. 아무리 열심히 일해도, 아무리 사람들을 위해서 희생해도 결국 당신은 일을 모두 수행하지 못하고 당신의 희생이 저평가되었다는 느낌을 받을 수밖에 없다. 당신의 목적과 요구 사항을 좀 더 솔직하고 명확하게 사람들에게 전달한다면 당신은 편안해짐을 느낄 것이다.

📖

집보다 좋은 곳은 없다. 집은 휴식과 재충전이 필요할 때 돌아갈 수 있는 장소이며, 꿈에서 집은 정체성을 상징한다. 집에서 우리는 비로소 자신이 될 수 있다. 또한 사람들의 요구와 판단으로부터 자유로워진다. 조국의 개념 역시 그 나라 국민이 유래한 곳과 관련된 민족성으로 국가의 정체성을 의미한다. 조국의 개념처럼 당신의 집은 당신이 생겨난 곳이다. 그리고 그 집에는 당신의 정체성이 뿌리를 내리고 있다.

34 당국에 쫓기는 꿈

정복을 입은 공무원처럼 보이는 사람들이 당신을 뒤쫓고 있고, 당신은 필사적으로 그들을 피해 달아나려고 한다. 그들이 왜 그러는지 이유를 알 길이 없다. 추격자들은 검은 옷을 입은 남자들이며 모두 처음 보는 사람들이다. 그들은 잘 조직화된 듯 보이고 무기도 지니고 있다. 아무리 숨으려고 해도, 빨리 달리려고 해도 그들은 맹렬히 추격해서 점점 더 가까이 다가온다.

당국에 쫓기는 상황은 현실에서 개인적인 의무감과 행동의 자유에 관한 당신의 관심을 의미한다. 보통 이런 꿈은 당신이 정체성과 행동의 자유를 확립하려고 하는 젊은 나이 때부터 꾸게 된다. 큰 단체 안에서 당신의 개인적인 욕구를 달성하고자 할 때면 예외 없이 부모와 교사 그리고 다른 권위 있는 사람들과 갈등이 생긴다. 이런 갈등은 당신이 책임과 자유 그리고 자기결정권에 대한 요구 사이에서 균형을 잡으려고 노력하는 생애 내내 계속될 수 있다. 추격자들에게서 도망치는 것은 책임을 회피하려는 행동으로 보일 수 있지만, 책임감이 투철한 사람이라면 누구나 이런 꿈을 꾸게 된다.

당신을 쫓는 사람들은 개인적인 욕구를 조절함에 따른 당신의 책임감 또는 의무감을 의미한다. 추격자들은 당신의 일부분이며, 아무리 노력해도 책임을 피할 수 없다. 추격자가 남자라는 건 공식적인 권위를 상징하며, 자신이 선택한 방법으로 행동할 수 있는 능력을 의미한다. 당신이 이런 능력을 갖고 있다는 게 이상하게 여겨질 수도 있다. 추격자들의 검은 옷은 이런 깨달음이 당신의 무의식으로부터 생겨났음을 의미한다. 추격자들의 인원과 구성은 당신이 일의 체계를 얼마나 잘 잡을 수 있는지를 반영한다. 당신은 자신의 책임감 있는 태도 때문에 개성이 없어지지 않을까 두려워하지만, 자신의 행동에 대한 궁극적인 권한은 당신에게 있다.

당국에 쫓기는 상황은 당신의 행동에 대한 책임과 권한이 당신에게 있음을 알려준다. 당신의 자유가 구속되고 당신이 원하는 것을 못하게 되었다고 다른 사람을 비난하는 건 쉽다. 자신의 행동에 책임을 질 줄 아는 사람일수록 더 많은 자유를 누리게 된다. 가장 큰 자유는 당신의 힘을 책임감 있게 사용할 수 있다는 것이다. 당신의 욕구 때문에 의무를 회피한다면 사람들이 당신을 얕잡아본다는 느낌을 받게 될 것이다.

보통 권위에 관한 첫 경험은 행동에 따른 책임을 가르치는 부모로부터 온다. 어렸을 적 우리는 가능한 한 많은 즐거움을 얻기 위해서 충동적으로 행동하고 이리저리 어울려 다니려고 한다. 하지만 그렇게 하지 못하는 이유는 권위가 우리의 자유를 제한하기 때문이다. 특히 학교에서 더 심하다. 하지만 우리는 그것이 억압이 아니라 자유를 얻을 수 있는 기회라고 배운다. 성인이 되어서는 어떤 기관과 당국이 자유를 빼앗아간다고 생각해서 사회를 파시스트 사회와 전체주의 정권과 비교하기도 한다.

35 몸을 움직이지 못하는 꿈

당신은 어둡고 사악해 보이는 어떤 존재로부터 위협을 받아 꼼짝도 할 수가 없다. 조금이라도 움직여보려고 노력하지만, 몸은 좀처럼 말을 듣지 않는다. 가끔 아주 무거운 것이 가슴을 짓누르는 느낌이 들어서 호흡하기조차 힘들다. 어떤 물건이나 어떤 사람이 당신을 휘감고 쥐어짜거나 껴안는 것으로 보이기도 한다. 또는 눈이나 얼음 속에 갇혀 얼어붙은 것 같은 느낌을 받을 수도 있다.

?

몸을 움직이지 못하는 꿈은 정말 생생하고 진짜 같아서 끔찍하고 무서운 경험일 것이다. 위치조차 바꿀 수 없는 신체의 무능력함은 꿈을 꿀 때 몸이 움직이지 못하도록 하는 방어적, 생리적 기능에 기인한다. 당신의 뇌는 꿈을 몸으로 실행하는 대신 신경을 통해 팔다리나 몸으로 전달되는 신호를 차단한다. 이로 인해 마비되는 듯한 느낌을 받는데, 사람이나 무거운 것이 가슴을 짓누르는 것과 비슷한 느낌이다. 이같은 수면마비는 꿈꿀 때 나타나는 생리적인 현상이다. 꿈에서 갑자기 깬다면 머릿속에 아직도 꿈의 이미지들이 떠돌면서 여전히 마비된 듯한 느낌을 받기도 한다.

이는 여러 가지 환각, 특히 검은 옷을 입은 남자의 팔이 당신을 감싸거나 가슴 위에 앉아 있는 보기 흉한 노파의 검은 그림자 같은 환각을 초래하기도 한다. 호흡이 답답한 느낌은 가슴에 있는 근육들이 수축하면서 나타나는 현상이다. 그런 경험을 하는 동안 당신이 화를 낸다면 근육들이 긴장하면서 더 심한 환각을 일으킬 수 있다. 수면마비는 현실에서 스트레스가 많거나 육체적인 피로를 충분히 풀지 못했을 때 찾아온다. 휴식이 부족하면 잠을 자고 일어나도 여전히 피로를 느끼고 두뇌가 활동하고 있다는 느낌을 받는다. 게다가 식은땀을 흘리며 깨어났을 때는 더 무섭고 으스스한 느낌을 경험할 수 있다.

아무리 애를 써도 몸을 움직일 수 없다면, 가장 좋은 방법은 잠시라도 긴장을 풀려고 노력하는 것이다. 긴장이 완화되면 당신의 몸은 자신의 리듬으로 서서히 깨어나 공포감도 사라질 것이다. 수면마비가 일어나는 것을 막으려면 당신이 취할 수 있는 가장 깊고 편한 잠을 자야 한다. 그러기 위해서는 자기 전에 최대한 긴장을 풀고 과도한 음주, 담배 또는 불필요하게 스트레스를 유발하는 일을 피해야 한다.

흔히 예상치 못한 위협적인 상황에 대처하는 일반적인 반응은 싸움을 하거나 도피하는 것이라고 생각한다. 하지만 가장 일반적인 반응은 잠재 위험과 싸우거나 달아나는 게 아니라 몸이 얼어붙는 반응이다. 몸이 완전히 굳어 가만히 있으면 공격자들이 자신을 알아채지 못할 것이라는 희망 때문에 발생한다. 이런 자연적인 반응은 우리가 가장 자주 경험하는, 잠이 깰 무렵의 반수면 상태에서 자동적으로 일어난다. 우리가 마음속에서 상상하는 존재들은 밤의 영령처럼 신화나 전설의 일부다.

36 폭력배에게 납치되는 꿈

💬

당신은 폭력배 앞에서 겁을 먹고 있다. 그들은 당신을 은신처로 납치한 뒤 자기 패거리에 들어오라고 강요한다. 폭력배 일당은 당신에 관해 잘 알고 있는 듯이 보이며, 당신을 협박하기도 한다. 그들은 당신에게 돈을 빌려주었거나 당신이 경범죄를 저지르는 것을 목격했다. 그리고 입을 다무는 조건으로 범죄를 저지르라고 말한다. 당신을 묶어두거나 당신의 가족을 인질로 협박하면서 부당한 요구를 한다.

폭력배에게 납치되는 꿈은 현실에서 당신이 속해 있는 집단의 사람들이 시간이나 자원에 있어서 당신에게 부당한 요구를 하고 있음을 의미한다. 당신은 충성심을 갖고 있지만 단체는 당신이 하고 싶지 않은 일을 강요하는 듯하다. 이 꿈은 당신이 반기지 않는 활동을 하도록 강요받거나 식구가 당신의 자유를 제한하는 경우에 꾸게 된다. 당신이 가족에게 불충하게 보일 경우 가족은 당신에게 충성심을 강요하거나 불편함을 안겨준다.

이런 행동이 감정적인 협박처럼 느껴지고 당신의 자유를 제한하는 듯 보이지만, 한편으로는 어느 정도 안도감도 부여하기 때문에 단체에서 벗어나기가 어려울 수 있다. 또한 가족에게 은혜를 입은 듯한 느낌이 들고, 이 때문에 빚진 기분이 든다. 당신이 저지른 실수나 부주의에 무관심한 경우 특히 그렇다. 납치되는 상황은 당신이 가족의 기대에 볼모로 잡혀있다고 느끼는 경우에 발생한다. 이는 단체나 자신의 이익과는 다르며, 가족처럼 유대가 긴밀한 그룹에 속해 있을 때 발생한다. 이럴 때 충성심에 갈등이 일어난다.

폭력배에게 납치되는 꿈이 주는 메시지는 당신이 가족의 기대와 영향을 넓은 관점에서 보아야 한다는 것이다. 당신은 가족을 존중하려고 하지만 자신이 직접 결정을 내리고 그 결정에 온전히 책임을 질 필요가 있다. 그렇게 되면 책임감 있는 자신에게 더욱더 충실하게 되고, 자신의 욕구를 수용할 자유를 누릴 수 있다. 또한 당신이 자신의 기대에 부응하려는 책임감 있는 사람이라는 것을 깨달으면서 다른 사람들의 기대에 갇혀있다는 느낌에서 벗어날 수 있다.

실제로 마피아 같은 갱과 직접 대면하는 경우는 거의 없지만, <대부The Godfather> 같은 영화나 <소프라노 가족The Sopranos> 같은 텔레비전 드라마를 통해 이런 문화에 관해 잘 알고 있다. 마피아 조직의 근간은 특정 가문이나 문중이며, 마피아와 마찬가지로 많은 가족에게는 비공식적이고 암묵적인 행동 규범이나 명예가 있다. 여기에는 보통 가족에 대한 무조건적인 충성심이 포함되어 있으며, 가족 외의 사람에게는 금기사항을 말하지 않는 침묵의 규율이 있다.

37 스파이나 비밀요원이 출몰하는 꿈

스파이나 비밀요원이 은밀히 당신의 뒤를 쫓는 듯한 불안한 마음이 든다. 그들을 피하려고 노력하지만 끊임없이 감시받는 느낌이다. 전화기가 도청 당하고 낯선 사람들이 당신의 사적인 메시지를 모두 읽고 있다는 의심을 떨쳐버릴 수가 없다. 이런 비밀첩보 활동을 당국에 알리지만, 실제로 당신을 감시하는 사람들이 정부일지도 모른다는 생각이 든다. 이제 아무도 믿을 수 없고, 당신을 쫓는 그림자보다 한 발 앞서 나가려고 늘 경계심을 풀지 않고 있다.

현실에서 당신이 숨겨둔 감정을 드러낼지 말지 망설일 때 스파이나 비밀요원에게 감시당하는 꿈을 꾸게 된다. 비밀요원은 보통 숨기고 싶은 세심한 감정을 상징하며, 스파이는 당신이 진실한 감정을 어떤 방식으로 표현하는가를 의미한다. 이런 행동은 정체성이 당신의 실체인 것처럼 보이게 하는 특별한 방법으로, 억지 행동을 했을 때 나타난다. 진솔하고 정직한 사람일지라도 사람들의 이상과 기대에 부응하는 중에 은밀한 반항을 시도할 때 이런 상황이 발생할 수 있다. 예를 들면, 엄격한 다이어트를 하는 동안 어쩌다가 비스킷을 몰래 먹고 죄책감을 느낀다면, 당신은 식이요법을 포기하겠다고 선언할 것이다.

　당신은 자신이 어떻게 느끼는지가 아니라 당신이 표현한 감정을 사람들이 어떻게 받아들일지 생각해서 행동할 때 늘 조심해야 한다. 무슨 말을 하려는지 사람들이 모두 알 것이라고 생각해서 애매한 메시지로 의사소통하려고 하기 때문에 자칫하면 당신은 동떨어진 사람처럼 보이게 된다. 스파이나 비밀요원이 출몰하는 꿈을 꾸는 원인은 당신의 은밀한 연애행각이나 다른 특별한 욕망이 드러날까 봐 걱정하기 때문이다. 아무리 진심을 숨기려 해도, 남몰래 비밀스런 목적을 추구한다면 밖으로 새어나오게 되어 있다. 스파이와 비밀요원들은 때로는 아주 강력하고 매력적인 인물로 묘사되는데, 이는 좀 더 대담해지고 확신에 찬 당신의 자신감과 매력을 반영한다.

스파이나 비밀요원이 출몰하는 꿈은 당신이 숨겨놓은 힘과 열정을 발견할 수 있도록 당신을 도와준다. 섬세한 감정들을 노출하는 것이 부끄러운 일일 수도 있다. 그 감정들이 어떤 면에서 당신을 위태롭게 만들 수도 있다고 생각하기 때문이다. 이는 당신에게 익숙하지 않은 것이고, 사적인 감정을 드러내면 가까이 하고 싶은 사람으로부터 역반응을 불러오지 않을까 걱정하기 때문이다. 그러나 당신의 특별한 재능과 진실한 감정을 드러내는 건 사람들에게는 이미 드러난 사실을 입증하는 것이고, 당신에게는 새로운 기회의 세상이 펼쳐지는 것이다.

스파이와 비밀요원은 가장 대중적인 허구의 인물로, 일반적으로 임무를 완수하기 위해서 정해진 규칙도 깰 수 있는 권한을 지닌 인물이다. 그들은 주로 진실을 밝히기 위한 임무를 수행하므로 눈에 띄지 않게 활동하며, 심지어 다른 신분으로 위장하기도 한다. 그들의 조직은 비밀 본부에 근거를 두는데, 이는 은밀한 생각을 밖으로 드러내지 않고 머릿속에만 남기려고 하는 당신의 모습을 반영한다. 우리는 제임스 본드에서 제이슨 본까지 스파이나 첩자들이 정보를 수집하고 절호의 기회를 이용해서 비밀을 명백히 밝히는 과정에 매료되어 있다.

38 외계인에게 납치되는 꿈

주변의 모든 것이 정상적으로 보이지만 무엇인가 잘못되어 있다. 주변 사람들은 정상적인 인간으로 보이지만 당신은 그들이 사람의 형태를 한 외계인이라는 사실을 안다. 그들과 대화하고 싶어도 당신을 이해하지 못하는 것처럼 보이며, 당신을 억지로 끌고 가려고 한다. 당신이 탈출하거나 풀려났어도 외계인이 특별한 기술을 사용해서 지켜보고 있다는 느낌이 든다.

외계인에게 납치되는 꿈은 현실에서 당신이 낯설고 익숙하지 않은 상황을 경험하고 있다는 의미다. 그 상황에서 당신이 할 수 있는 일은 아무것도 없으며, 사람들이 당신에게 일을 강요하고 있음을 납치라는 상황으로 드러낸 것이다. 익숙하지 않은 새로운 직장이나 동네, 특히 외국으로 거주지를 옮겼을 때 이런 꿈을 꾼다. 당신이 만나는 사람들에게는 고유의 문화와 관습이 있는데, 그 때문에 완전히 다른 세계에 와있는 것처럼 느껴진다. 그들의 문화적인 제약에 자신을 억지로 끼어맞추고 있다고 생각하며, 원래 하던 방식으로 일할 기회가 없다고 느낀다.

새로 만난 사람들은 그들만의 언어와 전문용어가 있어서 그들과 의사소통하는 것이 어려울 수 있다. 외계 기술과 대면했다는 것은 이런 특별한 상황에서 새로운 시스템과 절차를 사용하는 방법을 배워야 함을 반영한다. 하지만 낯선 상황에 있다는 것은 당신이 새로운 기회를 탐험할 필요를 무의식적으로 느끼고 있음을 의미하며, 이는 자신에게서 발견되지 않은 부분을 드러내는 것이기도 하다. 처음에는 어색할 수 있지만 그 부분을 탐험해갈수록 당신의 내면세계에서 없어서는 안 될 중요한 부분을 발견하게 될 것이다.

외계인에게 납치되는 꿈은 당신이 알지 못하고 익숙하지 않은 자신의 어떤 부분을 탐험하라고 종용한다. 편안하고 현실적인 삶의 영역을 넘어서 좀 더 멀리 바라볼 것을 강요한다. 이런 변화로 인해 겁이 날 수도 있지만, 새로운 기술을 배우고 가고 싶은 곳을 탐험해볼 수 있는 기회일 수도 있다. 자신을 알아보는 일에 관심이 없을지라도 새로운 경험에 마음을 열고 예상 밖의 기회를 최대한 활용하라.

외계인에게 납치되는 꿈은 꽤 현대적인 주제 같지만 우리 조상도 천사나 몸과 영혼을 앗아가는 영혼에 관한 꿈을 이야기했다. '악몽nightmare'은 'night maere'에서 유래한 것으로, 악령은 꿈꾸는 사람을 납치한다고 알려졌다. 1950년대에 UFO 출현과 우주여행 현실화로 외계인에 대한 생각이 만연해졌지만, 실제로 인간 사회에서는 낯선 관습과 언어를 가진 외국인의 침략을 경험한 사례가 많다. 침략자들은 토착민이 원하지 않는 지배권을 행사했지만, 때로는 새로운 기술과 더 넓은 세상을 함께 들여오기도 했다.

39 사활이 걸린 싸움에 휘말리는 꿈

당신은 강력하고 위험한 적에 맞서 사활이 걸린 싸움을 한다. 당신이 아무리 발로 차고 주먹을 날려도 적은 요리조리 피한다. 적을 제압하는 데 점점 힘이 달려서 절망적이 되어간다. 이 싸움에서 벗어나는 유일한 방법은 당신이 죽거나 적이 죽는 길밖에 없다는 생각이 든다. 하지만 적을 공격하는 것이 아무런 소용이 없다고 느껴지고, 적은 당신의 애처로운 노력에 비웃음만 날릴 뿐이다.

❓

사활이 걸린 싸움에 휘말리는 꿈은 현실에서 당신의 존재가 위협받을 수 있는 상황에 처해 있음을 암시한다. 실제로는 매우 사소한 것일 수도 있는데, 사활이 걸린 상황이라는 것은 보통 자신의 약점을 인식함으로써 발생한다. 당신은 종종 자신의 성격에서 가장 민감한 부분을 보호하기 위해서 아무리 사소한 문제라도 모든 논쟁에서 이겨야만 한다고 생각한다. 현실에서 강하고 굳건한 이미지를 드러내는 것을 즐길지라도, 한편으로는 자신이 약하고 무방비하다는 생각이 든다. 사람들이 당신의 약점을 파헤칠까 봐 두려워서 취약점을 보호하려고 안간힘을 쓴다.

아무리 고군분투해도 적이 공격을 모두 막아내는 이유는 당신이 내적인 갈등에 갇혀있기 때문이다. 당신은 자신의 재능과 기술을 인정하기보다는 성격상 결점으로 생각하는 부분을 보호하는 데 모든 시간을 허비하고 있다. 자신의 약점을 깨부수려고 안간힘을 쓰지만 그 과정에서 강점을 무시하는 바람에 더욱더 약하다고 느낄 뿐이다. 이 싸움은 자신의 갑옷에 난 구멍을 파괴하기 위한 것이 아니라 받아들이기 위한 것이다. 당신의 현명한 자아는 이 점을 이해하고 있다. 따라서 무적으로 보이고 싶은 당신의 노력에 적은 즐거워하는 것이다.

사활이 걸린 싸움에 휘말리는 꿈은 당신이 목표를 달성하기 위해서 늘 최대한의 노력을 기울이고 있다는 사실을 강화해준다. 당신은 정당한 일에 노력을 경주하고 있는가, 실제로 무엇을 대상으로 싸우고 있는가를 자신에게 물어보아야 한다. 가장 강력한 싸움기술 중 하나로 꼽히는 것이 동양의 무술이다. 동양의 무술은 적의 장점을 알아낸 뒤 이를 활용해서 적을 무찌

른다. 이 전술에서 중요한 점은 자신의 약점을 인정하는 것이다. 자신의 약점을 인정한다면 당신은 더 강해질 것이다.

영웅들이 무적의 적들과 죽을 때까지 싸우는 건국 이야기는 여느 신화나 문화에 다 있다. 이런 이야기는 실제 전투가 구전으로 내려온 것이지만 목숨을 건 싸움은 곧 게임과 스포츠에서 의식화되었다. 이것이 로마 검투사 문화에서 널리 퍼졌고, 현대에는 권투나 무술 같은 운동에서 다듬어졌다. 사활을 건 싸움은 이제 가장 인기 있는 컴퓨터 게임의 기본을 이룬다. 게임에서 플레이어의 지위와 승패는 제거한 적의 수로 판가름 난다.

40 좀비에게 쫓기는 꿈

백주대낮, 당신은 사람들이 많은 곳에 있고 좀비들zombies(일부 아프리카와 카리브해 지역 종교와 공포 이야기들에 나오는 되살아난 시체)에게 쫓기고 있다. 좀비들은 느릿느릿한 속도로 움직이는데, 당신은 가능한 한 빨리 달리느라 좀비들이 어떻게 당신을 쫓아올 수 있는지 알 방도가 없다. 좀비들을 피하려고 하지만 이들의 걸음을 막을 방법이 전혀 없고, 당신은 그들이 자신을 좀비로 만들 것이라는 생각이 든다. 좀비들 대신 뱀파이어나 늑대인간들이 당신을 쫓기도 한다.

좀비에게 쫓기는 꿈은 당신이 현실에서 단지 시늉만 내는 지루한 일을 하고 있음을 의미한다. 이는 당신의 모든 에너지를 앗아가는 너무나 지루한 직장의 일과 관련이 있다. 이런 상황에 처하면 당신에게 중요한 희망이나 야망을 추구할 시간이 없어진다. 결국 가장 중요한 계획을 포기하게 만드는데 특히 동료나 부모에게서 압박을 받을 때가 그렇다. 당신은 자신의 열망을 잠재워두었다고 생각하지만 열망은 불확실한 상태로 숨어있으며, 당신이 되살려주기를 기다리고 있다.

좀비들이 느릿느릿 다가온다는 건 당신이 직장에서 아무리 열심히 일해도 더 이상 갈 곳이 없음을 의미한다. 잡힐까 봐 두려워하는 마음은 지금의 직업에 영영 갇혀버릴까 봐 두려워하고 있으며 이 일이 당신의 영혼을 파괴하는 경험이 될 것임을 의미한다. 좀비는 당신이 획득하려고 하는 모든 것을 구현해줄 잠재력을 갖고 있으며, 이는 당신이 자신의 잠재력에 다시금 활기를 불어넣어 주기를 바라는 것을 의미한다. 뱀파이어에게 쫓기는 꿈은 당신의 모든 에너지가 불건전한 애정관계로 고갈되고 있음을 암시한다. 늑대인간에게 쫓기는 꿈은 당신이 야망을 추구할 시간을 가족들이 허용하지 않음을 의미한다.

좀비에게 쫓기는 상황은 당신에게 그동안 무시해온 독특한 재능이 있음을 알려준다. 자신의 재능을 표현할 기회가 사멸되었거나 묻혔다고 생각할지 몰라도 이제 새로운 활기를 불어넣어줄 시간이 된 것이다. 당신의 아이디어와 계획에 활기를 불어넣음으로써 야망을 되살리고 진정한 인생의 목적을 다시 얻을 수 있다. 좀비는 보통 희생자의 뇌를 먹는데, 이 꿈은 당신에게 뇌를 사용해 그동안의 안일함에서 벗어나 당신의 개성을 표출하라고 종용한다.

📖

좀비는 꽤 흉측스럽다. 하지만 우리가 좀비를 꺼리는 진짜 이유는 그들이 우리를 죽인다는 사실이 아니라 그들처럼 생기 없고 무기력해질까 봐 두렵기 때문이다. 좀비는 1968년 조지 로메로George A. Romero 감독의 <살아 있는 시체들의 밤Night of the Living Dead>을 통해 대중문화의 일부가 되었지만, 원래는 마법으로 시체를 되살린다는 부두교Voodoo(특히 아이티의 대표적인 종교로 아이티인은 마법 등의 주술적인 힘을 믿는다) 전통에서 유래했다. 또한 프리츠 랑Fritz Lang 감독의 1926년 영화 <메트로폴리스Metropolis>에서 강렬하게 묘사된 것처럼 일단의 노동자들이 기업 보스의 관리 하에 어떻게 자신들의 개성을 잃어가는지를 보여준 상징이 되기도 했다.

41 결혼하거나 이혼하는 꿈

계획과 조율에 많은 노력을 기울인 뒤, 당신은 결혼을 하러 식장으로 걸어 들어간다. 결혼은 큰 행사이며, 당신은 결혼에 대한 압박을 받고 있는 듯하다. 당신은 앞으로 해야 할 서약과 그 서약을 정말 지킬 수 있을지에 의구심을 품고 있다. 당신이 누구와 결혼하는지 확실치 않지만 결혼을 해야만 한다는 것을 알고 있다. 현실에서 행복한 결혼생활을 하고 있는 사람의 경우 이따금 이혼하는 꿈을 꾸기도 한다.

결혼을 하거나 이혼하는 꿈을 꾼다면 이는 현실에서 당신이 중요한 결정을 내려야 하거나 서약을 해야 한다는 것을 의미한다. 결혼은 서로 다른 두 사람이 성공적으로 결합하는 것을 상징하는데, 이 꿈은 당신의 삶에서 서로 다른 두 개의 것이 결합하는 것을 의미한다. 가족관계를 새롭게 시작하고 싶다거나 가족과 직장의 균형을 어떻게 맞출지를 생각하고 있을 수도 있다. 현재 직장에서 또 다른 책임을 맡았다든가 이미 한 일과 새로운 일을 어떻게 통합할 것인가에 대해 고민하고 있음을 나타낼 수도 있다. 당신은 이런 조정이 이론상으로는 가능하다는 걸 알고 있지만, 실제로 성공시키기란 무척 힘들다는 걸 깨닫고 있다.

결혼을 하라고 떠밀리거나 결혼 압박을 받는 꿈은, 보통 새로운 책임을 수용하기 위해서 많은 압박을 받고 있음을 의미한다. 당신은 현재 닥친 일을 처리해야 한다고 걱정하고 있지만, 아무렇지도 않게 행동하며 사람들에게 이 일을 처리할 수 있다고 장담한다. 신부나 신랑이 누구인지 모른다는 건 누구를 위해서 책임을 맡는지, 책임을 맡았을 때 자신을 위해서 얼마나 많은 시간을 할애할 수 있을지 의심하고 있음을 의미한다. 이혼하는 꿈은 현실에서 특정한 일에 너무 많은 시간과 노력을 기울이고 있다고 느끼는 가운데 삶의 균형을 깨뜨리는 이 일을 그만두고 싶어 하는 것을 의미한다.

결혼하거나 이혼하는 꿈은 당신이 자신의 책무와 야망의 균형을 맞추고 사람들과 약속한 것을 지키려고 노력하고 있음을 보여준다. 모든 의무를 지켜야 한다는 것이 너무 어렵고 삶의 균형을 잃어가고 있다고 느끼기 쉽다. 사람들에 대한 책임을 너무 많이 걱정하는 대신 자신과 약속한 것을 더 많이 생각하라. 자신의 책무와 야망의 균형을 맞추어 갈수록 사람들과 어느 정도는 타협해야 한다는 걸 쉽게 인정하게 된다.

일생에서 가장 큰 결정은 생을 함께할 결혼 상대자를 선택하는 것이다. 따라서 결혼은 중요하고 장기적인 책임을 상징한다. 결혼은 축복이며 강력함과 안락함의 근원이지만 서로 사랑하는 가운데 상대방의 요구와 자신의 욕구 사이에 균형을 맞추기 위해서 노력해야 하는 타협의 영역이기도 한다. 결혼은 요구와 이해관계의 강력한 상호 결합인데, 이런 요구가 충족되지 않으면 결국 이혼으로 이어진다.

42 스포츠 경기에서 승리하는 꿈

당신은 스포츠 경기에 참여하고 있다. 경기는 엎치락뒤치락하는 상황이고 당신이 속한 팀이 이기고 있어 의기양양하다. 무척 힘든 시합이지만, 많은 노력 끝에 우위를 점하기 시작한다. 단체 스포츠 경기를 하고 있다면, 당신은 더 많은 점수를 내려고 단호하게 밀어붙이면서 조직적으로 팀원들에게 각자의 임무를 맡긴다. 아직 결승점을 내지는 못했지만, 팀원들이 당신의 존재와 기량을 인정하고 감사하고 있다는 사실만으로도 즐겁다.

스포츠 경기에서 승리하는 꿈은 현실에서 성취를 극대화해서 목적을 달성할 방법을 생각하고 있음을 의미한다. 개인 스포츠 경기를 하는 꿈은 당신이 관여하고 있는 사적인 도전을 의미한다. 입상하기 위해서 사람들과 경쟁하고 있는 듯 보이지만, 사실 당신은 자신이 일관성 있게 실행할 수 있는가에 대한 의심과 불안을 떨쳐버리기 위해 도전을 하는 것이다. 개인 경기에서 승리했다는 것은 당신이 이런 의심을 거두어 이길 수 있는 승산이 높아졌음을 의미한다. 목표를 달성하기 위해서 싸우고 있다는 것은 당신이 원하는 결과를 얻기 위해서 투자하는 노력과 헌신을 나타내며, 당신이 처리해야 할 불확실한 상황을 강조한다.

단체 경기를 하는 꿈은 현실에서 사람들과 함께 공동의 목표를 달성하기 위한 방법을 생각하고 있음을 의미한다. 단체에는 가족이나 친구들이 포함될 수도 있지만, 보통 동료들과 함께 공동으로 성과를 올리기 위해서 일하는 직장이나 단체를 가리킨다. 당신이 팀의 일원으로 더 많은 일을 할수록 성공을 하기가 쉬워진다. 또한 단체 경기는 당신이 자신의 경쟁심과 승부욕을 받아들이고 조정해야 할 필요가 있음을 의미한다. 특별한 스포츠 경기에 참가하는 꿈은 성과를 달성하고 그 성과를 사람들에게 인정받기 위해서 지켜야 할 규칙과 규정이 있음을 말해준다.

스포츠 경기에서 승리하는 꿈은 성과에 대한 의심과 불안을 떨쳐 버리라고 당신에게 요구한다. 당신은 승리의 원동력을 갖고 있다는 걸 알지만, 취약하다고 느끼는 부분에 대해서도 많은 관심을 기울이고 있다. 이런 약점을 인정하고 받아들여 보완해나간다면 당신은 더 강해지고 더 큰 성공을 거둘 수 있을 것이다. 당신이 해결해야 할 중대한 도전은 바로 자신의 의심과 불안을 극복하는 일이다. 단체 생활에서 사람들과 경쟁하려고 하지 말고 합심해서 일하도록 노력하라. 그렇게 하면 당신과 단체 공동의 목표를 모두 성취할 수 있을 것이다.

놀이는 인간 활동의 많은 부분을 차지한다. 놀이는 아무 목적이 없는 것처럼 보이지만, 새로운 기회를 모색하고 또 다른 시나리오를 시험하는 데 매우 중요한 방법이다. 놀이 문화가 발전하고 조직화되면서 좀 더 잘 짜인 게임이나 스포츠로 변해왔다. 스포츠 활동은 우리의 수행 능력을 평가하는 주요 매개체 중 하나로, 종종 업무보다 스포츠에 더 많은 비중을 두곤 한다. 남녀 운동선수들은 개인 또는 팀의 일원으로 역경과 싸우고 승리를 위해서 힘겨운 도전도 극복해내는 감격적인 사례들을 보여준다.

43 영화의 주인공이 되는 꿈

당신은 매우 평범한 일을 하고 있었는데, 느닷없이 영화의 주인공이 되어 있다. 영화에서 당신은 중심인물이고, 다른 주연 배우와 연기자들도 당신을 진심으로 환영하는 것 같다. 감독이 연기를 지도해주지만, 당신은 망설임 없이 대사를 말하며 줄거리가 어떻게 전개되는지도 알고 있다. 영화는 대부분 장편 서사인데, 관심의 대상이 된 당신은 이런 상황을 즐기고 있다. 또는 텔레비전에 나온 당신이 대본도 없이 자신 있게 카메라를 보고 이야기를 한다.

카메라 앞에서 연기를 하는 꿈은 당신이 현실에서 앞날에 대한 큰 그림을 보고 있음을 의미한다. 그동안 당신은 남들을 위해서 너무 많은 시간을 허비했고, 심지어 모든 일이 순조롭고 성공적으로 진행되도록 무대 뒤에서 많은 일을 했다. 영화에서 중심인물이 된다는 건 지금 당신이 자신의 욕망과 자신이 원하는 삶에 관심을 갖기 시작했음을 보여준다. 영화에서 주연을 맡았다는 건 당신이 이미 성취한 것을 인식하고 표시하는 것으로, 그것이 오랜 염원을 실현하는 데 중요한 역할을 할 것임을 의미한다.

현실의 성취를 인지하면서 당신은 자신에 대해 더 많이 확신하게 된다. 이런 자신감은 당신이 나아가야 할 방향을 확실하게 정하는데 도움을 주고, 사람들이 좀 더 쉽게 당신을 인정하게 만든다. 사람들이 무엇을 하라고 요구할 때까지 기다릴 필요 없이 무엇을 해야 하는지 알고 있기 때문에 바로 행동에 옮기는 걸 즐긴다. 넓은 시야를 갖고 있다는 것은 현재의 삶과는 다른 삶을 창조해낼 수단과 경험을 갖고 있음을 의미한다. 영화감독은 당신의 타고난 지혜를 상징하는데, 숨겨둔 재능과 기술을 자신 있게 펼치도록 당신을 격려하고 있다.

당신은 다른 사람이 주연인 드라마에 나오는 엑스트라가 아니다. 영화의 주인공이 되는 꿈은 당신 삶의 주인공이 바로 당신이라는 사실을 강조한다. 당신이 해야 할 일을 사람들이 원하는 대로, 그리고 그들이 결정해줄 때까지 기다리지 말라. 적절한 행동을 취하고 통제해야 할 사람은 바로 당신이다. 목표를 향한 노력을 잘 조절한다면 다른 사람의 지시를 받을 필요가 없다. 또한 당신의 재능을 알리고 다른 사람들의 성공을 위해서 당신이 크게 기여했다는 것을 인정받을 필요가 있다.

📖

가장 꿈같은 경험 가운데 하나는 어두운 극장에 앉아 바로 앞에서 펼쳐지는 영화 속 액션에 완전히 몰입하는 것이다. 영사기가 큰 극장 화면에 여러 인물들을 비추는 것처럼, 우리의 정체성과 욕망은 영화의 인물들로 투영된다. 우리가 보는 영화 속 스타들은 우리의 특징을 표현하는 신화적인 상징이고, 우리의 고유한 자질을 드러내 보이는 방법을 알려준다. 영화 속 배우들의 행동은 우리의 이야기를 반영하는 것이며, 우리가 원하는 행복한 결말에 이르는 길을 가르쳐주고 있는 셈이다.

44 공연하는 꿈

당신은 사람들 앞에서 라이브 공연을 할 기회를 얻지만 제대로 진행되는 것이 아무것도 없다. 음향장치에도 문제가 있어서 소리가 들리는지 확인하면서 전선을 계속 뺐다 끼웠다 한다. 우여곡절 끝에 공연을 시작했지만 가사를 잊어버리거나 말이 모두 꼬인다. 공연에 자신이 있었지만 무대 상황이 좋지 않게 돌아가는 탓에, 청중은 점점 불안해하고 당신은 좌절한다.

❓
사람들 앞에서 공연을 하는 꿈은 넓은 층의 대중에게 평가받고 인정받는 능력을 갖추고 싶다는 욕망을 반영한다. 그것은 당신의 창조적인 능력을 뜻할 수도 있고, 직장에서 사용하는 전문적인 기술일 수도 있다. 당신이 재능과 기술을 가진 건 확실하지만 사람들에게 인정받기는 어려워 보인다. 따라서 당신은 무대의 상황을 비난한다. 현실에서 사람들에게 칭찬받는 게 어렵다는 걸 알기 때문에 공연할 무대의 상황 즉 주변 상황에 불평과 불만이 집중된다. 당신은 사람들로부터 인정받고 싶어 하지만 주변 상황을 탓하며 사람들의 의견에 냉담해지고 무관심해질 수 있다.

당신의 무관심은 결국 친구나 동료들과 단절로 이어지고, 작업과 관련된 세부적인 내용을 고치거나 당신의 기술을 숨겨서라도 이를 보완하려고 한다. 이런 단절감은 당신의 진솔한 느낌과 진심을 말하지 못하게 만든다. 당신은 진정한 목소리와 가슴에서 우러나오는 말을 하는 대신 동떨어진 방법으로 소통하려고 한다. 그 탓에 자신이 진정 누구인지 잊어버리고 하고 싶은 말과 행동 사이에 혼란이 생긴다. 가장 중요한 청중은 바로 당신 자신이다. 공연을 하는 꿈은 상황에 대한 객관적인 인식의 결핍 때문에 점점 좌절하고 힘들어하는 당신의 모습을 보여준다.

공연하는 꿈은 당신의 재능을 펼쳐 보이는 것만큼 그 재능을 받아들일 줄 알아야 한다는 것을 의미한다. 사람들로부터 인정받거나 인식되기를 바라는 건 쉽다. 그러나 자신의 재능을 인식하고 인정하기 어렵다면 사람들로부터 인식되고 인정을 받기도 어려워진다. 당신이 다른 사람들을 칭찬한다면 그들도 당신의 재능을 인정하고 좋아할 것이다. 또한 당신이 자신감을 가질수록 사람들에게 칭찬을 좀 더 많이 하게 되고, 그들에게 당신의 재능을 여유 있게 펼쳐 보일 수 있다.

📖

우리는 어릴 적부터 가족 파티나 학교에서 연극이나 공연을 해보라는 말을 듣는다. 성공과 인지도는 대부분 적절한 시기에 적절한 말을 하고 적절한 행동으로 공연하는 것과 밀접한 관련이 있다. 우리가 좋아하는 텔레비전 쇼들은 기본적으로 공연을 통한 재능의 심사다. 그리고 인간은 스스로 인정하기보다는 다른 사람들의 인정을 받기 위해서 많은 시간을 투자한다. 당신이 자신의 재능을 인정할수록 그 재능을 좀 더 쉽게 공유할 수 있으며 사람들에게 공연으로 보여줄 수 있다.

45 전쟁에 휘말리는 꿈

당신은 심각한 전쟁에 휘말린 상태이며, 죽음과 파괴에서 벗어나 안전한 곳을 찾아가려고 한다. 사방에서 거대한 폭발이 일어나고 총알이 빗발쳐서 끊임없이 위험을 느낀다. 전쟁에서 벗어나려 하지만 실제로 싸움을 하는 건 아니며, 도망가면서 적으로부터 자신을 보호하려고 애를 쓴다. 그러면서 자신이 방어적인 위치나 승산 없는 싸움에 처해 있음을 깨닫는다. 또한 사람들을 안전한 곳으로 피신시키려고 애쓰기도 한다.

❓

전쟁에 휘말리는 꿈은 현실에서 당신이 긴장되는 상황을 경험하고 있다는 의미다. 겉으로 드러나는 인간관계의 갈등은 아닐지라도 자신 안에서 끊임없이 싸움이 지속되며 평화로운 타협의 안식처를 찾을 수 없다고 느낀다. 해결점을 찾기 어려운 상충하는 요구가 갈등을 야기한다. 보통 사람들과 평화를 유지하기 위해서 자신이 원치 않는 일을 해야 할 때 이런 꿈을 꾼다. 당신은 자신이 생각하는 바를 솔직하게 말하면 사람들과의 관계가 끝장난다고 생각한다.

내부에서 일어나는 갈등을 엄격히 통제하려고 애쓰지만 예기치 않게 갈등이 불쑥불쑥 드러나며 의도하지 않은 피해가 발생한다. 다툼이 일어날까 봐 조심스럽게 말하고 사람들의 심기를 건드릴까 봐 끊임없이 초조해한다. 상황을 우호적으로 해결하려고 애쓰지만 지나치게 방어적이 되거나 상대방에게 적대적으로 비칠 수도 있다. 당신은 자신의 내적 갈등을 해결하려고 할 뿐만 아니라 사람들과의 관계에서도 상충하는 요구를 해결하려고 노력한다. 사람들이 사적인 답답함과 긴장을 당신에게 쏟아내기 때문에 원치 않지만 많은 사람들의 화풀이 대상이 될 수도 있다.

전쟁에 휘말리는 꿈이 주는 메시지는 당신이 갈등을 피하려고 노력하며, 갈등은 당신의 내적 긴장을 야기한다는 것이다. 하지만 갈등을 피하려고 하면 할수록 당신은 더욱더 무기력해지며 갈등에 잠식당한다. 이때 최고의 전략은 상황을 피하려고 하기보다는 솔직하게 갈등과 마주하는 것이다. 이 방법이 당신을 더 약하게 만들 수도 있지만, 반면 전투에서 지휘관이 될 수 있게 도와주어 문제를 안전하게 해결하도록 만들 수도 있다.

📖

전쟁을 경험하는 사람은 많지 않지만, 매체를 통해 전쟁 장면들을 많이 접한다. 많은 영화와 소설들이 전쟁을 배경으로 한다. 존 스터지스John Sturges 감독의 1962년 유명한 전쟁영화 <대탈주The Great Escape>도 탈출과 도피를 주제로 하고 있다. 영어에서도 전쟁을 주제로 한 숙어가 많다. '확고한 의견을 가지고 있다holding entrenched opinions', '계속 위치를 공고히 하다continually fortifying your position' 등이 있다. 또한 '이메일을 발사하다firing off an email' 또는 '참호 위로 머리를 내밀지 마라not sticking our heads above the parapet' 등의 말도 쓴다.

46 슈퍼영웅이 되는 꿈

당신은 절망스러운 상황에 처해 있으며 완전히 무기력해져서 아무것도 할 수 없다. 임박한 자연재해 탓일 수도 있고, 괴물이나 악당의 등장으로 인한 것일 수도 있다. 다가오는 위험에서 사랑하는 사람을 보호하려고 애를 쓰는데, 순간 당신에게 초능력이 생겼다는 사실을 깨닫고 기뻐한다. 그전까지는 이런 초능력이 있다는 사실을 알지 못했다. 산을 옮기거나 눈에서 레이저 광선을 쏘아 죽음이나 파괴를 막아내면서 모두를 안전하게 보호한다. 위험과 대적하고 난 뒤에는 평소의 자신으로 되돌아온다.

?

슈퍼영웅이 되는 꿈은 현실에서 특정한 상황에 갇히거나 무기력함을 느낄 때 꾼다. 절대 극복할 수 없는 상황처럼 보이지만 이미 현실의 일부가 되었기 때문에 이제는 현실의 상황처럼 느껴진다. 당신은 현재 집안의 갈등이나 장기적인 건강 문제 등 해결해야 할 문제가 있으며, 이로 인해 절대로 피할 수 없는 끝없는 고통에 갇혔다고 느끼고 있다. 초능력은 내면에 있는 환상적인 힘이 무기력한 현실에서 직면하는 모든 과제를 뛰어넘도록 만들어주는 것을 의미한다.

초능력은 도전적인 상황에 대처할 때 당신의 선택과 행동에서 명백해진다. 초능력자들의 공통점은 옳은 것과 옳지 않은 것을 구분하는 발달된 도덕심이다. 고통스러운 과제에 끊임없이 부딪힌다고 해도 절대 위축되는 일이 없으며, 상황에 관련된 모두를 위해서 옳은 일을 하려고 늘 노력한다. 자기 이익을 위해서 행동하는 게 아니라 모두를 위해서 옳은 일을 하면, 산을 옮기고 문제의 핵심을 꿰뚫어볼 능력을 지니게 된다. 상황을 모두 해결하거나 사람들이 모두 안전하다고 확인되면 비로소 자신의 욕구를 돌보기 위한 시간을 가지게 될 것이다.

슈퍼영웅이 되는 꿈은 당신이 생각보다 훨씬 강력하며 이를 사람들에게 인정받을 수 있다는 사실을 드러낸다. 보통 사랑하는 누군가가 위험에 처했다고 생각될 때 그 힘을 활용하게 된다. 사랑하는 사람을 구하고 현실로 되돌아온 후에도 능력을 모아 자신의 힘에 초점을 맞출 능력은 여전히 남아 있다. 누군가 다가와 당신을 구해주기를 기다리는 대신 자신의 힘을 활용해서 당신을 구하고 당신이 가고 싶은 곳으로 가라.

초능력 이야기 하면 1932년에 출간된 시에겔과 슈스터Siegel and Shuster의 『슈퍼맨』 만화책을 머리에 떠올리지만, 신화 속 인물 중에도 초능력자들이 있다. 그리스 신화에서 가장 잘 알려진 초능력자는 아킬레스다. 그는 현대의 슈퍼영웅과 마찬가지로 약점을 지니고 있어서 자신을 보호하지 못했다. 슈퍼맨의 약점은 크립토나이트kryptonite(가상적 화학 원소)이고, 아킬레스의 약점은 발꿈치 힘줄이다. 이와 마찬가지로 자신의 욕구를 먼저 돌볼 시간을 갖지 않으면 사람들을 보호하려는 당신의 능력이 위태로워질 수도 있다.

4장

장소와
공간에
관한 꿈

47 사용하지 않는 방을 찾는 꿈

집안을 어슬렁거리며 돌아다니다가 이전에는 눈에 띄지 않던 문을 발견한다. 수년 동안 살았어도 그 문을 열어본 기억이 없다. 하지만 이상하리만큼 익숙하여 두려움과 흥분을 동시에 느끼면서 문을 연다. 완전히 잊고 있던 방을 찾았다는 사실에 당신은 놀라움을 금치 못한다. 이따금 그 방은 건축학적으로 도저히 있을 수 없는 곳에 있다. 방의 문은 모든 방으로 통하거나 더 큰 건물로 통하는 문처럼 보인다.

사용하지 않는 방이 있는 집은 당신을 상징하고, 방들은 당신의 각기 다른 특성들을 상징한다. 다른 방으로 통하는 문은 다른 특성들에 어떻게 접근하고 표현하는지를 반영한다. 눈에 띄지 않던 문을 발견했다는 건 당신이 현실에서 새로운 일을 시작할 기회가 생겼음을 의미한다. 방이 익숙하다는 의미는 잠시 잊고 있었지만 과거에는 열정적이었던 재능이 있었다는 뜻으로, 지금 다시 재능을 사용할 기회가 생겼음을 의미한다.

현실에서 조금 여유가 생기거나 과거 열정적이었던 자신으로 되돌아갈 시간이 되었다고 느낄 때 이런 꿈을 꾼다. 방의 크기는 그 기회의 중요도를 의미한다. 종종 그 방은 길게 펼쳐져 있거나 다른 방들과 통하는 것처럼 보인다. 이는 가능성의 탐색이 마침내 여러 기회들로 이어질 것이며, 지금 당신의 위치를 넘어설 기회를 제공함을 의미한다. 방에 있는 물건들은 당신의 숨은 재능이나 열정의 성격을 표현한다. 그 물건들은 조금 더러워졌거나 녹이 슬었겠지만, 아직 그때 그대로의 형태를 간직하며 언젠가 당신이 다시 사용해줄 날만을 기다리고 있는 것이다.

당신은 자신의 성취와 한계를 알고 있다고 생각하지만 당신에게는 아직 발견하지 못한 숨은 재능이 있다. 숨은 재능을 발견할 기회는 예기치 못하게 찾아온다. 가구를 사용하려면 먼저 방에 가구를 배치해야 하듯, 숨은 재능을 사용하려면 당신의 야망이라는 가구를 배치해야만 한다. 당신은 언제든 갑자기 찾아온 기회를 받아들일 준비를 하고 있어야 하며, 스스로 만든 그 기회의 문을 닫지 않도록 해야 한다. 숨은 재능을 찾고자 한다면 당신이 그 재능을 사용할 수 있는 가능성이 있는지부터 알아야 한다.

가장 좋은 배움의 길 가운데 하나는 비유를 통한 것이다. 예를 들면, 집은 자아에 비유할 수 있다. 인간이 처음 만든 유추 가운데 하나는 자아를 상징하는 집이다. 집이 내부와 외부로 이루어져 있듯이 우리에게는 사적인 생활과 공적인 생활이 있다. 집에서는 공간이 중요하므로 방의 수는 보통 집의 가치와 관련이 있다. 마찬가지로 방을 더 만들기 위해서 집을 확장하는 것은 능력을 확장할수록 재능을 찾는 귀중한 기회를 만날 가능성이 높아지는 것을 의미한다.

48 언덕을 오르는 꿈

당신은 어딘가 중요한 곳으로 가고 있다. 목적지에 도달하기 위해서는 가파른 언덕을 올라가야만 한다. 언덕을 오를수록 경사가 급해지며 길은 더 거칠어진다. 길은 점점 더 좁아지거나 돌길이며, 마지막에는 절벽을 올라가야 한다. 몹시 가파른 암벽이 나타나서 달라붙어 나아가려고 하면 암석들이 부서지고 허물어진다. 또는 경사가 급해지는 계단을 오르고 있을 수도 있다.

언덕을 오르는 꿈은 당신이 현실에서 어느 정도 성취를 이루기 위해서 부단히 노력하고 있음을 의미한다. 크게 성공하려면 급한 경사를 오를 때처럼 많은 에너지와 투지가 필요하다. 꿈에서 경사가 심해지는 이유는 당신이 목표 달성을 위해서 그동안 노력과 자원을 너무 적게 투자했음을 의미한다. 목표를 향해 전진하면서 협상하는 법을 속히 배워야 한다는 뜻이다. 길이 거칠어지는 건 일을 진행하기가 어려워지고 있음을 의미한다. 오르막길에서 사람들의 발길이 닿지 않는 낯선 곳으로 갈수록 길은 점점 좁아지는 법이다.

당신이 냉엄한 현실과 열정적인 노력을 받아들이려고 애쓸수록 당신 앞에 놓인 길은 몹시 가파른 암벽으로 바뀐다. 절벽을 기어오르는 건 지금 당신이 처한 상황을 단단히 붙잡으려고 하지만 관심 있는 것들을 모두 놓치고 마는 것을 의미한다. 주위 암석들이 부서지고 허물어지는 건 확실한 지원이 사라지고 있으며 그 탓에 당신이 심한 좌절감을 느끼고 있음을 의미한다. 계단을 오르는 건 특별한 경력과 진급을 생각하고 있음을 의미한다. 계단이 나선형이라면 당신이 계속 위를 향하고 있어도 원을 그리며 제자리걸음을 하는 것처럼 느낀다는 의미다.

언덕을 오르는 꿈이 전하는 메시지는 야망을 이루고 싶다면 짧은 시간에 모든 노력을 쏟아 붓기보다는 일정한 보폭으로 걷듯이 꾸준하게 노력하라는 것이다. 너무 급하게 주어진 임무에 달려들기보다는 아무리 힘든 도전이라도 꾸준하게 천천히 일을 진행하는 것이 바람직하다. 즉 한 걸음씩 전진해야 한다는 의미다. 미래가 불안하다면 당신을 안전하고 높은 곳으로 인도해줄 사람에게 도움을 청하라.

우리는 보통 성공 가능성을 언급할 때 높이와 관련될 말을 사용한다. 예를 들면, '크게 성공한 사람high achiever'이라든가 '고결한 야망lofty ambitions'을 가진다는 말이 그렇다. 하지만 계단을 오르기 시작할 때부터 당신은 언덕을 오르는 것이 평지를 걷는 것보다 더 힘들다는 걸 알고 있다. 이는 '고군분투하다an uphill struggle' 혹은 '앞날이 험난하다having a mountain to climb' 같은 表現에서 볼 수 있다. 높은 수준의 성취를 이룰 때 '기량을 올리다raising our game' 또는 '우위를 점하다gaining the higher ground'라는 표현을 쓰기도 한다.

힘들지만 좀 더 노력해서 높은 계단에 올라서면 그곳에서 더 나은 관점으로 새로운 지평선에 펼쳐진 미래를 바라볼 수 있다.

49 엉뚱한 길로 가는 꿈

당신은 목적지를 확실히 알고 있지만 어떤 이유에서인지 엉뚱한 길로 가고 있는 듯 보인다. 지금 가고 있는 길은 목적지에서 더 멀어지는 길이라는 걸 알고 공황 상태에 빠진다. 방향을 바꾸고 싶지만 어떤 길도 목적지에 이르는 길이 아닌 것 같아서 아무것도 할 수가 없다. 여기서 멈추거나 천천히 되돌아갈 길을 찾는다면 목적했던 방향으로 다시 갈 수 있을 것만 같다.

엉뚱한 길로 가는 꿈은 당신이 현실에서 정말 이루고 싶은 목표를 향해 가고 있지 않다고 느낀다는 의미다. 이 길로 가면 꿈을 이룰 것 같았으나 길을 가면 갈수록 어쩐지 목표에서 자꾸 멀어진다는 생각이 든다. 당신은 원하는 방향으로 갈 선택의 자유가 있다고 생각했지만, 주위 상황이나 동료 또는 부모의 압력에 의해 결정이 달라질 수도 있다. 당신이 갈 길은 예측 가능하고 안전하고 사회적으로 허용된 듯 보여도, 당신이 진정 가고자 하는 인생의 길이 아니다. 이로 인해 당신은 진실로 원하는 삶을 살기보다는 당신에게 기대되는 삶을 살게 된다.

하지만 이런 특정한 길을 결정한 후에야 그 길이 만족스럽지 않다거나 자신이 원한 길이 아니라는 걸 깨닫는다. 멈추고 싶지만 그것은 처음 이 길을 갈 것을 결정했을 때보다 더 심각하고 힘든 결정으로 보인다. 방향을 바꾸는 위험을 감수하기보다는 지금 하고 있는 일을 계속해나가는 것이 훨씬 더 안전해 보인다. 익숙한 길들처럼 틀에 박힌 삶을 사는 것이 더 쉬워 보인다. 천천히 가는 것 또한 어려울 수 있다. 당신의 책무들이 당신 앞에 쌓이는 걸 원치 않기 때문이다.

남들을 기쁘게 해주려는 욕구가 삶의 목적지로 가려는 당신을 방해한다. 따라서 엉뚱한 길로 가는 꿈을 꾸었다면 누가 또는 무엇이 당신에게 성공을 추구하도록 만드는지 생각해보아야 한다. 무엇이 사람들에게 받아들여질지 생각하기보다는 인생의 진정한 목적이 무엇인지 생각해야 한다. 목적을 가진다는 것은 계획을 세우는 것보다 훨씬 강력하기 때문이다. 계획은 예기치 못한 일로 무산될 수 있지만, 목적은 당신이 인생에서 원하는 것을 이루도록 늘 동기를 유발하기 때문이다.

'목적destination'과 '운명destiny'의 어원은 '당신의 목적을 수립함으로써 당신이 가고자 하는 곳을 선택하다'라는 의미의 라틴어 'destinare'에서 왔다. 목적지는 보통 물리적인 위치라고 생각하지만, 인생이란 여정의 목적은 삶에서 운명으로 여겨지는 것을 성취하는 것이다. 선조들은 그들의 삶을 숙명으로 받아들였지만, 현대 사회는 진정한 목적을 찾아 그것을 이행하는 갖가지 방법들을 제시한다. 당신의 목적을 잘 유지할수록 목적지는 더욱더 분명해질 것이다.

50 으스스한 다락방에 관한 꿈

당신의 다락방에서 심상치 않은 일이 벌어지고 있으나 무슨 일인지 확실하게 알 수가 없다. 하지만 으스스한 일이라는 건 알고 있다. 분명 다락방에는 아무도 없을 터인데 마룻바닥에서 삐걱대는 기분 나쁜 소리가 들린다. 중얼거리는 소리가 나기도 하고, 이따금 다락방에 보관해둔 물건들이 기괴한 방식으로 움직이며 자리를 바꾼다. 귀신을 만날까 봐 무서워서 다락방에 올라가지 못하지만, 마음이 편해지기 위해서는 올라가 살펴보아야 한다는 것을 알고 있다.

으스스한 다락방에 관한 꿈은 당신이 현실에서 자신의 기억이나 아이디어에 대해 생각하고 있다는 의미다. 집의 다른 방들은 당신의 다른 특질들을 반영한 것이고, 다락방은 집 맨 위에 위치하므로 당신의 머릿속에서 벌어지는 것을 상징하는 경향이 있다. 다락방은 보통 물건들을 보관하는 장소로 사용하는데, 다락방에 있는 물건들은 미래에 사용하기 위해서 저장해둔 계획이나 프로젝트를 뜻한다. 이런 계획이나 프로젝트는 과거에 여건이 맞지 않아서 포기한 아이디어일 수도 있다. 하지만 현실에서 지금 어떤 일이 일어나고 있으며, 이것이 과거의 계획을 불러일으켜서 당신을 가만두지 않고 있다.

삐걱대는 마룻바닥은 아이디어에 생명을 불러일으켜야 하는 단계임을 의미하고, 중얼거리는 목소리는 사람들에게 표현하고 싶은 당신의 생각을 의미한다. 다락방의 물건들이 저절로 움직이며 제자리를 찾는 건 당신이 생각을 다르게 치환시켜 새롭고 혁신적인 계획으로 재구성하고 있음을 나타낸다. 과거의 희망과 아이디어를 탐험한다는 사실로 인해 두려움을 느낄 수 있는데, 이는 과거에 함께했던 모든 사람과 달성하려고 했던 모든 희망이 마음속에 떠오르기 때문이다. 희망들을 포기했다고 생각하지만, 당신은 머리 한 구석에 저장해놓고 이것을 사용할 적기를 기다리고 있다.

으스스한 다락방에 관한 꿈은 당신이 과거의 생각이나 아이디어를 의식하고 있으며, 이런 생각이나 아이디어가 마음속에서 되살아나기 시작했음을 알려준다. 아이디어를 완전히 잊었다고 해도 무엇인가가 이것들을 자극하고 되살리고 있다. 문을 닫고 생각들이 저절로 물러가기를 바라기보다는 마음의 문을 열고 생각들이 가져다줄 가능성을 기대하라. 생각을 형성하고 살을 붙이는 과정이 어려울 수도 있지만, 이 과정을 탐험하고 이해한다면 생각은 더욱더 구체적인 형태가 될 것이다.

📖

우리는 종종 집에 관한 꿈을 꾸는데, 집은 자신을 상징한다. 그리고 집의 맨 위층은 신체의 맨 위를 나타낸다. 다락방 같이 우리는 이따금 언젠가 사용하기를 원하는 생각들을 보관해두는 저장 공간으로서 뇌를 인식한다. 다락방에 보관해둔 물건들을 다시 찾아보는 것과 마찬가지로 우리는 '생각의 먼지를 턴다dusting down an idea'거나 '계획을 대낮으로 꺼내온다bringing a plan out into the light of day'거나 하는 것에 대해 이야기한다. 다락방을 뜻하는 'attic'이란 단어는 가운데 귀 상단의 작은 공간을 의미하기도 한다.

51 불가사의한 복도에 관한 꿈

당신은 건물을 찾아서 헤매다가 어떤 문을 연다. 그러자 앞에 불가사의한 복도가 나타난다. 복도는 길고 저 멀리는 굽어 있다. 그리고 문이 여러 개가 나 있다. 복도는 아주 밝거나 조명이 잘 비치기도 하지만 어둡고 그림자가 진 듯 보이기도 복도 끝에 무엇이 나타날지 모르므로 복도를 따라 가기가 무척 조심스럽다. 하지만 복도를 따라가면서 문을 열고 방안을 살펴보고 싶은 용기가 생긴다. 이따금 방안에서 발견한 것에 놀라기도 한다.

불가사의한 복도에 관한 꿈은 현실에서 변화를 위한 기회를 의미한다. 건물은 자신을 상징하고, 복도는 보통 새로운 기회를 얻기 위해서 건너야 할 문지방을 의미한다. 당신이 연 문은 현실에서 타협해야 하는 경계를 상징하며, 당신에게 수많은 기회를 만들어주는 길을 열어준다. 이렇게 취할 수 있는 행동의 가능성이 당신 앞에 펼쳐지고, 그중 일부는 다른 길보다 밝고 명확하게 보인다. 문이 여러 개라면 당신이 선택할 여지가 여러 개라는 뜻이다. 많은 수의 문들은 당신이 이런 가능성들에 압도되고 있음을 암시한다.

때로는 복도가 미로처럼 느껴지기도 한다. 한 개의 문을 열면 그 문은 다른 복도로 통하는데, 완전히 지치고 혼란에 빠질 때까지 계속 복도가 나온다. 이는 당신이 이루고자 하는 목표에서 점점 더 멀어지게 만드는 결정을 억지로 해야 한다는 것을 의미한다. 복도를 계속 지나간다는 건 미래로 완전히 들어서기 위해 과거를 잊어야 하는 일종의 통과의례를 의미한다. 하지만 복도를 계속 따라가는 것은 유쾌하지 못한 뜻밖의 일과 마주친다는 의미보다는 깨닫지 못했던 가능성을 발견하는 과정을 의미할 수도 있다. 복도는 보통 당신과 당신이 소유한 모든 재능 그리고 능력에 대해 더 깊이 이해할 수 있도록 이끈다.

복도를 따라가는 꿈은 당신이 변화의 시기를 겪고 있으며 당신에게 가장 유리한 선택을 해야 할 필요가 있음을 의미한다. 정해진 길을 따르기를 강요받는 느낌이지만, 당신에게는 수많은 가능성을 열 힘이 있다. 문지방을 건너는 것 때문에 초조함을 느낄 수도 있지만, 이는 삶의 새로운 영역으로 들어서는 과정이다. 최선의 선택을 위한 방법은 당신에게 열려있는 모든 가능성을 시간을 들여 살펴보는 것이다.

건물의 방들은 성격의 여러 측면들을 상징한다. 복도는 이런 측면들 사이를 어떻게 옮겨다닐지 그리고 이 과정에서 미처 알지 못했던 기회를 발견하는 방법을 의미한다. 모든 문화에는 통과의례가 있다. 통과의례는 삶의 한 단계에서 다음 단계로 넘어갈 때 이를 축하하는 의식이다. 이러한 자기 찾기의 과정은 본능적이고 역동적인 단계다. '복도corridor'는 '달리다'라는 뜻의 이탈리아어 'correre'에서 유래한 것으로, 삶의 한 단계에서 다른 단계로 자연스럽게 이동하는 걸 의미한다.

52 낯선 도시나 거리에 있는 꿈

당신은 낯선 도시나 거리 한가운데에 서 있다. 건물과 거리가 모두 낯익기는 하지만 어딘가 위치가 바뀐 것 같은 느낌이 든다. 햇빛 또는 가로등이 비정상적으로 강렬하거나 밝아 보인다. 당신이 알고 있는 거리 명칭이나 거리 표지판들을 찾아서 위치를 가늠해보려고 애를 쓴다. 익숙한 건물이 나타나기를 바라면서 가만히 서 있기보다는 가고자 하는 방향을 선택하고 움직이기 시작한다.

❓

도시에 관한 꿈은 당신이 여태껏 축적해온 삶과 경험, 지혜의 더 큰 측면을 생각한다는 뜻이다. 도시는 대중 속의 자아를 나타내고, 건물은 오랫동안 사람들과 쌓아온 관계를 의미한다. 거리는 사람들이 서로 어떻게 연결되는지를 상징하고, 고층 건물은 현재 당신의 관점에서 가장 두드러지는 인물을 나타낸다. 도시의 구조가 익숙한 듯 느껴지지만 거리와 건물 위치가 달라졌다는 사실은 당신이 그동안 쌓아온 지식을 매우 다양한 방법으로 보고 있음을 의미한다.

비정상적으로 강렬하거나 밝은 불빛은 당신이 자신의 경험과 지식을 새로운 관점에서 바라보고, 이를 어떻게 건설적으로 사용하여 새로운 가능성을 밝힐까를 고려하고 있다는 암시다. 자신의 위치를 가늠하려고 노력하는 건 기회를 발굴하는 방법에 익숙해지려고 노력한다는 것이며, 거리 표지판을 찾는 건 자신의 의도를 확인해줄 신호를 찾는 것을 의미한다. 때로는 도시가 낯익어 보이고 변하지 않은 것처럼 보이지만, 여러 활동들로 부산하게 느껴지기도 한다. 이는 당신이 지금 꽤 행복하며 변화할 마음이 없지만, 마음 한구석에서 이름을 떨칠 새로운 기회를 찾고 있음을 반영한다.

현실에서 당신은 익숙한 구조에 만족한다고 느끼지만, 낯선 도시나 거리에 있는 꿈은 당신이 자신을 넘어 어떤 것과 연결될 가능성을 궁금해하고 찾고 있음을 알려준다. 어떤 방법으로든 삶을 바꿔야 한다는 것이 아니라 누적된 지식과 지혜, 경험을 확장해서 자신을 개방하라는 뜻이다. 자신이 알고 있는 바를 공유하는 방법을 찾아서 다른 사람들의 가능성을 넓히는 데에 도움을 준다면 그들의 탐험에 친숙한 기준점을 제공할 것이다.

📖

도시는 수세기 동안 구축되어온 놀라운 창조물이다. 마찬가지로 우리의 경험과 지혜도 무한한 가능성과 연관성으로 가득 찬 풍부한 자원을 제공한다. 우리의 지식, 경험과 마찬가지로 도시는 상당히 정적인 듯 보이지만 계속 진화하고 변화한다. 이런 지속적인 재구성과 재확립은 우리가 도시 구조를 수동형인 '지어냈다 builded' 또는 '지어진 built'이라고 말하기보다는 능동형인 '지은 building'이라고 표현하는 것에서도 잘 나타난다. 마찬가지로 우리도 끊임없이 진화하며 늘 우리의 누적된 경험과 지혜를 구축하고 있다.

53 어두운 지하실로 내려가는 꿈

💬

지하실에서 수상한 소리가 들린다. 소리를 무시하고 싶지만 가서 살펴보아야 한다는 생각이 든다. 지하실 문을 열었을 때 곰팡이가 핀 구석이나 어둠 속에 무엇이 도사리고 있는지 알 길이 없으므로 무서움을 느낀다. 축축한 벽에 으스스한 그림자를 드리우는 횃불을 들고 두려움에 떨며 계단을 내려간다. 물이 차있는 지하실에서 어떤 끔찍한 것이 당신을 덮칠 것만 같지만, 소리를 낸 것이 무엇인지 발견하고는 깜짝 놀란다.

어두운 지하실에서 어떤 일이 벌어지는 꿈은 당신이 자신의 근본적인 습성과 현실에서 이 습성이 어떻게 나타나는지 깨닫기 시작했음을 의미한다. 집은 자신을 뜻하며, 지하실은 자신의 근본적인 습성과 본능의 활동에 어떻게 기준을 제공할 것인가를 의미한다. 본능을 무시하려고 애쓰지만, 어떤 상황이 당신의 의식 세계로 본능을 불러왔다는 걸 의미한다. 당신의 성격 속에 도사리고 있는 것이 무엇인지 알 수가 없기 때문에 좀 더 깊게 살펴보는 데에 불편함을 느낀다. 살펴보려고 노력할수록 실제보다 더 어둡고 무섭게 느껴진다.

　어두운 지하실은 종종 물에 잠겨 있으며, 물은 당신의 감정을 상징한다.

이런 본능은 이성적인 사고 과정보다는 기분에 따라 움직인다. 곰팡이는 당신의 근본적인 행동에 무한한 성장 잠재력이 있음을 보여주지만, 이것에 빛을 비추어야 할 필요가 있음을 의미하기도 한다. 당신의 가장 큰 두려움은 본능과 충동이 들고 일어나서 이성을 이기고 원치 않는 불화나 갈등을 야기하는 것이다. 하지만 자신의 근본적인 습성을 잘 살펴본다면 당신의 독특한 개성은 더욱 강해지고 탄탄해질 것이다. 당신은 충동과 본능에 대해 확실히 알지 못하기 때문에 숨기려고 애쓰지만 충동과 본능은 당신을 구성하는 기본 요소들이다.

어두운 지하실로 내려가는 꿈은 자신을 좀 더 깊이 살펴보도록 당신의 주의를 끌고 있다. 자신의 마음속 깊은 곳을 살펴보는 것은 불편할 수도 있지만, 기본욕구를 건전하게 살펴보는 행위는 마음속 깊은 곳의 희망이나 열망을 달성하도록 돕는 가장 믿을 만한 발판이 되기도 한다. 자신의 기본적인 행동 패턴을 이해할수록 개인적인 토대가 더 단단하고 확고해질 것이다. 과거의 경험을 살펴보는 것은 어둡고 혼란스러울 수 있지만 과거의 경험은 중요한 정보와 자원을 지니며, 삶에서 더욱 확실한 토대가 될 수 있다.

집은 자신을 나타내며, 어두운 지하실은 드러나지 않은 자아를 지탱해주는 드물게 찾아오는 정신의 일부분을 의미한다. 지하실을 봉쇄하는 것이 차라리 나아 보이기도 하지만, 지하실은 근본적인 경험을 심리적으로 저장하는 장소를 상징한다. 아이들의 동화에서는 괴물이 지하실에 숨어있다가 나타나기도 한다. 지하실은 배관이나 난방을 위한 효용 공간이기 때문에 당연히 온갖 소음이 나기도 하며, 집의 다른 곳에서 문제가 생겼을 때만 들어가는 곳이기도 하다.

54 집에 도둑이 드는 꿈

침실이나 집안에서 홀로 휴식을 취하고 있는데, 집 밖에서 이상한 소리가 들린다. 집에 도둑이 침입했을까 봐 걱정하지만 이내 괜찮을 것이라며 자신을 안심시킨다. 다음 순간 다른 방에서 움직이는 소리가 들리고, 정말 집에 도둑이 들어왔다는 걸 깨닫는다. 도둑을 저지하고 싶어도 당신을 해칠까 봐 선뜻 나갈 수가 없다. 도둑이 귀중품을 모두 훔치고 집을 망가트리지 않을까 무척 걱정이 된다.

집에 도둑이 드는 꿈은 현실에서 별로 반갑지 않은 어떤 일이 당신의 사적인 영역에 침투했음을 의미한다. 집은 보통 자신을 의미하고, 가장 안전하고 편안한 장소로 여겨진다. 침대는 편히 쉴 수 있는 사적인 공간을 상징한다. 밖에서 나는 이상한 소리는 현실에서 무엇인가가 변화하고 있으며, 어떤 식으로든 당신의 안전을 위협하고 있다는 의미다. 이런 변화가 긍정적인 기회일 수도 있지만, 사적으로 침해받았다고 느끼는 요소를 포함할 수도 있다. 모든 것이 괜찮다고 자신을 안심시키려고 애쓰지만 불안감을 느끼는 상황으로 변한다.

   도둑이 실제로 집에 침입했다고 깨닫는 건 현실에서 당신이 사적인 영역을 침입한 것을 막는 데 무기력함을 느끼고 있음을 의미한다. 사적인 영역을 넘어온 사람들과 맞서고 싶지만 그들이 당신에게 제시하는 기회를 놓칠까 봐 걱정이 된다. 귀중품은 당신이 가장 소중하다고 생각하는 개인적인 특성을 나타내므로 침입은 어떤 방식으로든 당신의 가치를 깎아낸다고 느낀다. 변화의 기회가 얼마나 흥분되는 것인지 모르겠지만 당신은 사적인 영역을 지켜내고 소중한 자신의 가치를 내치지 말아야 할 필요가 있다.

집에 도둑이 드는 꿈은 사적인 공간에 어떤 사람이 들어오는 걸 허용함으로써 불안을 느끼는 상황에 대한 경고다. 대체로 당신은 개방적인 성격이고 외부인을 환영하지만, 그 사람이 당신의 진정한 가치를 인식하지 못하고 어쩐지 당신을 당연한 존재로 치부해버리지 않을까 염려스럽다. 어렵게 습득한 기술과 소중한 경험을 다른 사람들이 이용하도록 내버려두기보다는 당신의 진정한 가치를 사람들이 깨달을 수 있도록 사적인 경계선을 세울 필요가 있다. 자신의 가치를 확실하게 주장할수록 안전함을 느끼게 될 것이다.

📖

집에 귀중품을 보관하는 것과 마찬가지로 집은 소중한 사적인 공간을 포함하고 있다. 당신은 도둑이 귀중한 물건을 훔쳐갔다는 사실보다는 사적인 공간을 침해당했다는 사실에 충격을 받은 것이다. 우리는 사적인 공간에 외부인이 들어오는 걸 기쁜 마음으로 환영하지만, 허락 없이 침입하는 경우에는 달가워하지 않는다. 보통 사람들은 사회적으로 자신의 공간에 외부인이 들어오는 경우 위험하다고 생각하지 않는다. 그렇다고 자기 본연의 모습으로 편안한 마음을 갖고 대하기도 어렵다.

 55 뛰어넘을 수 없는 장애물에 관한 꿈

💬

당신은 특정한 대상에 다가가려고 노력하지만 넘을 수 없는 장애물이 계속 앞을 가로막는 듯하다. 장애물은 물결이 크게 일렁이는 강일 수도 있고, 높은 절벽이나 거대한 틈, 헤쳐 나갈 수 없는 숲 같은 자연물일 수도 있다. 지나갈 수 없는 벽 또는 막힌 문 같은 물체가 앞을 가로막을 수도 있다. 장애물을 넘으려고 애를 쓰지만 계속 무기력해지고 초조해지는 느낌이다. 비켜 지나가려 시도해보지만 장애물은 무한대로 늘어나서 빠져나갈 틈이 없다.

❓

뛰어넘을 수 없는 장애물에 관한 꿈은 현실에서 앞으로 나가는 것을 방해하는 어떤 제약이 지속됨을 의미한다. 날마다 이렇게 답답함을 느끼는 건 아니지만, 어떤 방법으로든 늘 당신의 앞을 가로막고 있다. 장애물은 외부적이고 물리적인 것처럼 보이나 당신의 능력에 대한 신념의 부족이 이런 모습으로 나타나기도 한다. 신념의 부족은 종종 당신이 삶에서 경험하는 단절 또는 좌절에 그 뿌리를 두기도 한다. 장애물이 강이라면 감정적으로 겪는 좌절일 수 있고, 거대한 틈이라면 당신이 앞으로 나아가는 것을 막는 사고방식일 수도 있다. 절벽이나 벽은 도움을 주는 자원이 부족하다고 느끼고 있음을 의미한다.

  뛰어넘을 수 없는 장애물은 당신의 앞길을 막고 있는 듯 보여도 당신이 약해졌을 때는 몸을 숨길 수 있는 공간이 되기도 한다. 이때 장벽은 당신이 미래로 나아가는 걸 막는 장애물이라기보다는 미래가 발전하고 충족되는 걸 막는 모든 근심 걱정과 불안감에서 당신을 단단히 보호해주는 역할을 한다. 장애물을 돌아가려는 시도는 현실에서 이런 답답함을 돌아가려는 시도를 반영한다. 당신은 장애물에 접근하기보다 장애물을 처리하는 데에 도움이 되는 장치를 고안한다. 하지만 이런 장치는 임시적일 뿐이다. 건너편으로 넘어가는 효과적인 방법은 자기 한계의 장벽을 뚫는 것이다.

뛰어넘을 수 없는 장애물에 관한 꿈은 문제를 가능한 한 빨리 해결해야 한다는 걸 알려준다. 장애물은 절대로 뚫을 수 없을 듯 보이지만, 당신은 가장 강하다고 생각되는 데서 약점을 찾을 수도 있다. 약점을 곱씹기보다는 감정의 힘을 사용해서 무엇이 당신을 가로막고 있는지 드러내라. 자신의 답답한 상황을 객관적으로 관찰하면 직면하고 있는 장애물 또한 줄어들 것이다. 장애물이 처리할 수 있을 정도로 줄어들었을 때 장애물을 뛰어넘어 완전히 새로운 기회의 영역으로 이동할 수 있다.

우리는 종종 외부 세계를 여행하는 물리적인 풍경의 관점에서 내면 세계를 설명한다. 우리의 사고 또는 감정을 가로막는 장애물을 만났을 때 '벽에 부딪히다hitting the wall'라는 표현을 사용한다. 내면의 장애물과 싸울 때 우리가 사용하는 언어는 보통 본질적으로 물리적인 요소를 담는데, '닥치면 그때 가서 하겠다I'll cross that bridge when I come to it' 같은 관용구에서도 볼 수 있다. 자연적인 외부 세계의 관점에서 내면 세계를 표현함으로써 우리는 자신이 어디에 있는지 확인할 수 있으며, 이것은 잠재적으로 장애물을 극복해서 앞으로 나아갈 방법을 제시한다.

56 깊은 숲이나 정글을 헤매는 꿈

당신은 반대편에 있는 확 트인 공간으로 가기 위해서 깊고 빽빽한 숲 또는 정글을 헤매고 있다. 따라갈 길이 있지만 그 길은 갈수록 좁아지고 희미해진다. 나뭇가지들이 얼굴을 긁고, 덤불이 자꾸 옷에 걸린다. 높이 서 있는 나무 사이로 쓰러진 나무들이 당신의 길을 막고 있다. 사방에서 바스락거리는 소리가 들리고 그늘에서 어두운 그림자가 움직이는 듯 보인다. 무서움에 떨면서도 당신은 깊숙한 곳으로 계속 들어간다.

❓
깊은 숲이나 정글을 헤매는 꿈은 당신이 현실에서 익숙하지 않은 자신의 성격과 성장 잠재력을 깨닫기 시작했음을 의미한다. 숲은 오랫동안 성장해온 보이지 않는 무의식의 일부분을 상징한다. 의식적으로 깨닫고 있지 않은 영역이지만, 현실의 상황이 이 영역에 대해 좀 더 깊이 탐험할 것을 강요한다. 이런 상황은 과거의 일을 생각하거나 과거의 일들이 당신에게 어떤 영향을 미쳤는지 살펴볼 때 발생한다. 깊고 어두운 숲을 지나서 밝은 곳으로 나아가는 것은 그 과정에서 발생하는 혼란을 정리하려고 노력한다는 것을 의미한다.

당신은 자아 탐험을 시작할 때 해결해야 하는 확실한 문제가 있다고 생각하지만, 깊이 탐험할수록 문제는 점점 더 불확실해진다. 얼굴에 부딪히는 나뭇가지와 옷에 걸리는 덤불은 자신의 정체성과 자신이 진정 누구인지에 당신이 관심을 돌렸다는 것을 의미한다. 숲속을 헤쳐나가다 보면 장벽과 장애물에 자주 부딪히는데, 결국 장애물에 맞서거나 장애물을 돌아가야만 한다. 바스락거리는 소리와 그림자는 당신의 본능적인 충동으로, 당신의 두려움이 어떤 면에서는 당신을 해치고 있는 셈이다. 상황의 근원이 무엇인지 깨달을 것이라는 확신이 있기 때문에 무섭기는 하지만 당신은 더 깊이 들어가고 있다.

깊은 숲이나 정글을 헤매는 꿈은 당신이 내면의 다양하고 풍부한 능력에 접근하고 있음을 알려준다. 이 영역은 불가사의하고 통제할 수 없는 것처럼 보이지만, 당신이 성장해온 과정에 관한 소중한 정보를 담고 있다. 자신을 탐험하는 여행을 계속하면서 자신이 어디에서 왔는지, 어디로 가고 싶은지 잊지 않는 것이 중요하다. 당신이 가고 싶은 길을 선택하고, 사람들이 권고하는 다른 길들로 인해 산만해지지 않도록 주의하라.

우리가 불가사의한 숲과 처음 만나는 때는 마법에 걸린 숲에 관한 동화를 접했을 때일 것이다. 이야기에 나오는 숲은 종종 엄청난 가치를 지닌 보물을 보유하고 있지만, 보물을 찾고 보상을 받으려면 용기와 인내심이 필요하다. 숲과 정글은 로빈 후드처럼 신비하고 강력한 인물이나 아마존 원주민 부족의 안식처이기도 하다. 우리 마음속 풍경 어딘가에 우리의 본 모습을 간직한 야생의 숲이 있다. 꿈속의 숲처럼 보이지 않고 알 수 없는 장소는 현실에서 우리가 쉴 수 있고 회복할 수 있는 안식처를 뜻하기도 한다.

57 진흙탕에서 헤어나지 못하는 꿈

당신은 늪에 빠져 다리를 움직이기조차 힘들다. 늪은 보통 진흙탕이지만, 유사quicksand(바람이나 물에 의해 아래로 흘러내리는 모래)나 커스터드custard 같은 끈적끈적한 점성 용액일 수도 있다. 처음엔 단단한 땅으로 생각했지만, 밑으로 점점 빠진다. 어떨 때는 앞으로 기울어진다는 느낌이 들며, 머리와 팔은 움직일 수 있지만 발이 움직이지 않는다. 빠져나오려고 애를 쓸수록 더 깊이 빠져들며, 움직이려면 엄청난 노력이 요구된다.

꿈에서 다리는 삶을 헤쳐나가는 원동력을 의미한다. 다리가 움직이지 않는다고 느낀다면 현실에서 앞으로 나아가려는 당신을 무엇인가가 막고 있다는 의미다. 앞으로 나아가는 것을 막는 게 구체적인 장애물이 아니라 끈적끈적한 용액 같은 늪이라면, 이는 어떤 점에서든지 당신을 가로막는 더 광범위한 상황을 반영한다. 꿈속의 용액은 보통 감정을 반영하는데, 자신이 단단한 지면에 있다고 생각할지라도 밑으로 가라앉고 있다는 느낌이 들 것이다. 보통 진흙탕이 가장 많이 등장하는데 때로는 당밀이나 커스터드 같은 데서 허우적대기도 한다. 이는 당신이 꽤 쾌적한 상태에 있지만 갇혀있다고 느끼고 있음을 의미한다.

이런 상황은 보통 명확하고 확실한 감정의 부족으로 야기된다. 당신은 앞으로 나아가고 싶지만 혼란스럽고 해결하기 곤란한 감정적 상황에 빠져서 꼼짝 못하고 있음을 느낀다. 이런 일련의 상황들을 해결하려면 감정의 진흙탕에서 뒹굴기보다는 자신의 위치에 확실한 선을 그어야만 한다. 자신의 위치를 확실히 안다면 더 빨리 앞으로 나아갈 수 있다. 이론적으로는 무엇을 해야 할지 알기 때문에 머리를 앞으로 움직여 생각한다. 하지만 얼마나 많은 이론들을 제시하든 이론만으로는 이 골치 아픈 상황에서 빠져나갈 수가 없다. 당신이 실질적인 단계를 밟을 때까지 아무런 일도 일어나지 않을 것이다.

진흙탕에서 헤어나지 못하는 꿈은 앞으로 나아갈 수 있도록 생각을 좀 덜 하는 대신에 실질적인 행동을 하라는 의미다. 당신은 일이 어떻게 될지 생각하기보다는 계획을 실천에 옮겨야만 한다. 한꺼번에 모든 일을 하려고 하지 말고 하나씩 일을 해나가라. 처음에는 노력한 만큼 그다지 멀리 나간 것이 아니라고 생각해서 포기할 수도 있다. 하지만 탄력이 생길수록 새로운 미래로 한 걸음씩 나아가는 것이 더욱더 쉬워질 것이다.

모든 교통수단이 기계화되고 여행수단이 발달했어도 운동의 원동력은 다리이며, 여러 언어들에서 진행과 관련된 말은 다리에 기반을 둔다. 우리는 '시간은 전진한다 time is marching on', '우리가 밟아야만 하는 단계 the steps we have to take' 같은 관용구를 사용한다. 실제로 걷거나 달릴 때 우리는 언제나 의지할 수 있고 일정하게 지탱해주는 단단한 땅을 찾으려고 한다. 한편 다리가 진흙탕에 빠진 것 같은 기분은 발이 침대시트나 이불에 엉켰을 때와 반은 깨어있고 반은 잠든 상태에서도 경험할 수 있다.

58 상점에서 길을 잃는 꿈

당신은 필요한 것을 사러 상점에 간다. 그런데 가려고 하는 상점을 찾기가 몹시 어렵다. 마침내 상점에 도착했으나 돈이 충분하지 않아서 초조해진다. 다른 것을 사려고 주위를 둘러보지만 가장 필요한 것이 무엇인지 결정하지 못한다. 불친절한 점원은 필요 없거나 너무 비싼 물건을 사라고 권한다.

상점에서 길을 잃는 꿈은 당신이 현실에서 자신의 진정한 가치를 깨닫지 못하고 있음을 나타낸다. 상점은 가격표로 가치가 표시된 물건들로 가득 차 있는데, 물건을 살 수 있는 능력은 종종 자신의 가치로 결정된다. 상점을 찾으려는 노력은 현실에서 자신의 가치를 증명할 수 있는 상황을 찾기가 어려움을 의미한다. 마침내 상점을 찾았지만 돈이 충분하지 않다는 건 능력을 드러낼 적당한 진열장을 찾았지만 사람들이 완전히 인정해줄 만큼 자신의 재능에 확신이 없음을 보여준다.

능력에 자신이 없다면, 당신은 사람들이 좀 더 쉽게 당신의 재능을 인정해줄 기회를 찾는다. 하지만 다른 사람에게 의존하여 가치를 인정받으려고 한다면 자신에게 가장 가치 있는 부분이 무엇인지 확인하기 어렵다. 점원의 행동은 당신이 자신의 가치 판단을 타인에게 맡기고 있음을 반영한다. 불친절한 점원의 태도는 타인이 당신의 진정한 가치를 찾을 수 있도록 도와주지 않거나 당신이 진정한 가치를 찾지 못했음을 의미한다. 자신에게 가장 가치 있는 것은 스스로 찾아야 한다. 자신을 가치 있게 여기지 않는다면 당신이 원하는 걸 이루기가 어렵다.

상점에서 길을 잃는 꿈은 당신이 사람들과의 관계나 직장생활에서 자신의 진정한 가치를 표현하는 데 어려움을 겪고 있음을 나타낸다. 이런 어려움은 당신이 자신을 충분히 가치 있다고 여기지 않고, 자신의 진정한 가치를 인정하지 않은 채 그저 타인에게 판단을 맡겨버리기 때문에 발생한다. 타인이 당신의 가치를 인정하게 하는 가장 좋은 방법은 사람들의 요구가 비합리적일 경우 "아니오"라고 말하는 것이다. 이렇게 함으로써 자신을 대수롭지 않게 여기기를 멈추고 당신의 진정한 가치를 주장할 수 있다.

용돈으로 처음 과자를 샀을 때부터 상점은 우리의 가치를 증명하고 사람들의 관심을 불러오는 장소로 인식되었다. 이런 인식은 성인이 되어서도 지속된다. 우리는 한 차례 쇼핑에 몰두하면서 자신의 가치를 계속 주장할 수 있다. 때로는 세일 상품을 찾는 일에 중독되는데, 이런 행위는 우리가 찾는 것이 생각보다 훨씬 더 가치 있다는 것을 알려주기 때문이다. '신용credit'이란 단어는 라틴어 '지급보증credere'에서 유래한 것으로 '믿는다'라는 뜻이다. 자신을 믿을수록 당신의 가치는 더욱 더 높아진다.

59 엘리베이터에 갇히는 꿈

당신은 어떤 층에 가기 위해서 고층 빌딩의 엘리베이터에 탄다. 중요한 약속이 있어서 그 층에 꼭 가야만 한다. 하지만 가려고 하는 층에 도착하자 엘리베이터의 문이 고장 나서 그 안에 갇히고 만다. 비상버튼을 눌러보지만 아무도 없는 듯하고, 엘리베이터가 다시 움직여도 원하는 층에는 절대로 서지 않는다. 때때로 엘리베이터가 심하게 흔들려서 밑으로 추락하지나 않을까 두렵다.

엘리베이터에 갇히는 꿈은 당신이 직장에서 진급하는 데 답답함을 느끼고 있음을 나타낸다. 엘리베이터는 전문적인 수준에서 다른 수준으로 진전하기 위한 구체적인 방법을 상징한다. 정해진 순서를 밟고 버튼을 누르고 결정을 하는 것은 합리적인 순서인 듯 보인다. 고층 건물은 더 높은 수준에 대한 성취 가능성을 의미하며, 중요한 약속은 도달하고자 하는 특정 수준에 닿을 기회를 의미한다. 고장 난 엘리베이터 문은 당신이 원하는 방식으로 기회가 열리지 않는다는 걸 의미하며, 엘리베이터에 갇히는 건 진급의 가능성에 답답함을 느끼고 있음을 의미한다.

   엘리베이터에 갇힌 탓에 아무 진전이 없는 듯한 생각이 든다. 버튼을 누르는 행위는 위로 올라가려고 구체적인 행동을 취하지만 아무런 효과도 없음을 의미한다. 잘못된 층에 간다는 건 어떻게든 계속 진행시켜보려고 하지만 가고자 하는 곳에 닿지 못함을 의미한다. 당신은 자신이 원하는 것을 안다고 생각하지만, 새로운 미래에 발을 내딛으면 예상과는 완전히 다른 상황이 펼쳐진다. 엘리베이터가 흔들리고 추락하려 하는 것은 진전에 불안을 느끼고 처음부터 다시 시작해야 할지도 모른다고 걱정하고 있음을 의미한다.

엘리베이터 안에 갇히는 꿈은 당신이 지나치게 제약을 받고 있으며, 그것을 어떻게 뛰어넘어서 앞으로 나아갈지 고민하고 있음을 알려준다. 조직에서 진급 진로를 계획하다 보면 터널처럼 미래가 보이지 않는 비전으로 고통 받기 쉽다. 엘리베이터에서 벗어나는 열쇠는 자신의 진로를 창의적으로 생각하는 것이다. 연속적인 승진에 의존하기보다는 더 노력하고, 다른 길이 있는지 찾아보라. 승진에 기대를 걸기보다는 진정으로 자신을 높일 수 있는 방법을 찾으려고 노력하라.

📖

우리는 보통 직업적인 성공을 도시 상업지역의 강철과 유리로 된 고층 건물과 연관시킨다. 조직에서 인정받는 지위의 중역은 보통 이런 건물의 상층을 차지하고 있다. 높은 곳에 올라가는 주된 방법은 엘리베이터를 타는 것이다. 계단을 이용할 수도 있지만, 느리고 무척 힘이 든다. 따라서 기존 기계를 이용하는 게 훨씬 더 쉽다. 하지만 손쉬운 대안을 취하는 건 엘리베이터 벽 너머에 있는 가능성의 세계를 볼 수 없다는 뜻이기도 하다.

60 지붕이 새는 꿈

당신은 지붕이 새서 집으로 물이 들어온 것을 발견한다. 처음에는 지붕에서 똑똑 떨어지던 물이 주르륵 새더니 어느새 넘쳐흐른다. 물은 벽을 타고 계속 흘러내리고, 혹시 홍수로 인해 피해가 날까 봐 염려스럽다. 엄청난 양의 물이 집으로 쏟아져 들어오지만 도대체 이 물이 어디서 흘러오는 것인지 알 수가 없다. 당신은 이 물이 벽을 쓸어 집이 무너지고 살 곳이 없어질까 봐 걱정을 한다.

지붕이 새는 꿈은 당신이 현실에서 감정적인 불안감을 해결하려고 노력하고 있다는 뜻이다. 집의 부분들은 보통 성격의 측면을 나타내며, 지붕은 보호와 안전에 대한 필요성을 상징한다. 지붕은 집의 맨 꼭대기이며, 당신이 아이디어를 어떻게 숙고하는지 나타낸다. 물은 감정과 느낌을 상징하므로 지붕이 새는 것은 감정적으로 좋지 않은 상황을 말하며, 이런 상황을 비합리적이고 불안하다고 느끼고 있는 것이다. 논리적으로 생각하고 최선의 행동을 취하려고 노력하지만, 때때로 감정의 격변에 사로잡히기도 한다.

물은 처음에는 똑똑 떨어지는 물방울로 시작한다. 이는 당신의 감정이 분석적인 사고 과정으로 스며들고 있다는 의미다. 하지만 합리적인 방법으로 감정을 처리하려고 노력하면 할수록 감정은 홍수가 되어버린다. 집의 벽은 사적인 영역을 상징하며, 감정을 억누르려고 노력할수록 감정의 장벽은 약해진다. 물에 벽이 쓸려갈까 봐 걱정하는 건 당신이 감정적으로 무너져서 자의식과 당신의 선택을 지지해주는 능력을 잃을까 봐 초조해한다는 뜻이다. 믿기지 않을 정도로 엄청난 양의 물은 이 상황에서 당신의 감정이 얼마만큼의 힘을 갖고 있는지를 반영한다.

지붕이 새는 꿈은 자신의 감정을 논리적으로 분석하는 대신 감정에 직접 맞서라는 의미다. 자신의 감정을 무시하는 건 쉽지만, 감정은 이성적인 분석보다 더 정확하게 상황을 알려주기도 한다. 이런 상황에서 감정은 당신이 자신의 욕구를 무시하지 않도록 사람들과의 관계에 명확한 경계를 세우라고 종용한다. 가장 좋은 방법은 사람들의 요구가 빗발칠 때 자신이 진정으로 느끼는 바를 표현하는 것이다.

📖

우리는 절대로 뚫을 수 없을 것 같은 장벽을 뚫고 나가는 물의 모습을 묘사하는 데 익숙하다. 또한 정상적인 경로를 벗어나서 소통되는 정보를 표현할 때 '누설'이란 단어를 사용한다. 누설은 종종 자신이 안전하고 안정적인 위치에 있다고 생각하는 사람을 노출시키기도 하는데, 한 번 누설된 뒤에는 정보 유출을 막기 위해서 엄청난 노력이 필요하다. 감정이 새어나가기 시작하면 숨길 것이 없더라도, 감정을 제어하려고 노력하더라도 불편함을 느낀다.

과거의 시대로 가는 꿈

당신은 수세기 전인 것처럼 보이는 과거의 시대로 갔다. 모두 옛날 옷을 입고 있어서 시대극이나 역사가 생각난다. 사람들은 구식이고 노동집약적인 일을 하고 있지만, 목적을 갖고 확실하게 행동하고 있다. 걷거나 마차를 차고 이동하며, 액세서리는 박물관의 전시장에서나 볼 수 있는 것들이다. 현대 사회에서 당연하게 받아들이는 기술이나 사회적 인프라 등은 찾아볼 수가 없다.

과거의 시대로 가는 꿈은 당신이 현실에서 자신의 과거에 대해 생각하거나 과거에 일어났던 일이 현재 어떤 영향을 미쳤는지 생각하고 있다는 뜻이다. 수세기 전의 일처럼 느껴지지만 당신의 과거는 수많은 소중한 경험들을 갖고 있으며, 현재의 기반을 형성한다. 꿈속의 사람들은 삶을 살아오면서 잊었던 자신의 성격을 상징한다. 옛날 옷은 자신이 과거에 어떠했는지, 직면한 도전에 어떻게 대처했는지를 상징한다. 역사 속으로 들어간 듯한 느낌은 과거의 행동이 어떻게 현재의 위치에 이르게 했는지를 당신이 짜맞추고 있음을 의미한다.

　사람들의 활동이 구식이고 노동집약적이라는 사실은 당신이 현재 지위에 오르기 위해서 얼마나 많이 노력했는지를 보여준다. 당신은 운이 좋았다거나 상황을 최대한 활용했다고 느끼지만 무의식 속에는 당신을 지금의 위치로 이끈 이유가 있다. 사람들이 걸어 다니고 기계적인 교통수단을 쓰지 않는 것은 당신의 기본적인 에너지와 추진력을 사용해서 진전을 이루었음을 암시한다. 현대의 기술이 보이지 않는 것은 자신의 지혜를 활용해서 자신의 욕구와 소통하고 일을 이루어냈음을 의미한다. 당신이 과거를 당연한 것으로 생각할지라도 당신의 재능이 현재 상황을 만들어내는 데 중요한 역할을 한 것이다.

과거의 시대로 가는 꿈은 과거 경험들이 현재 당신의 위치를 형성하는 데 중요한 역할을 했음을 때를 맞춰 적절하게 일깨워준다. 과거는 아주 먼 기억처럼 느껴지지만 당신은 여전히 과거에 접했던 경험과 통찰력에 다가갈 수 있다. 미래로 나아가다 보면 과거를 무시하기가 쉽다. 과거를 되살리는 것을 두려워하지 마라. 과거의 경험들을 바탕으로 미래의 기회가 제공하는 새로운 가능성들을 탐험하라.

과거의 사건들에 매료된 우리는 기념물과 전통으로 이것을 기린다. 역사를 공부하다가 특정한 역사적 순간으로 이끈 일련의 사건들을 보며 한 단계를 없애도 그 사건이 일어났을까 궁금해하기도 한다. 원인과 결과에 집착하다 보면 종종 다른 방식으로 일이 진행될 수 있음을 생각하지 못한다. 하지만 현실에서 우리가 내린 결정을 인식한다는 것은 원하는 미래를 만들어가기 위해 과거의 경험들을 활용할 수 있음을 의미한다.

62 집이 무너지는 꿈

집에 돌아왔는데 벽이 모두 무너지고 집이 버려진 채 있어 깜짝 놀란다. 이토록 집을 못 쓰게 방치했다는 사실을 믿을 수 없다. 집을 고치고 싶지만 자원도 기술도 없어 마음이 불안하다. 바닥은 삐걱거리며 지붕에는 구멍이 나 있다. 벽지는 벗겨지고 창문은 깨져있다. 폐허 앞에 서 있는 상황에서 벽이 곧 무너질 듯 느낀다. 근처에 새롭고 튼튼한 집이 있는 경우도 있다.

❓
집이 무너지는 꿈은 현실에서 당신이 무시하고 있던 어떤 측면이 있음을 의미한다. 집은 자신을 상징하는데, 집이 튼튼하고 안전하게 보일수록 자신도 안전하고 확실한 것이다. 무너진 집을 발견하면 충격을 받는데, 이는 자신에게 관심을 기울이지 않았을 때 나타난다. 무너진 벽은 당신이 지쳐가고 있다는 것을 나타내며, 당신이 믿고 있는 것을 옹호할 수 없음을 의미한다. 흔들리는 마룻바닥은 특정한 상황에서 어디에 서야 할지, 다음 단계가 무엇인지 확신이 서지 않는 것을 의미한다.

　창문은 특정 문제에 관해 당신이 어떻게 감지하고 있는지를 뜻한다. 깨진 창문은 현재 벌어지고 있는 상황을 확실하게 이해하기 위해서는 정보가 더 필요하다고 느끼고 있다는 뜻이다. 지붕은 당신의 생각이 얼마나 안전한가를 나타내며, 자신의 지식에 빈틈이 있지 않나 당신이 걱정하고 있다는 의미다. 무너진 벽은 당신의 욕구와 타인의 욕구 사이에 명확한 경계를 세워야 한다는 것을 암시한다. 당신이 자신을 돌보기보다는 타인을 돌보는 데에 더 많은 시간을 보냈음을 의미하며, 무너진 방을 통해서 이런 부분이 드러난다. 근처에 있는 새롭고 튼튼한 집은 당신이 자신의 위치와 견해를 조금만 바꾸면 얼마나 안전하고 완전하다고 느끼게 될지를 보여준다.

집이 무너지는 꿈은 당신만의 고유한 재능을 무시하고 있다는 사실을 알려준다. 당신의 능력이 타인의 욕구만큼 중요하다고 느끼지 않았기 때문에 자신의 능력을 무시해온 것이다. 당신이 자신의 욕구에 관심을 덜 가질수록 당신은 더 지치게 되고, 결국 타인의 욕구를 돌보는 데도 비효율적이 된다. 모든 사람의 욕구를 수용할 수 없다는 것을 확신하는 가장 좋은 방법은 그들과의 경계를 확고하게 세우는 것이다. 경계가 굳건할수록 당신은 더욱 더 안전하다고 느낄 것이다.

📖

우리는 종종 집을 지속적인 안전이나 행복과 연관시키면서 '집처럼 안전한safe as house' 또는 '집에서처럼 편한feeling right at home' 같은 표현을 사용한다. 그러나 집을 개조하기 위해서 시간과 돈을 쓰는 만큼 개인의 안녕과 행복에는 그다지 관심을 갖지 않는 듯하다. 자신의 자부심을 높이는 데에 많은 시간을 쓰기보다는 집의 가치를 높이는 스스로 하기DIY(do-it-yourself) 프로젝트에 착수하는 것이 훨씬 더 쉬울 수도 있다. 집의 가치를 보존하려면 지속적인 관심을 기울여야 하는 것처럼 자신과의 약속을 유지해야 할 필요가 있다.

63 부엌에 갇히는 꿈

당신은 너무 덥고 습한 부엌에 갇혀버린다. 출구도 보이지 않는다. 부엌은 매우 비좁고 중앙에 커다란 식탁이 놓여있다. 가구는 구식이며 무거워 보인다. 움직이기조차 어려워서 끓고 있는 냄비와 프라이팬 옆을 지나가야 한다. 바닥은 끈적거리고 지저분하며, 음식 냄새가 역겹다. 당신은 엄청난 양의 음식을 준비하는데, 당신을 위한 음식은 아니다.

부엌에 갇히는 꿈은 당신이 현실에서 일종의 양육자 역할에 갇혀있음을 의미한다. 집안의 방들은 당신의 여러 측면들을 상징하며, 부엌은 당신에게 영양분을 제공하고 만족할 만한 경험을 하게 함으로써 자신과 타인을 양육하는 역할을 반영한다. 이런 역할에서 벗어나고 싶지만 빠져나갈 길이 없는 듯 보이며, 덥고 숨이 막힐 것만 같다. 꿈에서 가구는 종종 습관과 행동 패턴을 나타내므로 구식 가구는 당신을 짓누르고 있는 습관적인 의무를 상징한다. 식탁은 일반적으로 인간관계를 나타내며, 꿈에 식탁이 등장했다면 당신이 사람들을 돌봐야 하는 의무가 있다고 느끼는 것이다.

움직이기 어려운 상황은 의무가 당신을 압박해 답답해하는 것을 뜻한다. 끓고 있는 냄비와 프라이팬은 압박감을 반영하지만, 사람들에게 화를 내는 것이 두려워서 울분을 발산하기 어려움을 의미한다. 사람들을 위해서 음식을 준비한다는 것은 당신의 비용으로 사람들을 만족시키기 위해 돕고 있다는 뜻이다. 이는 당신의 계획과 아이디어를 요리하는 것과는 거리가 멀기 때문에 재앙의 전조가 된다. 사람들이 당신의 노력을 알아차리고 고마워해주기를 바라는 마음에 사심 없이 돌보지만, 가끔은 사람들이 당신을 돌봐주기를 바란다.

부엌에 갇히는 꿈은 당신이 자신의 기본적인 욕구를 돌보기가 어렵다는 것을 알려준다. 당신은 사람들의 욕구를 돌보는 데 너무 많은 시간을 할애하고 있다. 이런 일에 익숙해서 습관적으로 이 일을 하더라도 아무도 당신을 돌보지 않기 때문에 종종 답답함을 느낀다. 하지만 끊임없이 사람들을 돌보는 건 그들을 통제하는 방법이기도 하다. 사람들의 욕구를 늘 돌보기보다는 이따금 그냥 흘러가게 두고 무슨 일이 일어나는지 보는 것도 좋은 방법이다.

부엌은 원재료를 우리의 건강을 유지시켜주는 음식으로 바꾸는 곳이다. 창의적인 노력을 설명하는 데에 사용되는 많은 이미지들이 부엌과 요리를 바탕으로 한다. 우리는 '뒤로 제쳐둔 것들이 있다having something on the back burner', '정점에 이르다coming to the boil', '계획을 짜다cooking up a plan' 같은 표현을 사용한다. 현실에서 자신의 노력이 간과된다고 느낄 때도 요리와 관련된 표현을 사용하여 답답함을 드러낸다. '화가 부글부글 끓다simmering with anger', '극에 달하다reaching boiling point', '(마음을) 졸이게 내버려두다left to stew' 등이 이에 해당한다.

64 좁은 터널이나 구멍에 들어가는 꿈

당신은 어딘가로 가려고 한다. 그러려면 좁은 공간과 문을 통과해야만 한다. 몹시 좁은 터널이나 복도로, 몸이 들어가기에는 너무 작아 보이는 문과 구멍을 억지로 통과해야만 한다. 들어가려고 하는 공간은 상자, 통풍구, 지하 배수로 같은 파이프처럼 보인다. 미로 같은 공간을 뚫고 지나다가 그곳에 갇혀버리거나 이상하고 불편한 자세로 끼지 않을까 걱정스럽다.

터널이나 제한된 입구를 통해 좁은 공간으로 들어가는 꿈은 현실에서 하고 있는 일의 어딘가가 막혀있다고 느끼는 것을 의미한다. 꿈은 보통 넓은 장소에서 시작한다. 이는 당신에게 많은 기회가 있으며 미래가 넓게 펼쳐져 있음을 의미한다. 하지만 앞으로 나아갈수록 선택할 수 있는 범위가 좁아지고 움직일 공간도 없다. 돌로 된 터널이나 오래된 복도 같은 곳에 있다면 당신이 오래된 관습이나 전통, 엄격한 권위에 제한을 받고 있다고 느끼는 것이다. 터널의 딱딱한 표면은 당신의 자유를 제한하는 엄격한 법칙과 규정을 상징한다. 이것이 당신을 엄격하게 제한하고 있어 규정을 확대할 기회가 없어 보인다.

작은 문과 구멍은 당신이 가고자 하는 곳에 닿을 수 있을 만큼 크지 않아 보이는 기회와 문을 의미한다. 특정 공간에 갇히는 건 최선의 이익에 반하도록 결정을 강요당하고 있음을 의미한다. 통풍구는 편협한 절차를 헤쳐 나가야 한다는 것을, 배수구는 특정한 방식으로 행동해야 함을 의미한다. 이상하고 불편한 자세로 갇히는 건 현재의 경로를 계속 따라가면 당신이 특정 입장을 수용하도록 압력을 받지 않을까 우려하는 것을 의미한다.

터널이나 제한된 입구를 통해 들어가는 꿈은 당신이 생각하는 것보다 더 많은 선택의 기회가 있다는 가능성을 보여준다. 처음부터 규칙이 정해져 있으며 사람들을 기쁘게 해주기 위해서라면 서커스라도 해야 한다고 느끼지만, 이는 결국 자신을 제약하는 불필요한 믿음일 뿐이다. 사람들이 만든 고통스런 절차를 따르기보다는 목표를 획득할 수 있는 다른 길을 찾아라. 또한 자신의 기대치를 낮추고 길을 막고 있는 의무와 짐에서 벗어남으로써 진행을 앞당길 수 있다.

어려운 결정을 내리는 것에 관한 많은 표현들이 제한을 뜻하는 단어들에 바탕을 둔다. '진퇴양난 stuck between a rock and a hard place', '공식 경로를 통과하다 going through official Channels', '난관에 부딪히다 it's going to be a bit of a squeeze', '터널 끝에 보이는 빛 light at the end of the tunnel' 같은 표현이 그것이다. 어딘가 막혀 있다는 느낌은 '장래성이 없는 일을 하고 있다 stuck in a dead-end job' 또는 '궁지에 빠지다 up against the wall' 같은 표현에 잘 나타난다. 반대로 기회를 나타낼 때는 '넓은 지평선 broad horizons', '넓게 펼쳐진 wide open' 가능성과 같이 확 트인 공간을 가리키는 말로 표현하기도 한다.

65 건물이 불타는 꿈

멀리서 연기가 피어오르며 건물이 불타고 있다. 그 건물은 당신의 집이나 직장이다. 처음에는 약한 불꽃으로 시작되었지만 지금은 엄청난 화염에 휩싸여 몹시 위험한 상황이다. 때로는 방 하나가 온통 불길에 휩싸이고, 그 불이 다른 곳으로 옮겨 붙을까 봐 두렵다. 불을 끌 방법을 강구해보지만 모든 것이 고장 났거나 효과가 없다. 소방서나 행인들에게 도움을 청해보지만 아무도 당신을 도울 수 없는 듯하다.

건물이 불타는 꿈은 현실에서 중요한 변화의 가능성이 있음을 의미한다. 건물은 보통 자아를 상징하고, 불타는 건물의 패턴은 자아의 어느 측면에 변화의 가능성이 있는지 보여준다. 직장이라면 직업상의 변화를, 집이라면 개인적인 변화를 의미한다. 가까운 관계에서 발생한 마찰이 변화의 기회에 불을 붙였을 수도 있으며, 뜨거운 논쟁이나 격렬한 감정으로 위험해진 협력관계 때문일 수도 있다. 처음의 불화는 아주 작은 의견차로 발생했지만 점점 더 큰 논쟁으로 발전했고, 마침내 모든 것을 소진시키는 격렬한 싸움으로 변했다.

불은 건물의 일부분에만 영향을 미치고 있지만, 당신은 다른 방과 공간으로 불이 번질까 봐 걱정하고 있다. 이는 문제가 국지적으로는 해소되었더라도 삶의 다른 부분에 악영향을 미치지나 않을까 걱정하고 있다는 의미다. 아무도 당신을 도울 것 같지 않은 이유는 당신만이 이런 열정적이고 창의적인 에너지에 집중할 수 있고, 이로써 당신이 원하는 것을 통제할 수 있기 때문이다. 통제할 수 없는 열정은 파괴적이지만 이를 활용하는 방법을 배운다면 당신에게 큰 힘이자 확신이 될 것이다. 당신은 일시적인 감정에 소진되기보다는 강력한 변화를 이끌고 촉진하는, 따뜻하고 관대한 사람이 될 수 있다.

건물이 불타는 꿈은 현재의 상황을 바꾸기 위해서 창의적인 조치를 취해야 함을 나타낸다. 하지만 당신의 열정적인 에너지를 건설적인 결과물로 집중하는 것은 쉽지 않은 일이다. 이런 상황에서 가능한 한 열기를 빼내는 것이 최선의 방법일 수도 있지만, 이는 미래를 위한 당신의 열정에 찬물을 끼얹는 것일 수도 있다. '모 아니면 도' 식의 접근으로 모든 것을 소진하기보다는 자신의 에너지를 창의적으로 발휘해서 모든 사람을 수용할 수 있는, 건설적이고 지속 가능한 결과물을 이끌어내도록 노력하라.

집과 건물은 다양한 자아를 나타내고, 불은 창의적인 변화의 과정을 상징한다. 불은 사람이 무언가를 변화시키고 창조하는 데 사용하는 독특한 도구이며, 따라서 우리의 창조적 정신을 상징하기도 한다. 불은 창조적이기도 하지만 또한 파괴를 뜻하기도 한다. 많은 창조적인 과정들은 다른 하나를 파괴한 뒤 행해진다. 가장 창조적인 상태에 있을 때 우리는 '난 불타고 있다I'm on fire', '우리는 굉장히 빠르다We're hot to trot' 또는 '급속히 친해지고 있다getting on like a house on fire' 같은 말을 한다.

66 감옥에 갇히는 꿈

💬

철창살과 금속을 사용해서 최소한의 재료로 만든 시설이 보이고, 끊임없는 감시가 느껴진다. 당신은 어떤 이유에서인지 감옥에 갇혀있다. 감옥에 갇힌 이유는 모르지만 감옥에서 얼마나 형을 살아야 하는지는 알고 있다. 종종 독방에 갇히기도 하는데, 완전히 통제된 생활로 시간은 더디게 흐른다. 교도관은 당신의 고통 따위는 안중에도 없으며 당신이 밖에서 어떤 생활을 했는지도 관심 없다. 아무것도 잘못한 게 없다고 이야기하지만, 그들은 듣지 않고 당신을 계속 가두어둔다.

감옥에 갇히는 꿈은 현실에서 당신이 독립적으로 행동할 자유를 잃었다고 느끼는 것을 의미한다. 당신은 사람들에게 의존해서 결정을 내리고 그들에게 행동을 허락받으려고 한다. 이런 행동은 직장이나 어떤 관계에서 특정한 역할에 갇혀 있다고 느낄 때 종종 발생한다. 철창살은 앞길을 막는 것이 있음을 나타내며, 최소한의 시설은 당신이 더 편해지는 데 필요한 자원이 없다고 느끼고 있음을 나타낸다. 얼마간 형을 살아야 한다는 것은 현실에서 일이나 사람에게 헌신을 약속했으며 그들이 당신을 풀어줄 때를 기다린다는 뜻이다.

 진정으로 대화할 사람이 없다고 느끼기 때문에 당신은 무척 외롭다. 한편 당신의 습관이 상황에 대한 두려움과 의심을 표현하는 것을 가로막는다. 교도관은 책임감을 상징하는데, 교도관이 당신을 무시하는 이유는 감옥이라는 상황을 당신이 만들었기 때문이다. 사람들을 실망시키고 싶지 않기 때문에 스스로 잘못된 책임감 속에 갇혀버린 것이다. 옳은 일을 하고 있다고 확신하지만 실은 헌신하겠다는 약속 때문에 당신은 고립되고 외롭다고 느낄 뿐이다. 당신을 감옥에서 풀어줄 열쇠는 마음을 열고 당신이 생각하는 바를 사람들에게 말하는 것이다.

감옥에 갇히는 꿈은 마음을 더 확고히 하고 자신의 삶을 다시 한 번 책임질 것을 종용한다. 당신은 갇혀있다고 느끼지만, 한편으로는 감옥을 몹시 안전한 장소로 여긴다. 그래서 미지의 세계로 모험을 떠나는 위험을 감수하기보다는 안전한 곳에 자신을 가두어버린 것이다. 사람들에게 약속한 헌신과 의무는 자신이 그들에게 필요하고 받아들여지는 존재라고 느끼게 하지만, 또한 사람들에게 지나치게 의존하는 상황을 불러올 수도 있다. 당신의 결정에 좀 더 책임을 진다면 당신은 더욱더 자유로워질 것이다.

우리는 학교에 들어가면서 처음으로 원하지 않는 곳에 갇혔다고 느끼게 된다. 좀 더 뛰어놀면서 자유를 누리고 싶지만, 억지로 앉아서 재미없고 지루한 수업을 들어야만 한다. 시간표와 강의계획표에 맞춰서 공부를 하고 나면 자유로워질 수 있음을 안다. 갇혀있다는 느낌은 사회생활로 확장된다. 사회에 나가서도 우리는 특정한 역할과 현실 업무에 갇혀있다고 느낀다.

67 회사가 텅 비어 있는 꿈

평상시와 마찬가지로 직장에 출근했는데, 아무도 출근하지 않은 걸 보고는 깜짝 놀란다. 건물이나 어떤 장소에 들어서려고 출근카드를 긁고 보안코드를 입력하지만 기계가 작동하지 않는다. 사무실 장비들도 없어진 듯하며 현실에서 사용하던 도구들을 찾는 데 많은 시간을 허비한다. 도구들이 새로운 장비들로 바뀌어 있고, 그것을 사용하면 안 될 것 같은 느낌이 든다. 도움을 청해보려고 하지만 아무도 응답하지 않는다.

텅 빈 회사는 현실에서 당신의 직업 능력이 완전히 인정받지 못하고 있으며 받아들여지지 않음을 나타낸다. 직장은 당신의 고유한 재능을 건설적으로 활용하고 가치를 창출해내는 능력을 상징한다. 평소와 같은 시간에 동료가 아무도 오지 않았다는 것은 당신이 능력을 인정받고 있지 못하며 그 누구도 당신이 한 일의 가치를 알아주지 않는다고 느끼고 있음을 의미한다. 출근카드나 보안코드가 먹히지 않아서 근무하는 장소에 들어갈 수 없다는 건 당신이 필요한 직업적 자격을 지녔지만 어떤 이유에서인지 새로운 기회에 접근하는 것을 거부당하고 있음을 의미한다.

장비와 도구들이 없어진 것은 당신의 기술이 유용하고 생산적이더라도 그 기술을 사용할 기회를 찾는 데에 어려움을 겪고 있음을 뜻한다. 새로운 장비들은 새롭고 흥미로운 기회를 의미하며, 새 장비를 사용하면 안 될 것 같은 느낌은 이런 가능성들을 탐험할 확신이 없음을 의미한다. 모두가 당신의 능력을 무시하는 듯 보이는 것은 당신이 자신의 기술을 무시하거나 자신의 재능을 그다지 소중하게 생각하지 않은 결과일 수도 있다. 직장은 계발되지 않은 재능을 활용해서 가치 있는 것을 만들어내는 장소다. 당신이 자신의 재능을 인정하지 않고 관심을 기울이지 않는다면, 실로 사람들이 당신의 진정한 가치를 인정하기란 매우 어렵다.

회사가 텅 비어 있는 꿈을 잘 활용하려면 현실에서 가장 중요한 자신의 기술과 재능을 찾아야만 한다. 자신의 재능을 평범한 것으로 치부하기란 쉽다. 당신은 이미 재능에 익숙해지고 편안해졌기 때문이다. 자신의 독특한 능력을 사람들이 인정하게 만드는 가장 좋은 방법은 그 기술이 지닌 진정한 가치를 당신이 먼저 인정하고 깨닫는 것이다. 자신의 능력을 소중하게 여길수록 특별한 상황에서 재능을 활용하는 데에 자신감을 가질 수 있다. 그렇게 되면 새로운 가능성으로 가득 찬 미래를 펼칠 수 있다.

📖

우리는 주어진 조건을 고려해서 합리적으로 직업을 선택하는 듯 보이지만, 기본적으로 직업에서 추구하는 것은 목적이 있고 의미가 있는 일이다. 의미 있는 목적을 갖는 것은 일이 주는 가장 소중한 혜택 가운데 하나다. 그 일은 금전적, 물질적 보상을 뛰어넘어 우리의 가치와 자부심을 반영하기 때문이다. 은퇴와 이직을 기대하기도 하지만 영감을 부여하는 의미 있는 일이 아니라면, 삶에서 목적의식을 잃게 될 것이다.

68 학교로 돌아가는 꿈

당신은 어떤 이유에서인지 옛날에 다니던 학교에 와 있다. 졸업시험을 다시 치기도 하고, 자꾸 강의를 들으러 교실로 가면서 자신의 행동에 의아해 하기도 한다. 학교를 떠나고 싶은 마음에 현실의 지식을 사용하기도 한다. 꼭 참석하고 싶은 중요한 수업이 하나 있지만, 그 수업이 있는 교실로 갈 때마다 길을 잃는다. 옛 스승은 특정한 문제에 좀 더 집중하라고 당신을 가르친다.

❓
학교나 대학으로 돌아가는 꿈은 당신이 현실에서 무엇인가 중요한 것을 배울 기회가 생겼음을 의미한다. 학교는 학문적 교육과 관련 있지만, 성격 형성기에 배워야 할 학문이 아닌 다른 지식을 나타내기도 한다. 학교는 어릴 때 입학해서 어른이 되면 졸업하는 장소이므로 특별히 권위적인 위치에 있는 사람들을 상대하는 데에 필요한 자립성과 능력을 상징하기도 한다. 마지막 학년으로 되돌아간다는 건 현실에서 접하고 있는 특별한 상황을 성숙하고 어른스런 방법으로 해결하는 법을 배우고 있다는 뜻이다. 당신은 자신의 개성을 보여주려고 이 일을 하고 싶어 한다.

 당신이 듣기 원하는 수업이 있다는 건 현실에서 직면하는 문제의 해결책을 그 수업을 통해 배울 수 있음을 의미한다. 역사 수업은 과거를 잊고 미래를 향해서 나아가야 함을 알려준다. 지리 수업은 자신의 지평을 넓히고 잘 모르는 지역들을 탐구하게 한다. 언어 수업은 다른 방법으로 자신을 좀 더 유창하게 표현해야 한다는 것을 가르친다. 수학 수업은 문제점을 해결할 때는 합리적이고 계산적이어야 함을 일러준다. 과학 수업은 당신의 행동이 확실한 증거를 바탕으로 행해져야 할 필요성을, 미술 수업은 당신이 창조적이고 개성적으로 변해야 함을 알려준다. 스승은 과거 현명했던 자신에게 귀를 기울이고 있는 자신을 상징한다.

학교로 돌아가는 꿈은 일반적인 교육 과정을 졸업한 후에도 결코 배움을 멈추지 말라는 의미다. 세상에 대해 더 많은 것을 배울수록 자신에 대해서도 더 많은 것을 알 수 있다. 이는 더 큰 자아인식과 잠재력을 현실에서 근본적으로 자각할 수 있는 기회를 제공한다. 이 수업들을 건너뛰고 싶은 유혹에 빠진다면 당신은 과거와 똑같은 양상, 자기 제한적 신념 속에 머무를 것이다. 무슨 과목을 공부하든지 그 배움의 결과는 늘 좀 더 깊은 자아 인식이 될 것이다.

학창 시절은 우리가 가정의 울타리를 넘어서 바깥 세상에 대해 배우기 시작하는 시기다. 부모와 떨어져 주어진 시간 내에 주어진 임무를 어떻게 이행할지 그리고 인간관계를 어떻게 맺어야 할지를 배워야만 한다. 학창 시절의 경험은 전공 수업을 통해 과거 학자들의 경험을 배우는 것처럼 현실의 많은 부분들에서도 나타난다. 당신을 더 이상 공식적인 시험으로 평가할 수는 없지만, 계속 자신의 성과를 살펴보고 성공 수준을 판단해야 한다.

69 어릴 적 살던 집에 가는 꿈

지금 당신은 오래전에 떠났던, 어릴 적 살던 집에 가고 있다. 그 집은 당신이 떠났을 때와 똑같은 모습으로 남아 있는데, 당신은 그곳에 남겨둔 어떤 물건을 찾고 있다. 오래된 찬장과 옷장 특히 당신의 침실에서 무엇인가를 찾는다. 마침내 오래된 침대 밑에서 그 물건을 발견하고 무척 기뻐한다. 또는 정원에서 어릴 적 친구들과 함께 좋아하는 장난감을 갖고 놀고 있는 자신을 발견하기도 한다.

어릴 적 살던 집에 가는 꿈은 당신이 어린 시절 겪었던 성격 형성의 경험을 반영한다. 집은 자신을 상징하기 때문에 집을 방문한다는 건 당신의 정체성을 형성하는 데 근본적으로 영향을 끼친 무엇인가를 다시 찾고 있음을 의미한다. 현실에서 당신은 이런 경험을 많이 했지만, 어린 시절에는 미처 발전시킬 기회가 없었던 정체성의 일부가 아직 남아있을 수 있다. 옛날 집이 떠났을 당시 모습으로 남아있다는 건 당신의 특성들이 변하지 않았다는 뜻이다. 그들은 늘 당신 안에 조용히 머물면서 다시 쓰일 기회가 오기를 기다린 것이다.

　어린 시절 살던 집안을 뒤진다는 건 당신 안에 숨어있는 바로 이런 특성들을 찾고 싶다는 것을 뜻한다. 가구들은 당신의 모든 습관과 기억을 상징한다. 특히 찬장과 옷장은 어릴 적 경험들을 보관해둔 장소를 의미한다. 당신은 이런 기억들을 정리해서 눈에 보이지 않는 어두운 곳에 치워놓았지만 지금은 그것들을 다시 밝은 곳으로 데려오고 싶어 한다. 침대는 가장 편하게 휴식을 취할 수 있는 장소를 나타내므로 침대 밑에서 무엇인가를 발견했다는 건 자아의 가장 중요한 부분을 찾았음을 의미한다. 어릴 적 친구와 장난감을 갖고 정원에서 놀고 있었다는 건 당신이 새로 발견한 잠재력을 시험하고 있다는 것을 뜻한다.

어릴 적 살던 집에 가는 꿈은 발견하지 못한 당신의 정체성 일부를 찾아내서 그것의 진정한 잠재력을 계발할 시간과 수단을 당신이 갖고 있음을 알려준다. 특별한 분야에 해당하는 이런 특성은 어릴 적에는 표현할 기회나 확신이 없었던 재능이다. 당신의 창조적인 재능은 성인이 되어서도 무시되기 십상이지만, 이는 진정한 자아의 중요한 일부분이다. 그것을 현실화하는 것은 어릴 적 꿈 하나를 실현하는 일일 것이다.

우리는 유추를 통해 많은 것을 배운다. 내면 세계와 외부 세계가 따로 있다는 사실을 깨닫는 두세 살 때부터 주위 세계와 내가 분리되어 있음을 깨닫는다. 자아는 어린 시절 첫 번째 집으로 비유될 수 있다. 집에도 안과 밖이 있고, 집의 각각 다른 부분들은 성장하는 각기 다른 인격들에 비유될 수 있기 때문이다. 우리는 어린 시절의 일부분을 뒤로 남겨두고 성장하는데, 남겨진 부분들은 어린 시절 집으로 표현되어 우리의 무의식을 상징한다.

70 미래로 여행하는 꿈

당신은 나이를 먹지 않은 지금의 모습으로 미래를 여행하고 있다. 사람들은 번쩍거리는 이상한 장치들을 통해 말하고 미래의 것으로 보이는 옷을 입고 있지만, 당신만 현재의 모습에 머물러 있다. 당신은 자신을 미래 상황에 맞추기 위해서 새로운 기술에 호기심을 보이며 새로운 기술을 사용하기를 주저하지 않는다. 처음에는 당황할지 모르지만, 곧 그런 물건들을 어떻게 사용하는지 알게 된다. 또한 미래에 와있지만 이미 해결했어야 할 과거의 문제들과 계속 직면한다.

미래로 여행하는 꿈은 당신이 현실에서 어느 정도의 야망을 품고 있으며, 어떻게 자신을 계발, 향상시켜 야망을 실현할 수 있을까 고민하고 있음을 나타낸다. 꿈에서 미래는 보통 기술적인 단계의 향상이나 발전으로 표현된다. 기술이 혁신적일수록 당신은 좀 더 먼 미래를 여행한 것이다. 의사소통 장치는 인간관계를 의미하며, 미래의 옷은 상대방에게 보여주는 행동을 상징한다. 비록 옷차림새가 번쩍거리고 미래적이기는 하지만, 사람들은 현재와 같이 말다툼을 하는 것처럼 보인다. 당신은 진보한 기술들이 모든 문제를 해결해줄 거라고 생각하지만, 인간은 여전히 성격적 결함을 갖고 있고 습관의 지배를 받는다.

  미래의 기술에 의존한다는 건 당신의 야망을 실현하기 위한 해답을 내면이 아니라 외부에서 찾고 있음을 의미한다. 당신의 소망과 포부를 전진, 발전시키기 위해서 외적인 지원이나 도움에 의존할 수 있지만 결국 당신은 자신의 내면을 돌아보는 여행을 해야 한다. 또한 꿈은 당신이 현재 야망을 이루지 못해서 앞으로 나아가야 할 때라고 느끼고 있음을 알려준다. 힘들이지 않고 쉽게 야망을 이루고 싶어 하지만, 앞으로 나아가기 위해서는 많은 시간과 노력이 필요하다. 내면으로의 여행이 깊어질수록 당신이 이상적이라고 생각하는 미래에 좀 더 빨리 한 발 더 가까이 다가갈 수 있다.

미래로 여행하는 꿈은 당신의 미래에 과연 무엇이 놓여있는지 자세하게 살펴보고 생각할 기회를 제공한다. 미래에는 모든 게 나아질 거라고 생각할지 모르지만, 당신이 예상한 일이 실제로 일어나기 위해서는 행동이 뒷받침되어야만 한다. 단지 외부의 도움에 의지하기보다는 미래 여행으로 얻은 창조력을 이용해서 당신이 원하는 미래를 설계해야 한다. 하루빨리 이 일을 시작하라. 그러면 당신은 새로운 세계를 구축하면서 조그마한 성취를 이룰 것이다. 그 조그마한 성취로 당신은 분명한 미래를 볼 수 있을 것이다.

소설에서는 미래를 이상적인 유토피아로 묘사하고는 하는데, 미래에서는 사람들이 등 뒤에 제트 팩jet packs을 메고 날아다니고 공짜에너지를 이용해서 공간 여행을 하기도 한다. 하지만 미래를 여행하면 할수록, 우리의 미래는 유토피아가 아닌 디스토피아dystopian(反이상향)에 가까워지고 있음을 느낄 수 있다. 영국의 소설가 올도스 헉슬리Aldous Huxley(1894~1963)의 『용감한 신세계Brave New World』 같은 책들과 영국의 영화감독 리들리 스코트Ridley Scott(1937~)의 <블레이드 러너Blade Runner> 같은 영화들은 가장 현대적인 기술을 사용해서 미래를 표현하고 있지만, 인간은 여전히 지금 수준의 의사소통을 하고 있음을 보여준다. 미래로의 여행을 실현할 가장 좋은 방법은 인간의 동료로서 미래 여행자의 정체성, 그리고 다른 사람들의 요구와 신념을 이해하는 것이다.

5장

감정에 관한 꿈

71 예기치 못한 사랑에 빠지는 꿈

당신은 놀랍게도 특이한 로맨스나 예기치 못한 사랑에 빠지고 충격을 받는다. 당신이 사랑하게 된 사람은 정말 매력이 없는 사람이기 때문이다. 직장 동료이거나 당신의 성적 취향과는 일치하지 않는 사람일 수도 있다. 심지어 무생물체와 사랑에 빠진 자신을 보고 강렬한 호기심을 느끼기도 한다. 애정의 대상을 볼 때마다 심장이 뛰고 약간의 죄책감도 생긴다.

예기치 못한 사랑에 빠지는 꿈은 당신이 자신의 중요한 특성을 갑자기 발견하게 되었음을 의미한다. 특히 꿈에서 자신이 선택한 애인이 너무 충격적이어서 마음이 편치 않다. 하지만 그 사람이 실제 자신의 취향과 맞지 않는다고 해도 그 사람은 당신이 갑자기 발견한 (비록 로맨틱한 특성은 아니지만) 귀중한 자신의 특성을 반영한다. 그리고 당신은 이런 자신만의 특성을 발휘할 잠재력이 있음을 알고, 그 가능성으로 몹시 흥분한 상태다. 왜 그런 특성에 마음이 끌리는지 알 수 없지만, 당신의 가장 큰 매력과 맞지 않을 수도 있다.

사랑의 대상이 결단력과 야망을 갖춘 사람이라면, 현실에서 당신에게 선택할 수 있는 힘이 생기고 삶에서 이루고자 하는 바가 무엇인지 좀 더 명확하게 알게 되었음을 의미한다. 당신의 성적 취향과는 다른 사람이 꿈에 나타난 것은 당신이 자신의 여성스러움이나 남성스러움에 만족하고 있음을 의미한다. 사물과 사랑에 빠졌다면 현실에서 그 사물과 관련된 어떤 것으로 인해 당신이 활기를 되찾았음을 의미한다. 어떤 대상이든 간에 꿈속의 모든 상황은 당신이 실제로 인생의 목적이나 당신의 잠재력과 사랑에 빠졌음을 반영한다. 자신을 사랑하는 것은 헛된 일이나 자아도취에 빠지는 것이 아니고 당신이 자신의 능력과 매력을 더 많이 받아들이고 있음을 의미한다.

예기치 못한 사랑에 빠지는 꿈은 현실에서 갑자기 자신의 잠재력을 발견해서 자신감이 생겼음을 나타낸다. 처음에는 이런 식의 갑작스러운 인지가 혼란스러울 수 있으며, 심지어 현실의 리듬을 깨뜨릴 수도 있다. 갑자기 발견한 자신의 잠재력을 탐구하려고 하지 않을 수도 있다. 당신에게 생각했던 것보다 더 많은 재능이 있다는 가능성을 열어둔다면, 당신은 필요한 것을 얻을 수 있으며 당신이 원하는 사람으로 변화할 수 있다.

사랑은 우리가 창조하는 것이 아니라 꿈처럼 우리가 경험하는 일반적인 것이라고 생각한다. 진정한 사랑은 귀중하고 가치가 있으며, 예로부터 예기치 못한 많은 사랑 이야기들이 전해오고 있다. 책, 영화나 연극, 시와 노래를 보면 모든 인간의 이야기가 사랑에 관한 것처럼 느껴진다. 이렇듯 끊임없이 진정한 사랑을 추구하는 것은 우리가 사회적 동물로서 다른 사람을 사랑하고 다른 사람의 사랑을 받고 싶어 한다는 것을 의미한다. '사랑에 빠진falling in love'이란 말은 우리가 해방감을 느낄수록 자아와 재능을 더 많이 받아들일 수 있음을 의미한다.

72 옛 애인과 사랑을 나누는 꿈

당신은 옛 애인과 사랑을 나누고 있으며 그런 당신의 모습을 보고 놀란다. 어떻게 이런 상황에 이르렀는지는 잘 모르지만 죄책감을 가지면서도 즐기는 모습이다. 현재 애인에게 합리적으로 상황을 설명하려고 애쓰지만, 당신의 강렬한 열정 탓에 지지부진하게 흘러가서 마침내 옛 애인과 다시 사랑을 나눈다. 사랑의 포옹을 그만두려고 하다가도 다시 밀접한 관계를 즐긴다. 마침내 당신은 이 상황에서 빠져나가지만 짝사랑의 여운은 여전히 남아 있다.

옛 애인과 사랑을 나누는 꿈은 현실의 어떤 상황이 당신의 숨겨진 자질에 관해 일깨우고 있음을 의미한다. 이 꿈은 옛 애인에게 돌아가고자 하는 바람을 의미하는 게 아니다. 옛 애인은 당신이 자신 안에 있는 어떤 특성을 의식적으로 자각하고 있음을 상징한다. 따라서 옛 애인과 사랑을 나누는 건 자신의 특성에 대해 좀 더 깊이 알아가고 있음을 의미한다. 옛 애인이 믿을 수 없는 사람이라면, 당신에게 진실한 면이 없다는 의미로 결국 실망감을 느끼게 된다. 옛 애인이 따뜻하고 친절한 사람이라면, 따뜻하고 친절한 특성을 자신에게서 발견할 수 있음을 의미한다.

 옛 애인의 등장은 다음과 같이 경고한다. 과거에 행했던 똑같은 행동을 현재 애인에게 하지 마라. 더 이상 도움이 되지 않는 과거의 행동을 과감히 버려라. 당신은 너무 오랫동안 옛 애인과 관계에 익숙해져서 현재 애인에게도 같은 패턴으로 행동하려고 한 것이다. 또한 현실에서 새롭고 창조적인 아이디어나 프로젝트로 몹시 흥분된 상태일 때는 성관계를 가지는 꿈을 꾼다. 출산과 관련된 꿈은 지금 당신에게 새롭고 유일한 어떤 것을 창조해낼 기폭제가 있으며, 마침내 현실화할 것임을 의미한다. 당신이 아무리 무시하려고 해도 새롭고 신선한 생각들은 마침내 당신의 가능성을 끌어낼 것이다.

옛 애인과 사랑을 나누는 꿈은 당신과 당신의 자아인식을 연결하는 꿈이다. 자신에 대해 알아갈수록 필요한 것이 무엇인지 잘 알게 될 것이다. 당신이 사람들에게 열린 마음을 가졌다면, 자신이 요구하는 것이 무엇인지 더 잘 알 수 있다. 이런 꿈은 당신의 정체성과 욕구를 반영하므로 지금 당신의 연인 관계에 필요한 성적, 낭만적 진실을 밝혀내는 데도 도움이 된다. 애인에게 매력적으로 비친 당신의 특성이 무엇인지 인지함으로써 꿈속 애인의 관심을 어떻게 받을 수 있을지를 의식적으로 결정할 수 있다.

우리는 종종 밀접한 관계가 사람들과의 만남에서 최고의 관계라고 생각하지만, 우리의 경험에서 드러난 중요한 사실은 그런 인간관계에서 자신을 좀 더 잘 인식할 수 있다는 것이다. 사람들에게 마음을 터놓고 자신의 약점을 드러낼수록 당신은 자신에 대해 더 많은 걸 알 수 있다. 새로운 인간관계나 연애는 우리가 자아를 발견하게 되는 강렬한 사건이다. 그러므로 인간관계 안팎을 막론하고 자신의 새로운 측면을 발견했을 때 그것을 깊고 열정적인 감정과 동일시하는 경향이 있다.

73 부적절한 사랑을 나누는 꿈

당신은 몹시 낯선 환경이나 상황에서 사랑을 나누려고 한다. 사람이 너무 많아서 당황스럽고 창피하다고 느끼면서도 공공장소에서 성관계를 가지려고 한다. 하지만 아무도 당신에게 관심을 두지 않는다. 조금 외진 곳을 찾지만, 사람들이 계속 지나간다든지 사소한 구실로 방해한다. 또한 현실에서는 매력이라고는 찾아볼 수 없던 직장 동료와 회사에서 사랑을 나누기도 하고, 지극히 평범한 일을 하면서 사랑을 나누기도 한다.

흔치 않은 장소에서 부적절한 사랑을 나누는 꿈은 현실에서 예기치 않은 일이 벌어지고 있음을 의미한다. 그리고 당신만이 갖고 있는 독특하고 흥미로운 재능을 자각하라고 일깨워준다. 사랑을 나누는 꿈은 대부분 소망 성취보다는 자신이 지닌 능력을 잘 이해하게 되는 것과 관련이 있다. 사람들이 보는 데서 사랑을 나누는 건 개인적으로 새롭고 흥미로운 기술을 취약하고 노출된 환경에서 계발하는 것을 의미한다. 직장 같이 공개적인 환경에서 흥분을 경험한다는 것이 부적절하다고 느낄 수 있지만, 아무도 개의치 않는다는 사실은 당신의 특정한 재능을 모두가 확신하고 있음을 의미한다.

대중 앞에서 사랑을 나누는 것에 창피함을 느끼고 은밀한 공간을 찾으려고 노력할 때조차 당신은 계속 방해받고 있다는 걸 알게 된다. 이는 당신이 새로운 재능을 계발하고 이 재능을 최대한 활용하는 방법에 익숙해질 충분한 시간과 공간을 자신에게 주지 않았음을 의미한다. 당신과 사랑을 나누는 동료는 현실에서는 그다지 매력적이지 않은 인물일지 모르지만, 당신이 마음 깊은 곳에서 무의식적으로 존중하고 있다는 의미다. 이는 로맨틱한 성질의 것이 아니라 전문적인 능력이거나 특정 상황을 다루는 적성에 가깝다. 당신이 자신의 능력과 친밀해지면 이런 주체할 수 없는 흥분이나 놀라움의 감정이 당신의 그 어떤 현실적인 감정도 초월한다.

부적절한 사랑을 나누는 꿈은 당신이 자신의 고유한 특성을 자각하기 시작했음을 의미한다. 당신은 보통 자신의 이런 측면을 감추는데, 극히 개인적인 특성인데다 어떻게 다뤄야 할지 확실하게 알지 못하기 때문이다. 하지만 곧 새로운 능력에 대한 흥분과 열정을 억누르기가 어렵다는 걸 알게 된다. 재능을 표현하는 방식에 제동을 걸기보다는 자신을 위해서 개인적인 시간과 공간을 만드는 것이 바람직하다. 그리고 자신의 능력을 어떻게 활용할 것인가에 대해 좀 더 깊이 생각하라.

사랑을 나누는 건 출산과도 관계가 있으며, 창조 과정과 밀접하게 연관된다. 새로운 계획과 프로젝트 때문에 들떠 있을 때 우리는 '아이디어를 품다 conceiving ideas', '생명을 불어넣다 bringing them to life' 같은 말을 쓴다. 독특한 것을 창조하는 능력은 특히 구상 단계에서 전율을 느끼게 한다. 구상 단계에서는 불가능이 없어 보이기 때문이다. 이런 창조 과정은 좀 더 깊게, 좀 더 사적인 수준에서 자신을 표현해야 하는 사람들의 경우 마음을 온통 빼앗는 열정이 된다. 하지만 어떤 특별한 것을 창조하기 위해서라면 자신의 취약성과 억눌림을 어느 정도 열어보여야 한다.

74 성난 얼굴과 대면하는 꿈

당신은 차분한 성품을 갖고 있으며 평화를 사랑하는 사람이다. 한데 어떤 사람이 성난 얼굴로 당신에게 고함을 지른다. 그 사람이 고래고래 고함지를 때마다 당신은 자신을 변호하려 애쓴다. 언쟁이 왜 시작되었는지 잘 모르는 체 슬슬 약이 오르고 짜증이 난다. 상황은 갈수록 격해지고 고함소리도 커지며, 당신의 분노가 폭발할 때까지 지속된다.

성난 얼굴과 대면하는 꿈은 현실에서 당신이 좌절과 짜증을 자주 느끼고 있음을 의미한다. 당신은 평화를 사랑하는 사람이지만, 정말 화를 내야 할 일이 일어난 것이다. 분노를 어떻게 표현해야 할지 몰라서 평소 차분했던 태도가 불안해진다. 사람들이 언쟁을 시작했다는 건 어떤 이유에서든 그들이 당신에게 좌절감을 안겨주었음을 보여준다. 하지만 그들도 의도적으로 그런 건 아닐 터이다. 단지 그들은 당신이 갖고 있는 불만족의 진짜 이유를 밝혀낸 것뿐이다. 숨어 있던 좌절감을 표출했다는 생각은 당신을 약하고 방어적인 사람으로 만든다.

아무 잘못도 하지 않았는데 불쾌한 상황에 연루되거나 자신에게 무엇이 필요한지 표현하지 못하는 사람들이 보통 이런 꿈을 꾼다. 꿈에서 연인이 발끈해서 거슬리는 고함을 지른다면, 현실의 인간관계에서 당신의 욕구가 충족되지 않았다는 뜻이다. 하지만 당신이 상대에게 말하고 싶은 바를 이야기하면 상황은 걷잡을 수 없을 정도로 악화될 것이다. 상사의 성난 얼굴은 그가 당신의 재능을 무시해서 생겨난 심한 좌절감을 상징한다. 고인의 성난 얼굴은 그들이 당신에게 화가 난 게 아니라 당신만 홀로 세상에 남겨 놓고 떠나간 그들에게 당신이 화가 난 것을 의미한다.

성난 얼굴과 대면하는 꿈은 당신이 좌절 상태에 처했다는 의미다. 하지만 당신은 그에 관해 드러내서 말하지 못하고, 결국 분한 감정만이 가슴속에 계속 쌓여간다. 즉 누군가에게 화났을 때 당신의 감정을 표현하는 것이 두려워서 당신의 내면에는 긴장감만 더해간다. 고함을 지를 것이 아니라 당신의 욕구가 충족되었다고 느낄 때까지 조용히 자신의 생각을 명료하게 말하도록 노력하라.

안정적인 상류사회의 일원으로 살기 위해서 우리가 처음 배우는 것들 중 하나가 자신의 감정, 특히 파괴적인 분노 같은 감정을 억제하는 방법이다. 하지만 분노를 표현하지 못해서 긴장감이 쌓이고, 이런 긴장감을 외부로 표출하기 시작하면 당신이 맞닥뜨리는 모든 것과 갈등을 일으키게 된다. 가슴에 품고 있던 것을 말하지 못하고 쌓아두면 긴장감은 많은 에너지를 소비하는 고질적인 내면 갈등으로 변화하고, 결국 남는 것은 실패감과 무력감뿐이다.

6장

자연,
자연현상에
관한 꿈

75 해일에 관한 꿈

당신은 바닷가에 서 있으며 거대한 벽 같은 파도가 돌진해오고 있다. 파도를 피하기 위해서 높은 언덕 위로 올라가려고 하지만, 해일이 너무 순식간에 돌진해오기 때문에 피할 수가 없다. 파도에 휩쓸렸다가 굴러 떨어지면서 방향감각을 완전히 잃어버린다. 자신도 모르게 헤엄을 쳐서 빠져나온 뒤 바닷가에 도착해 거칠게 숨을 몰아쉬면서 멀리 사라져가는 해일을 바라본다. 때때로 파도는 사라지지 않고 바닷가에서 약간 떨어진 곳에서 당신 주위를 맴돌고 있다.

꿈에서 물은 당신의 느낌과 감정, 그것들이 어떻게 당신에게 전달되는지를 반영한다. 당신의 감정처럼 물은 예측할 수 없는 액체다. 해일은 현실의 당신을 휩쓸고 지나가는 거대한 감정의 물결을 의미한다. 해일이 지진에 의해 발생하듯, 거대한 감정의 물결은 인간관계의 갈등에 의해 발생한다. 인간관계의 변화는 삶의 모든 부분에 영향을 미치고 당신을 위협한다. 이럴 경우 보통 엄청난 감정의 물결 위로 자신을 올려놓으려고 노력한다. 고지대에 올라서서 이 상황을 무심한 태도로 바라보기를 원하기 때문이다.

하지만 당신은 결국 통제가 불가능해 보이는 감정이라는 물결의 파도에 휩싸인다. 그 탓에 가슴이 철렁 내려앉고 머리가 어질어질한 혼란 상태에 빠질 수 있다. 이런 상황은 당신을 맥 빠지게 하지만, 안정감을 되찾기 위해 혼란의 바다 위에서 자신이 나아가야 할 방향으로 항해하기 시작한다. 모든 게 끝났다는 생각에 의기소침해지기도 하지만, 이런 격동은 파도처럼 밀려왔다가 멀리로 사라질 것임을 알고 있다. 만약 파도가 완전히 사라지지 않고 당신의 근처에서 맴돌고 있다면, 그것은 감정의 혼란이 남아 있다는 걸 알고 그 혼란이 없어질 때까지 조금 떨어진 곳에서 객관적인 관점으로 감정 변화를 지켜보고 싶은 마음 상태를 의미한다.

해일에 관한 꿈은 중요한 변화의 시기에 목표를 향해 항해하던 중에 감정에 휩싸였을 때 어떻게 행동해야 하는지에 관한 것을 반영한다. 당신이 통제할 수 없는 상황이라면 그 상황을 억누르려고 하지 말고 그냥 받아들이라는 뜻이다. 혼란한 감정 속으로 완전히 빠져들기보다는 조금 뒤로 물러서서 현재 상황을 객관적으로 바라보도록 노력해야 한다. 당신은 변화에 저항하려고 하겠지만 이는 피할 수 없는 것임을 알아야 한다.

'득의만만surge of elation', '열정이 빠짐ebbing enthusiasm' 또는 '비탄의 분출an outpouring of grief'처럼 감정을 표현하는 많은 말들은 물과 관련이 있다. 우리의 감정처럼 물도 리듬과 흐름이 있는 듯 보인다. 경험을 통해서 알 수 있듯이 감정도 물처럼 상상할 수 없을 만큼 강력한 힘을 지니기 때문에 우리의 삶에 지대한 영향을 끼친다. 당신의 감정 변화와 상태를 잘 안다면 그 감정들을 억누르기보다는 더 나은 상황으로 인도할 수 있다.

76 지진과 화산에 관한 꿈

일을 하고 있는데 갑자기 땅이 흔들리고 갈라진다. 도로가 파괴되고 건물이 무너지고, 당신은 지진의 위험에서 벗어나기 위해서 사람들과 함께 안전한 장소로 대피하려고 한다. 화산에서 분출된 용암이 거리로 흘러내리고 용암이 닿는 곳은 온통 불길로 뒤덮이며 가끔 지진도 일어난다. 주위의 모든 것이 완전히 변해버렸으며 세상에 종말이 온 것 같은 느낌이다. 당신이 할 수 있는 것은 아무것도 없고, 재앙이 펼쳐지는 광경들을 그냥 지켜보고만 있다.

지진 또는 화산 폭발의 꿈은 인생에 충격을 주는 어떤 거대한 변동이 당신 앞에 있음을 의미한다. 현실에서 땅은 늘 안정과 지원을 기대할 수 있는 한결같은 후견인의 역할을 한다. 하지만 안정된 지역이 큰 장력과 압력을 받아 지진이 일어나듯이 인생의 한 부분이 다른 부분에 지대한 영향을 끼치기 시작하면 인생에도 이런 지진 현상이 일어날 수가 있다. 이는 직장생활이 가정생활에 영향을 주어 무언의 마찰을 야기하는 것과 같다. 이런 숨겨진 긴장감 때문에 마침내 주위의 모든 사람과 사물이 지진 같은 어떤 급작스런 한계점에 도달하게 된다.

지진이 일어나는 꿈에 흔히 나타나는 화산은 스트레스가 쌓이다 못해서 분노로 표출되는 것을 반영한다. 당신은 끓어오르는 분노를 억누르려고 애쓰지만, 마침내 이성을 잃고 분통을 터트린다. 억눌렀던 울분과 좌절감이 펄펄 끓고 지글거리는 용암처럼 빠르게 쏟아져 나오면서 당신이 할 수 있는 일은 하나도 없는 것처럼 보인다. 분노와 좌절감의 배출은 무척 파괴적인 듯 보이지만, 그것을 잘 조절한다면 오히려 창조적인 힘의 원천이 될 수도 있다. 당신의 에너지가 당신을 움직이게 하는 행동으로 분출되듯이 통제할 수 없을 때까지 스트레스를 쌓아놓지 말고 분출하라.

지진과 화산에 관한 꿈을 꾼다면 당신의 내부에 잠재된 좌절감을 해소할 방법을 찾는 것이 최선이다. 부정적인 감정을 내보내는 가장 효과적인 방법은 당신이 느끼고 있는 감정을 표현하는 것이다. 심각한 스트레스가 당신을 과열시키더라도, 작은 주제에서 시작해서 진솔한 대화의 통로를 만들어나가야 한다. 절대 비명을 지르거나 고함치지 말라. 당신의 욕구가 충족되었다고 느낄 때까지 진솔한 감정을 토로함으로써 자신의 생각을 차분히 말해야 한다.

직접 경험하지 않더라도 뉴스를 통해 알 수 있듯이 지진이나 화산 분출은 주기적으로 일어나며, 종말론적 영화에서는 신화적인 중요성을 지니기도 한다. 지진이나 화산 분출처럼 지구 표면에서 일어나 지형학적 변화를 일으키는 꿈속의 사건들은 우리 내면세계와 우리가 지닌 지위에 큰 변화가 있음을 반영한다. 사적인 변화와 좌절감의 해소를 표현하는 언어 대부분은 경치를 바꾸거나 표면 아래 있는 것을 표면 위로 방출하는 것과 관련이 있다. 예를 들면, 우리는 '세상이 요동치고 있다world being rocked'거나 '지축을 뒤흔드는 경험earthshaking experience'을 하고 있다고 말한다. 또는 사람들이 '분통을 터트리고 있다blowing their top'라고 말한다.

77 토네이도에 휘말리는 꿈

💬

당신은 안전하고 안락한 장소에 있다. 하지만 곧 어떤 엄청난 일이 일어날 것이라는 불길한 느낌에 사로잡힌다. 먼 곳을 바라보자 하늘이 점점 어두워지고, 파괴적이고 강력한 태풍이 다가오고 있음을 느낀다. 태풍은 회오리 같은 형태의 토네이도다. 당장은 여기서 벗어날 수 있겠지만, 이내 태풍에 휘말릴 것이라고 확신한다. 토네이도는 주변을 파괴하면서 점점 다가오고, 당신은 도망가기보다는 단단한 물체를 꼭 잡고 그것에 몸을 의지한다.

날씨에 관한 꿈은 현실에서 당신이 통제할 수 없는 결과와 사태를 반영한다. 날씨와 마찬가지로 살다 보면 당신이 통제할 수 없는 부분이 있는데, 토네이도에 휘말리는 꿈은 종종 잠재해 있던 파괴적인 어떤 것이 드러났을 때 꾼다. 꿈에서 하늘은 자신의 생각을 상징하며, 닥쳐올 혼란으로 당신은 어두운 생각을 하게 된다. 토네이도는 휘말리고 싶지 않은 정신적인 혼란을 나타내는데, 이 혼란으로 당신은 무척 화가 날 것임을 알고 있다. 부정적인 생각에 휩싸이기 쉽고, 이로 인해 곧 자제력을 잃는다.

조금 옆으로 비켜서 다가오는 혼란에서 벗어날 수도 있다. 혼란에 휘말리는 것이 불가피해 보인다면, 혼란 속에서 평정을 유지하는 최선의 방법은 안정되고 견실한 어떤 것을 붙잡는 것이다. 오히려 파괴력이 가장 강력할 때 태풍의 눈처럼 사고와 시야가 가장 명확해질 수도 있다. 당신은 혼란스러운 사고를 억제할 수 없으며, 상황이 가라앉을 때까지 숨어있을 수밖에 없다. 태풍이 잦아들면 자신이 생각보다 강한 사람이고 불필요한 걱정거리들이 대부분 사라졌음을 깨닫게 된다.

토네이도에 휘말리는 꿈은 현실에서 변화의 바람이 일기 시작했음을 알려준다. 변화를 막을 수는 없지만 혼란을 잘 활용해서 상황을 이롭게 만들 수는 있다. 혼란이 다가오기를 기다리기보다는 자신은 물론 가까운 사람들을 돌볼 수 있게 계획을 세워라. 흔들리지 않고 굳건히 자리를 지키는 건 쉽지 않겠지만 당신이 아는 것 믿는 것을 고수하면 태풍을 견디는 게 그리 어려운 일은 아니며, 태풍이 멈춘 후에 피해도 없다는 걸 알게 될 것이다.

우리는 종종 우리를 둘러싼 공기를 인식하지 못하고 대기를 그저 커다란 빈 공간으로 느낀다. 그래서 명백하게 빈 공간이 탄탄하고 안정적인 구조를 파괴할 만한 강력한 힘을 만들어내는 걸 보면 깜짝 놀란다. 토네이도는 뇌우처럼 강력한 기류로 대기가 채워져 불안정하고 기압이 높을 때 발생한다. 이런 극적인 기후 양상은 우리 내부의 혼란을 반영하기도 한다. 이처럼 불안정한 혼란은 난데없이 나타나는 듯 보이며, 우리의 현실에 피해를 주기도 한다.

78 물에 빠지는 꿈

당신은 물에 들어가서 완전히 잠길 때까지 가라앉고 있다. 물은 목욕탕이나 수영장이며 강이나 바다일 수도 있다. 처음에는 편안했지만 머리가 물에 잠기면서 갑자기 공황 상태에 빠져서 숨도 쉴 수가 없다. 얕은 물인데도 발이 바닥에 닿지 않거나 폐에 물이 찰까 봐 입을 열기가 두렵다. 때때로 물에 빠져 죽을 것이라는 확신이 들지만, 그 순간 물속에서 숨을 쉴 수 있다는 사실을 깨닫는다.

물에 빠지는 꿈은 현실에서 당신이 감정적으로 깊게 관여하는 상황에 놓여 있음을 의미한다. 물은 보통 꿈에서 감정을 나타내며, 물속으로 들어간다는 건 감정적인 상황으로 빠져들고 있음을 보여준다. 물에 빠지는 건 당신이 감정에 몰입하고 있으며, 순전히 경험에 감정적으로 반응한다는 의미다. 목욕탕은 사적인 상황을 나타내며, 수영장은 직장과 관련된다. 강은 감동적인 경험을 뜻하며, 바다는 좀 더 광범위한 삶의 문제에 감정적으로 관여하고 있음을 보여준다.

머리는 이성적인 관점에서 상황을 분석하는 사고와 능력을 상징하므로, 머리가 물에 빠졌다는 건 당신의 사고가 감정에 압도되고 있다는 의미다. 숨을 쉰다는 건 당신의 생각을 논리적으로 표현하는 능력을 의미하고, 숨을 쉬지 못한다는 건 당신의 감정을 말로 옮기는 데 어려움을 겪고 있다는 뜻이다. 바닥에 발이 닿지 않는다는 건 상황이 능력 밖이라는 걸 느끼고 스스로 서기 어렵다는 것을 발견한다는 의미다. 잘못된 것을 말하면 자신이 더욱 깊게 관여될까 봐 입을 열기가 두렵다. 물에서 숨을 쉴 수 있다는 사실을 깨닫는 것은 자신의 감정을 편안하게 느끼기 시작했으며, 더 쉽게 자신의 감정을 표현할 수 있다는 의미다.

물에 빠지는 꿈은 현재의 상황이 당신의 감정을 깨닫게 만들고 있음을 반영한다. 감정 기류가 꽤 깊게 흐르고 있어서 명백하게 비이성적인 상황에 빠진 것을 받아들이기가 힘든 것이다. 감정이 당신을 압도하면서 자연스럽게 공황 상태에 빠질 수도 있지만, 때때로 당신을 헤아릴 수 없을 만큼 깊이 가라앉게 만들 수도 있다. 충격을 받기보다는 가능한 한 마음을 편하게 먹으려고 노력하라. 흐름에 몸을 맡기다 보면 충격적인 상황을 잘 헤쳐 나갈 수 있다.

📖

상황에 감정적으로 엮였음을 나타내는 표현 중에 물과 관련되거나 물에 빠지는 말을 바탕으로 한 것들이 많다. 감정을 조절할 수 없는 상황에 있을 때 '너무 깊게 빠져들다in too deep' 또는 '수면 위로 머리를 내밀려고 애쓴다trying to keep our head above water'라는 표현을 쓴다. 감정적으로 힘겨운 상황에서 무엇인가를 계속해 나가려고 할 때 '계속 떠 있으려고 애쓴다trying to keep it afloat' 또는 '잠기지 않도록from going under'이라고 말한다. 코를 심하게 골거나 수면 중 무호흡증을 겪는 사람도 이런 꿈을 자주 꾼다.

7장

동물에
관한 꿈

79 개의 공격을 받는 꿈

친밀하고 정겨웠던 개가 갑자기 으르렁대고 짖어댄다. 당신은 느닷없는 공격에 놀라서 주춤한다. 개는 당신의 팔이나 다리를 물고 늘어진다. 개를 진정시키려고 하지만, 거세게 공격을 하더니 날카로운 이로 당신을 물어버린다. 개를 떨쳐내는 건 불가능하며, 한편으로는 개가 다칠까 봐 걱정이 되기도 한다. 개가 아니라 종종 여우나 자칼, 하이에나, 늑대 같은 야생동물이 등장하기도 한다.

예로부터 개는 인간의 가장 친한 친구였다. 보통 개가 나타나는 꿈은 현실에서 충실하고 사랑스러운 동반자로서 당신의 역할을 의미한다. 당신은 상대방도 똑같이 나를 사랑해줄 것이라고 기대하며 무조건적으로 사랑을 베푼다. 하지만 당신이 아무리 신의 있고 애정이 넘친다고 해도 사랑이 보상받지 못한다고 느끼면 실망하고 만다. 당신은 사랑의 대상에게 화가 나지만 그의 기분을 해칠까 봐 아무런 말도 하지 못한다. 정직하게 털어놓기보다는 수동적이고 공격적인 자세를 취하고 신랄한 발언을 해댄다. 사랑하는 사람이 뒤로 물러서거나 당신을 멀리하려고 하면 그 사람을 필사적으로 물고 늘어진다.

개의 색깔이 검은색이라면 이는 습관적인 행동을 의미하고, 당신의 기분이 지금 암울하다는 뜻이다. 여우와 자칼은 당신이 상대방의 장단에 놀아나는 것을 의미하고, 당신의 애정이 교활하고 기만적인 방법으로 희생양이 되고 있음을 의미한다. 하이에나의 무리에게 공격을 당했다면 사람들이 당신의 시도를 비웃고 있으며, 당신을 심각하게 생각하고 있지 않음을 뜻한다. 늑대 무리에게 공격을 당했다면 가족에게 지나치게 충실하지만, 가족이 당신의 충성에 보답하지 않음을 의미한다.

개의 공격을 받는 꿈은 당신이 타인에게 주는 사랑과 그에 어떻게 보답받을지를 생각한다는 의미다. 무조건적인 사랑은 관용과 신뢰라는 멋진 선물이 될 수 있지만 때때로 사랑을 체념하게 만든다. 무조건적인 사랑은 당신이 사랑받고 있지 못하다는 두려움에서 기인하는데, 그것만이 사랑을 받을 수 있는 유일한 방법이기 때문이다. 타인에게 무조건적인 사랑을 쏟아 붓기보다는 자신을 무조건적으로 사랑하는 방법을 생각하라. 자신에게 믿음을 가지면 사람들도 당신에게 믿음을 가질 것이다.

개는 인간이 처음 집에서 기른 동물 중 하나로 우리의 본능과 공격성을 길들이고 수용하는 방법을 상징한다. 성장하면서 내면의 충동은 길들여지지만, 애정과 충성심이 무시될 경우 야생의 상태로 쉽게 되돌아간다. 개의 충성심과 마찬가지로 우리도 공동의 목표를 추구하고 타인을 도움으로써 결속되는 사회적 동물이다. 인간에게는 동료애와 보호하고 싶은 마음, 함께 어울릴 기회를 주는 사회의 일부분이 되고 싶은 기본적인 욕구가 있다.

80 뱀에게 둘러싸이는 꿈

낯선 곳을 걸어가고 있는데 꿈틀거리는 뱀들이 나타난다. 뱀들은 당신 앞 구덩이에 들어가 있기도 하고, 바닥에서 기어다니며 당신을 둘러싸기도 한다. 넘어진 당신 위로 뱀들이 기어올라 덮칠까 봐 몹시 걱정스럽다. 뱀들의 일부는 몸을 일으켜서 이를 드러내며 당신을 공격하려고 한다. 다른 뱀들은 똬리로 당신을 감으려고 기어오고 있다.

뱀에게 둘러싸이는 꿈은 당신이 현실에서 자신을 변화시킬 많은 기회들에 맞닥뜨리고 있음을 의미한다. 뱀은 실제로 마주치기 어려운 동물이지만 꿈에서는 종종 몸을 꿈틀거리며 나타난다. 뱀은 변화를 위한 기회를 상징하고, 성장과 성숙을 의미한다. 피부는 내면 세계와 외부 세계가 만나는 장소로 모든 행동과 행위가 가시적으로 구현되는 곳이다. 뱀이 자신의 허물을 벗는 것과 마찬가지로 더 이상 가치가 없는 자신의 행동을 버림으로써 당신이 건강하게 성장할 수 있음을 의미한다.

　뱀들이 구덩이에 있거나 땅 위에 있다는 것은 당신이 변화를 위한 기회를 포용할 수 있도록 실질적인 단계를 밟아야 함을 의미한다. 당신은 기회들에 압도당하고 있으며 이것이 몰락으로 연결되지 않을까 우려하지만,

기회를 잡으면 자신감이 커지면서 앞으로 나아가기가 점점 쉬워질 것이다. 뱀이 몸을 일으키고 이를 드러내는 건 당신의 삶이 변화할 때 사람들에게 비난을 받을까 봐 걱정하고 있음을 의미한다. 바닥에서 당신을 죄어오는 뱀들은 당신이 새로운 미래로 향할 때 자유를 제한하고 변화할 여지를 주지 않는 사람들을 의미한다. 뱀처럼 변화가 자신의 생존을 위협할까 봐 많은 사람들이 변화를 두려워한다.

뱀에게 둘러싸이는 꿈은 현실에서 당신에게 변화를 위한 기회가 왔음을 알려준다. 새로운 생활로 이동하기 전에 이전 삶의 일부를 놓아주어야 한다는 것을 알기 때문에 당신은 행동으로 옮기는 것이 두려울 수 있다. 성장을 위해서 과거 습관과 자신을 제한하는 행동을 버리면 더 많은 자유를 자신에게 부여할 수 있다. 새로운 기회에 당신을 열어 보이면 자신에 대해 더욱 더 편안함을 느낄 것이다.

뱀과 독사는 거의 모든 문화에서 독특하고 상징적인 위치를 점한다. 그중 하나가 의약과 치료에 관한 것으로, 의사의 상징인 아스클레피오스의 지팡이 주변을 감고 있는 것은 뱀이다. 많은 제약 협회들이 상징적인 의미로 히기에이아의 볼Bowl of Hygieia을 사용하는데, 이 의약 대접의 테두리도 뱀이 둘러싸고 있다. 또한 뱀은 변화를 의미하는데, 뱀에게는 허물을 벗어 변화할 능력이 있기 때문이다. 우리는 모두 세상에 나올 때 뱀처럼 생긴 탯줄을 달고 나오며, 엄마의 몸에서 벗어나서 나만의 피부를 갖게 된다.

81 거미가 위협하는 꿈

쉬고 있는 당신 앞에 거대한 거미가 떨어지려고 한다. 실제로는 거미를 무서워하지 않더라도 머리 위에 있는 거미를 보자니 두려운 마음이 든다. 어느 순간, 끈적끈적한 거미줄이 온몸에 엉켜있는 걸 느낀다. 몸을 버둥거릴수록 거미줄에 점점 더 엉킨다. 거미의 송곳니에서는 독이 뚝뚝 떨어지고 있고, 당신은 물릴까 봐 겁이 난다. 거미가 아니라 거대한 문어나 큰 바다뱀에게 위협을 받을 수도 있다.

거미가 위협하는 꿈은 현실에서 어떤 상황에 감정적으로 얽여있음을 걱정한다는 의미다. 감정에 휘말리는 건 심신의 안녕과 행복에 위협이 된다. 당신은 복잡한 상황에 갇히고 움직일 수 없게 되는 것을 우려한다. 이런 복잡한 감정은 가족 간의 관계 또는 연인과의 관계에서 일어날 수 있다. 상대에게 헌신하기로 마음먹었지만, 이 관계가 당신의 시간과 에너지를 모두 흡수하고 도망갈 구멍도 없는 곤란한 상황으로 치닫게 될까 봐 우려하는 것이다. 이 함정은 무척 강한데, 오랫동안 누적되고 여러 가지 실들로 짜였기 때문에 대부분 미묘하다.

독거미에 물릴까 봐 두려워하는 것은 당신과 관계가 있는 사람과 독설을

퍼붓는 설전에 휘말리고 싶지 않음을 나타낸다. 이는 고통스러운 경험이 될 것이며, 이런 상황을 해결하기 위해서 더 이상 어떤 조치도 취할 수 없을 것을 걱정하기 때문이다. 바다 생물에게 공격받는 꿈은 연인과의 관계에서 흔하게 나타난다. 문어의 촉수를 잡거나 큰 바다뱀과 엉켜있는 꿈은 마음 깊은 곳에서 강한 감정이 올라오고 있음을 나타내는데, 이런 강력한 감정이 당신을 압도하려 하고 있다. 이는 마음속의 질투심이 수면 위로 올라와 질투심에 불타는 사람으로 변하는 게 두렵기 때문에 관계가 깊어지는 것을 무의식적으로 걱정하고 있음을 의미한다.

거미가 위협하는 꿈은 감정적으로 갇혀 있다고 느끼는 상황에서 스스로 벗어나라고 종용한다. 당신은 얽히고설킨 관계가 자신을 잡고 있다고 생각하므로 스스로 벗어나기가 어렵다고 느끼고 있다. 그 상황에서 벗어나서 자유로워질 힘이 있지만 많은 사람들을 실망시킬까 봐 두렵다. 가장 좋은 방법은 조금 떨어져서 자신의 상황을 바라보고 사람들에게 당신이 진심으로 어떻게 느끼는지를 말하는 것이다. 자신의 감정을 솔직하게 말한다면 모든 사람이 자유로워질 것이다.

거미는 대부분 작고 해가 없는 생물이지만, 많은 사람들이 거미를 아무 이유 없이 무서워한다. 그리스 신화의 아테나와 아라크네로부터 현대의 스파이더맨에 이르기까지 인류는 거미에게 특별한 성질을 부여했다. 거미에 관한 이야기들은 대부분 가족 간의 죄악과 배신에 관한 내용이며, 우리는 여전히 '속임수에 말려들다 being drawn into a web of deceit', '사실로 믿게 하다

being spun a line' 같은 표현을 쓴다. 거미가 거미줄을 만드는 것처럼 심적 갈등은 보통 특별한 공격이나 침략 없이 오랜 시간에 걸쳐 이루어진다.

82 해로운 동물에게 위협받는 꿈

당신은 해로운 동물에게 위협받고 있다. 그곳이 집일 수도, 직장일 수도 있다. 이런 상황은 재앙처럼 보이며, 동물은 보통 쥐나 곤충으로 당신 주변이나 소지품에 물리적인 피해를 줄 것으로 보인다. 덫을 놓거나 곤충을 없앨 방법을 찾지만 상황은 더 악화된다. 동물은 음식을 먹어치우고 케이블을 갉아놓고 닥치는 대로 파괴하고 병을 옮긴다. 동물을 없애려고 노력해도 계속 수가 늘어만 간다.

해로운 동물에게 위협받는 꿈은 현실에서 작은 문제와 걱정거리들이 계속 쌓여간다는 뜻이다. 몹시 사소해서 별로 중요해 보이지도 않고 관심을 둘 만한 것이 못되는 일처럼 보이지만, 작은 걱정거리들이 쌓이면 마음을 심란하게 하고 괴롭히는 큰 문제가 된다. 꿈속의 동물은 특정 상황에 대한 작은 문제나 우려를 나타내지만, 작은 걱정거리는 커다란 걱정거리로 덩치를 불리고 자신감을 좀먹는다. 사소한 문제를 하나씩 해결해가려고 해도 원인이 무엇인지 알 수가 없다.

사소한 문제에 압도당하는 것은 큰 틀을 보지 않기 때문이다. 문제를 하나씩 해결하려고 노력하는 것이 오히려 상황을 완전히 해결할 수 없게 만든다. 문제의 근원을 해결하는 대신 사소한 문제에 너무 많은 시간을 할애하기 때문이다. 결국 갇혀 있다는 느낌을 받으며 좌절감을 느낄 것이다. 아무리 주의 깊게 재능을 활용하려고 해도 당신이 하는 모든 일이 실패로 돌아간다고 느끼기 때문이다. 이 문제를 해결하기 전까지는 아무리 노력해도 바람직한 결과를 얻기란 쉽지 않다.

해로운 동물에게 위협받는 꿈은 어느 특정한 상황에서 당신이 사소한 문제에 지나치게 많은 시간을 허비하고 있다는 것을 알려준다. 사소한 일을 처리하는 데에 허비하는 시간은 문제를 완전히 해결할 전략적 결정을 내릴 기회를 차단해버린다. 이는 큰 문제들을 다루는 능력에 자신감을 잃을 때 발생한다. 문제의 원인을 밝혀낼 용기를 가진다면, 당신을 끊임없이 괴롭히는 사소한 걱정거리를 영원히 없애버릴 수 있다.

우리를 끊임없이 괴롭히는 좌절감을 말할 때 '참으로 성가시다it's such a pest', '어떻게 할 수가 없다the fly in the ointment', '부대끼고 있다being pestered', '낌새를 채다smelling a rat' 같은 표현을 사용한다. '벌레vermin'는 라틴어 '베르미나투스verminatus'에서 유래했는데, 베르미나투스는 '구더기가 들끓다'와 '극심한 고통을 입다'라는 두 가지 의미를 지닌다. 우리가 걱정으로 고통스러울 때 무엇인가가 우리의 마음을 잠식하는 듯한 느낌이 든다. 동화에서처럼 피리 부는 사내가 나타나서 해로운 동물을 모두 데려가 없애주기를 바라기도 하지만, 우리의 답답함을 해소하는 가장 좋은 방법은 걱정의 근원과 맞서는 것이다.

맹수가 몰래 접근하는 꿈

당신은 어떤 동물이나 생물체가 당신을 따라다니면서 지켜보고 있다고 확신한다. 대형 고양잇과 동물 같은 위험한 동물이 당신을 노리면서 언제든 덮칠 준비를 하고 있다는 경고를 받는다. 이 동물은 보통 사자이며, 당신의 직장이나 당신이 살고 있는 거리 같은 익숙한 장소에 나타난다. 또는 당신의 뒤를 호랑이가 몰래 쫓고 있음을 알아채기도 한다. 가끔 흑표범이 그림자 속에서 어렴풋이 모습을 드러내서 당신을 놀라게 하지만 서서히 어둠 속으로 사라진다.

맹수가 뒤에서 몰래 접근하는 꿈은 지금 당신이 무척 위험하고 통제 불가능해 보이는 자신의 성격 일부분에 사로잡혀 있는 것은 아닌지 걱정하고 있음을 의미한다. 동물은 본능적이고 길들여지지 않은 당신의 충동을 상징하며, 현실에서 당신은 자신의 감정을 억제하면서 이런 충동을 조절하려고 노력하고 있다. 하지만 아무리 충동을 다스리거나 외면하려고 해도, 충동은 몰래 숨어 있다가 감정이 약해지거나 방심하는 순간 덮칠 준비를 하고 있는 듯 보인다. 감정의 포로가 된다는 것에 화가 난다는 건 미지의 상황에 빠져들고 싶지 않은 당신의 마음을 나타낸다. 꿈에 나타나는 각기 다른 동물들은 이런 본능적인 충동을 의미한다.

당신을 몰래 따라다니는 동물이 사자라면, 당신의 재능을 자신 있게 표현할 수 있을지 확신하지 못하는 상황을 의미한다. 자신의 능력에 자신감은 있지만 당신이 저지른 실수를 사람들이 물고 늘어질 것 같다고 느끼는 것이다. 호랑이는 독립적이고 사나운 기질을 상징하므로, 호랑이가 따라다닌다면 사람들에게 자신의 개성을 보이고 싶지만 당신이 너무 공격적이어서 접근하기 어려운 사람으로 보일까 봐 걱정하고 있음을 의미한다. 흑표범은 무의식적 욕구의 잠행 능력을 상징하고, 흑표범이 그림자처럼 따라다니는 건 자신에게 근본적인 동기 유발을 조절할 힘이 없다고 느끼고 있음을 의미한다. 곰이나 늑대 같은 다른 육식동물들은 어떻게 하면 가까운 사람들을 보호할 수 있을까 하는 당신의 마음을 나타낸다.

맹수가 몰래 접근하는 꿈은 당신이 내재된 능력을 보여주는 데에 너무 소심하다는 걸 의미한다. 당신은 자신의 행동이 통제 불가능해져 사람들에게 위협적이고 파괴적인 인상을 주면 그들로부터 멀어지게 될까 봐 두려워하고 있다. 당신은 본능적으로 큰 혼란을 가져올 잠재력을 갖고 있지만, 반면에 당신이 놓친 기회들을 다시 추적할 능력도 갖고 있다. 본능을 새장에 가두지 말고 충동적인 감정의 자취를 추적해서 자신이 어떤 행동을 했는지 살펴보라. 자신의 본능에 대해 잘 알수록 좀 더 자신 있게 당신의 참모습을 보여줄 수 있다.

실제로 맹수를 기를 수는 없지만, 우리는 사자나 호랑이, 흑표범 그리고 다른 맹수들에 관한 이야기는 많이 접하고 있다. 어릴 적부터 <정글북>과 <라이온 킹> 같은 이야기들을 많이 들어왔다. 사람들은 맹수의 이와 발톱을 생생하게 볼 수 있는 야생동물 다큐멘터리에 끝없는 매력을 느낀다. '사자 같은 자존심'이라는 구절이나 특별히 적극적인 사람을 가리켜 '호랑이'라고 표현하듯이 특정한 자질을 맹수에 비유하기도 한다.

84 버림받은 동물을 찾는 꿈

상자나 찬장 같은 데서 낑낑거리는 소리가 들린다. 상자를 열어보니 심각한 상태로 버려진 동물이 들어 있어서 깜짝 놀란다. 주로 집에서 기르는 애완동물인데 어떤 동물인지는 곧 잊어버린다. 이 동물은 심하게 목이 마르거나 배가 고픈 상태로, 동물을 살리기 위해서 당신은 부산하게 뛰어다니며 먹을 것과 물을 가져온다. 동물이 당신 눈앞에서 죽을 것 같아 걱정하면서 누가 이렇게 사랑스러운 동물을 버렸는지 매우 화가 난다.

버림받은 동물을 찾는 꿈은 당신이 무의식적으로 현실에서 무시하고 있던 본성이 있음을 암시한다. 상자나 찬장에서 동물을 발견하는 건 어떤 이유에서인지 당신이 자신의 본성을 감추려고 노력했음을 의미한다. 이는 사람들과 평화롭게 공존하기 위해 진심을 숨겨야 하는 현실의 상황에서 기인한다. 버림받은 동물은 보통 애완동물로, 당신이 무조건적인 사랑과 애정에 대한 자신의 욕구를 무시해왔음을 의미한다. 가까운 사람이 애정을 주지 않는다고 느끼면 누구나 화가 난다.

　버림받은 동물의 종류는 감정의 종류를 나타낸다. 개는 충성심이나 애정을 나타내므로 버림받은 개는 가까운 사람이 당신에게 불충함을 의미한다. 고양이는 독립의 필요성을, 토끼는 건강한 성장의 잠재력을 의미한다. 물고기는 때때로 자신의 감정에 푹 빠질 필요가 있음을 대변한다. 말처럼 큰 가축은 무의식적인 에너지를 발굴해 자신에게 유리하게 활용하는 능력을 상징한다. 버림받은 동물은 사랑과 애정에 대한 욕구뿐만 아니라 장난기 많은 자신의 동물적인 측면을 무시해왔음을 의미하기도 한다.

버림받은 동물을 찾는 꿈은 그동안 무시해온 삶의 일정 부분에 더 관심을 가질 것을 요구한다. 당신은 자신에게 진정으로 필요한 욕구가 무엇인지를 돌보기보다는 다른 사람들의 욕구를 파악하는 데 많은 시간을 보냈을 것이다. 당신이 베푼 사랑과 관심을 사람들이 알아주기를 바라지만 사람들은 고마운 줄 모르고 당신의 노력을 대수롭지 않게 여긴다. 동물은 본능과 욕구를 소리 내어 말할 수 없지만, 당신은 자신이 진실로 원하는 것을 말함으로써 자신의 감정을 토로할 수 있다.

📖

부모 외에 우리가 애정을 기울이는 첫 대상은 테디 베어처럼 안아줄 수 있는 동물 장난감일 것이다. 동물 장난감은 무조건적인 애정의 대상이 되고, 우리는 이 장난감이 우리에게 똑같은 사랑을 되돌려주고 있다고 느낀다. 커가면서는 애완동물을 키우고 똑같이 무조건적인 방식으로 동물을 사랑하며 애완동물도 우리를 무조건적으로 사랑해주기를 기대한다. 안아줄 수 있는 장난감과 애완동물은 다른 사람을 사랑하고 그들에게서 사랑받기를 원하는 인간의 본능적인 욕구를 대변한다.

85 정원에 동물이 있는 꿈

정원에서 휴식을 취하고 있는데 덤불에서 부스럭거리는 소리가 난다. 나뭇가지가 흔들리고 나뭇잎이 파르르 떨린다. 당신은 어딘가에 야생동물이 숨어있다는 걸 깨닫는다. 동물을 확실하게 볼 수는 없지만 당신을 해칠 것이라고 느낀다. 그래서 가능한 한 빨리 집으로 들어가려고 한다. 문으로 향하는데 동물이 정체를 드러내며 덤벼든다. 당신이 집으로 들어가자 동물은 앞발을 문틈으로 들이밀거나 창문을 친다.

❓
정원에 동물이 있는 꿈은 보통 사회에서 당신이 본능적인 충동을 어떻게 제어하고 있는지를 반영한다. 집은 자신을 상징하며, 정원은 가까운 친구나 인간관계를 의미한다. 정원의 나무들은 우정처럼 자연적으로 자라고 자체적인 순환을 통해 꽃을 피운다. 나무 주변의 덤불은 당신의 인간관계에서 알려지지 않은 무언의 영역을 의미한다. 길들여지지 않은 정원의 일부는 사람들과의 관계에서 잠재적인 성장의 일부분을 보여준다. 정원에 동물이 있는 꿈은 인간관계에서 당신의 행동에 의문을 갖게 만드는 신호와 단서를 포착하고 있음을 의미한다.

  야생동물은 사회적 환경에서 사람들과의 관계를 억제하려고 애쓰는 당신의 충동적이고 본능적인 부분을 의미한다. 위협은 무엇인가가 본능적인 충동을 자극해서 당신답지 않은 행동을 하고 이성을 잃게 만드는 것이다. 이런 본능을 억제하지 않으면 당신의 정체성이 해를 입지 않을까 두려워진다. 이는 침입이라기보다는 내면의 강점과 지혜의 힘을 재발견하는 기회다. 정원에 있는 동물은 종종 당신의 자신감과 내면의 힘을 반영한다. 당신은 본능을 억제하고 길들이려고 하지만 본능의 지혜와 에너지를 자유롭게 인정하고 싶을 때도 있다.

정원에 동물이 있는 꿈은 당신이 사회적인 상황에서 너무 충동적으로 반응하는 데 대해 우려하는 마음을 나타낸다. 하지만 이런 우려는 오히려 친구나 동료와 함께 있을 때 부자연스러운 행동으로 나타날 수도 있다. 이 꿈은 사회적으로 허용되는 행동이라고 할지라도 당신이 그 안에 내재된 풍부한 본성과 복잡성을 놓치고 있다는 의미도 된다. 당신은 본성과의 관계에서 자신에게 여유를 부여함으로써 자신의 사회적 삶이 풍성해지고 진정으로 꽃피기 시작했다는 것을 발견하게 된다.

어렸을 적 정원은 집 밖을 경험하는 첫 장소다. 정원은 의식을 일깨우며 온갖 광경과 소리, 냄새 등 친숙하지 않은 것들로 가득한 곳이다. 아무리 정원이 잘 가꾸어져 있고 손질되어 있어도 자연에 가까이 다가가는 건 우리 본성과 충동에 가까이 다가감을 의미한다. 정원은 꽃과 작물이 자연적 순환을 따라 자생하는 곳이다. '현실적인(흔한 것이거나 정원)'이란 표현은 보통 대수롭지 않은 것을 말하는 게 아니라 내면의 본성을 설명하는 말이다.

86 야생동물의 친구가 되는 꿈

꿈에서 당신은 야생동물의 친구가 되거나 동물을 잡아서 길들이려고 한다. 그 동물은 종종 말을 하기도 하고 마법의 힘을 갖고 있기도 하다. 당신은 동물을 쓰다듬거나 동물에게 말을 걸면서 친해지려고 노력한다. 동물은 꽤 거칠기는 하지만 무섭지는 않으며 도망치려고 하지도 않는다. 수줍어하는 듯 보이기도 하고, 처음에는 비협조적이었지만 당신이 신뢰를 보내자 의사소통을 하려고 한다. 또한 당신에게 소중한 조언이나 의견을 제시하기도 한다.

야생동물의 친구가 되는 꿈은 당신이 현실에서 자신의 본능적인 천성을 알아가고 인정하고 있다는 의미다. 동물은 보통 당신의 무의식적인 욕구와 자연적인 충동을 상징하며, 동물이 도망쳐서 자신에게 해를 입힐까 봐 우려하는 마음에서 길들이고 통제하려고 한다. 말하는 능력은 당신이 자신의 진정한 천성에 목소리를 부여하고 자신의 이런 측면과 더 가까워지려고 한다는 것을 보여준다. 동물의 신뢰를 얻는 데 시간이 걸린다는 것은 당신이 자신의 본능을 믿는 데 시간이 걸린다는 사실을 반영한다.

친구가 되는 동물의 종류는 당신이 받아들이기 시작한 무의식의 측면을 의미한다. 말은 당신이 갈고 닦으려고 노력하는 개인적인 욕구와 열정을 의미한다. 코끼리는 당신의 장점과 삶의 경험이 가져다주는 힘 그리고 친해지려고 하는 마음을 의미한다. 낙타는 삶에서 진정 원하는 곳에 닿기 위해서 역경을 이기고 인내하는 힘을 의미한다. 곰은 사람들에 대한 충성과 독립성을 의미한다. 돌고래나 고래 같은 해양생물의 친구가 되는 꿈은 자신의 감정에 충실해지고 있음을 의미한다.

야생동물의 친구가 되는 꿈은 당신이 창의적인 본능과 충동에 좀 더 충실해지도록 종용한다. 당신이 본능과 충동으로 인해 해를 입을까 봐 걱정하고 있기 때문이다. 하지만 당신의 본능은 이성적인 분석으로는 무슨 일이 일어나고 있는지 이해할 수 없는 상황에서 당신을 도울 엄청나게 강력한 힘이다. 자신의 본능에 주의를 기울일수록 주변에서 일어나는 모든 미묘한 가능성을 잘 감지할 수 있게 된다.

3~4세가 될 때까지는 꿈에 자신이 거의 나오지 않는다. 우리가 자신의 본능과 충동적인 성격을 탐험하면서부터 꿈에 온갖 동물들이 등장하게 된다. 우리는 동물의 이름이나 동물의 소리를 통해 첫 낱말이나 말을 배운다. 어른이 되면서 많은 본능과 충동들을 억누르는데 이는 우리가 창조해내는 것들에서 가장 명확하게 드러난다. '창조력creativity'과 '창조물creature' 모두 라틴어 'creatre'에서 유래한 단어들로 '만들다'라는 뜻이며, 우리가 만들어낸 것들은 보통 우리의 독특한 본성을 드러낸다.

8장

사물에
관한 꿈

87 비행기 추돌 사고의 꿈

커다란 제트 비행기가 곤두박질치며 떨어진다. 당신은 곧 비행기 추돌 사고가 일어날 것을 알고 있다. 비행기는 건물과 나무들을 스치며 낮은 고도로 계속 날고 있다. 그러다가 마침내 땅과 충돌해서 산산조각이 난다. 그렇지만 승객들은 상처 하나 없이 비행기 잔해로부터 걸어 나온다. 당신은 지상에서 이 상황을 보고 있을 수도 있고 사고가 난 비행기에 타고 있을 수도 있다. 비행기에 타고 있다면 그 비행기를 땅에 착륙시키기 위해서 조정을 하고 있을 수도 있다.

비행기 추돌 사고의 꿈은 현실에서 참여하고 있는 계획이나 프로젝트에 관한 것이다. 하늘은 생각의 공간을 상징하며, 비행기는 계획이 어떻게 진행되고 있는지를 의미한다. 비행기가 클수록 그 계획에 대한 당신의 야망도 크다. 따라서 커다란 제트 비행기에 관한 꿈은 대체로 많은 사람들이 참여하는 큰 프로젝트를 의미한다. 프로젝트가 잘 짜여 있고 이론상으로는 아무 문제가 없는 것처럼 보여도 당신은 프로젝트에 확신을 갖지 못하고 있고 현실적으로는 문제가 있을 것 같아 걱정하고 있는 것이다. 하지만 만족스럽지 않은 결과를 낳을 것 같다고 걱정되면 단계를 낮춰 프로젝트를 진행할 수도 있다.

비행기가 건물과 나무들 사이를 스치며 낮은 고도로 난다는 것은 그 프로젝트에 참여한 사람들의 계획이 장애물에 부딪혀서 처리하기가 힘들어진 걸 의미한다. 비행기가 마침내 땅과 충돌해서 산산조각이 나는 꿈을 꾼다면 프로젝트가 종결되어, 좀 더 작아지거나 다루기 쉬운 규모의 프로젝트로 나뉘어졌음을 의미한다. 비행기 잔해에서 걸어 나오는, 상처 하나 없는 승객들은 프로젝트에 참여한 사람들이 다른 기회를 찾아 떠날 수도 있음을 의미한다. 당신이 비행기에 타고 있다면, 프로젝트에 활발하게 참여하고 있음을 의미한다. 당신이 비행기를 조종한다면 프로젝트가 성공적인 결과를 낼 수 있는 능력이 바로 당신에게 있음을 의미한다.

비행기 추돌 사고의 꿈이 전하는 메시지는 당신이 참여하는 계획이나 프로젝트의 진행 상황을 재고하라는 것이다. 보통 사람들은 과연 프로젝트를 실행할 수 있는가에 더 관심을 갖는다. 하지만 조종사에게 비행기를 이륙시키는 것이 쉬운 일이듯 프로젝트를 시작하는 것은 쉬울 수도 있다. 가장 어려운 건 프로젝트를 착륙시키고 프로젝트에 참여한 모든 사람이 안전한지 확인하는 일이다. 화려한 프로젝트에 참여하기보다는 할 수 있는 선에서 프로젝트를 계획하고 자세히 검토하라. 예기치 못한 사건으로 프로젝트의 진행 방향이 바뀔 것을 대비해서 계획을 세우는 것이 중요하다.

📖

비행기는 인류 역사상 비교적 최근의 발명품이다. 우리 조상은 독수리의 날개로 하늘을 비상하는 꿈을 꾸곤 했다. 이런 꿈은 날개를 만들어 달고 탈

출에 성공하는 다이달로스와 이카로스의 신화로 나타났다. 보통 신화에서는 날개를 이용해서 비상하는 행동이 실패로 끝나고, 하늘을 날던 자는 결국 지상으로 추락하고 만다.

현대 사회에서 비행기 여행은 당연한 것이며, '이 일을 순조롭게 시작합시다let's get this thing off the ground' 그리고 '착륙대기 선회비행중in a holding pattern'이란 어구는 프로젝트와 계획을 묘사하는 데 자주 사용된다.

88 통제 불능인 차량에 관한 꿈

당신은 지금 통제 불능인 차로 여행을 하고 있다. 대부분 자동차지만 다른 형태의 동력을 이용하는 운송수단일 수도 있다. 아무리 조심스럽게 앞으로 나아가려고 해도 차는 당신이 가고자 하는 방향으로 결코 움직이지 않으며, 걷잡을 수 없을 정도로 위험하게 회전하기도 한다. 무엇인가와 충돌해서 차량이 파손되기도 한다. 당신은 자신과 탑승자가 다칠까 봐 두려워서 필사적으로 속도를 줄여 차를 세우려 한다. 서둘러 브레이크를 밟지만 작동이 제대로 되지 않아 자동차가 거꾸로 언덕 아래로 미끄러진다.

통제 불능인 차량에 관한 꿈은 당신이 인생의 행로에 대해 고민하고 있음을 의미한다. 보통 진로에 관한 고민이며, 어떻게 하면 전문 경력을 쌓을 수 있을지에 관한 고민일 수도 있다. 자동차가 가장 자주 나타나는 이유는 일반적으로 자동차가 사적인 추진력과 야망을 상징하기 때문이다. 그 밖에 기차나 버스 같은 커다란 대중교통 차량은 당신이 구성원으로 있는 팀이나 조직을 의미한다. 대중교통 차량이 등장한 꿈은 팀 프로젝트를 실행에 옮기려고 해도 당신이 원하는 방향으로 진행되지 않음을 의미한다. 이미 감당할 수 없는 상황이 되었고, 정리하려고 하면 할수록 점점 더 멀어지는 느낌을 받는다.

금방이라도 충돌사고가 일어날 것 같은 상황은 당신이 피할 수 없는 문제에 직면하거나 갈등을 겪을 것임을 보여준다. 자동차가 거꾸로 언덕 아래로 미끄러지고 있다면, 당신이 결정을 번복하거나 책임을 회피하려 하고 있다는 의미다. 브레이크 고장은 피할 수 없는 사람과의 갈등을 의미한다. 당신은 지금 상황을 바꿔보려고 하지만 그곳에서 빠져나오기는 힘들어 보인다. 뒤로 물러나는 것이 이런 상황을 피할 수 있는 최상의 방법이라고 생각할 수도 있지만, 당신 앞에 주어진 도전에 직면해서 상황을 제자리로 돌려놓는 것만이 한 발 앞으로 나아갈 수 있는 방법이다.

현재 위치를 포기하기보다 당신이 통제할 수 있는 부분을 찾도록 노력하라. 그런 부분이 확실치 않을 수 있고, 또한 사람들의 행동을 통제하기보다 당신의 영향력을 발휘해야 할 수도 있다. 이런 상황을 통제해서 당신이 책임자의 자리로 돌아갈 수 있게 도와줄 사람이 있다면, 두려워 말고 도움을 청하라. 통제할 수 없는 상황이 온다는 걸 받아들이기 힘들겠지만, 통제하려고 노력하면 할수록 상황은 점점 더 수습할 수 없게 됨을 느낄 것이다.

때로는 차를 조종하는 법을 배우는 일이 너무 엄청난 것으로 보이는 상황이 올 수도 있다. 차를 움직이려고 해도 반응이 없다면, 차가 나름대로 생각이 있는 듯 보일 것이다. 자동차 같은 개인 수송차량은 인생에서 우리가 이루고자 하는 목표, 우리가 가고자 하는 목적지와 관련이 있다. '나의 야망을 위한 매개체 a vehicle for my ambitions' 그리고 '성공으로 가는 길 the road to success' 같은 구절을 보면 이같은 사실이 잘 드러난다.

89 차를 잃어버리거나 차가 망가지는 꿈

중요한 약속 장소에 가야 하는 상황에서 차가 완전히 망가진 것 같다는 느낌이 든다. 서둘러 주차장으로 가서 차를 확인해보지만 시동이 걸리지 않아서 크게 낙담한다. 주기적으로 차를 점검해왔고 잘 정비해왔는데 웬일인지 작동하지 않는다. 차를 살펴보다가 타이어에 펑크가 나있거나 주요 부품이 상했거나 없어진 걸 발견한다. 또는 차가 그냥 사라져버린 걸 발견할 수도 있다. 누가 훔쳐갔거나 어디에 차를 주차해놓았는지 기억을 못하기도 한다.

?

차를 잃어버리거나 차가 망가지는 꿈은 현실에서 당신이 추진력과 야망을 상실했다고 느끼고 있음을 의미한다. 꿈에서 운송수단은 인생에서 당신이 가고 싶어 하는 곳에 도달하는 방법을 상징한다. 운송수단은 보통 개인 승용차이며, 이는 진로를 따라 나아가는 동안 보이는 운전 방식을 의미한다. 또한 특별한 사적 야망을 이루기 위해서 보여주는 당신의 힘과 통제력을 반영할 수도 있다. 당신은 나중에 되찾아 계속 나아갈 수 있으리라는 희망으로 몇몇 야망을 중간에 주차해놓기도 한다. 중요한 약속은 당신의 야망을 다시 붙사를 수 있는 중요한 기회를 의미한다.

   차에 시동이 걸리지 않는 건 다시 일을 시작해야 하거나 그 동기를 찾기 힘든 상황임을 의미한다. 당신이 전에 갖고 있던 점화 장치를 지금은 갖고 있지 않거나 당신의 야망에 연료를 공급하는 데 필요한 자원을 갖고 있지 않다고 느끼기 때문일지도 모른다. 목표를 향해 계속 운전해왔다고 여겼지만, 지금 당신은 그동안 중요한 부분을 무시해왔음을 깨닫고 있다. 펑크 난 타이어는 당신이 실망하고 있고 기가 꺾인 상태라는 뜻이며, 목표를 위해서 타이어에 다시 공기를 넣어야 할 필요성을 느끼고 있음을 뜻한다. 누군가가 당신의 차를 훔쳐갔다는 건 자신을 가치 있는 사람으로 여기고 있지 않음을 의미한다. 이로 인해 활기차게 야망을 추구하고자 하는 당신은 방해를 받고 있다.

차를 잃어버리거나 차가 망가지는 꿈은 현실에서 당신이 동기 유발과 방향을 상실했다고 경고하는 꿈이다. 당신에게 잠재해 있는 추진력을 유지하지 못하면 당신의 욕구는 아주 천천히 사라질 수도 있다. 그리고 그 욕구가 필요할 때 그곳에 없다는 걸 알아차린다면 꽤 충격을 받을 것이다. 당신의 욕구를 되찾을 가장 직접적인 방법은 에너지를 어디에 집중할 것인지 결정하는 것이다. 결단력과 추진력을 갖는다면 당신은 죽어가는 야망이라는 차를 다시 살려서 사회생활이라는 길을 더 쉽게 달릴 수 있다.

개인 차량은 인생의 목적지를 결정하고 그것을 향해 달려가는 능력을 상징한다. 19세기 말 자동차가 발명되기 전까지만 해도 보편적인 운송수단은 말이었다. 따라서 자동차 대신 말이 병들거나 도둑맞는 꿈이 일반적이었다. 물가에 위치한 문화의 사람들은 말 대신 배가 없어지거나 가라앉는 꿈을 꿨다. '재갈을 물리다 having the bit between their teeth' 또는 '야망의 고삐를 늦추다 having to rein in our ambitions'라는 구절은 말과 관련이 있으며, '활기를 잃다 running on empty' '일을 시작하다 shifting up a gear'는 자동차와 관련된 구절들이다.

90 기차를 타는 꿈

당신은 특별한 기차를 타기 위해서 서둘러 기차역으로 가고 있다. 역에 도착했지만 어느 플랫폼에서 기차가 출발하는지 그리고 기차표를 어디에 두었는지 몰라 화가 난다. 간신히 플랫폼으로 갔으나 기차는 이미 떠났다. 만약 기차를 탔더라도 원하는 기차를 탔는지 바른 방향으로 가고 있는지 그리고 어느 역에서 내려야 하는지 걱정을 한다.

기차를 타는 꿈은 당신이 현실에서 성공으로 향하는 특별한 길을 찾고 있음을 의미한다. 기차는 예정된 시간에 일정한 선로를 따라 달리기 때문에 보통 대기업에서 성공하기 위한 특별한 진로를 상징한다. 다른 기차는 다른 성공으로 이끄는 진로의 기회를 의미하며, 기차역은 이런 기회를 살리기 위한 방법을 뜻한다. 당신은 기회를 잘 잡아 많은 시간을 투자한다면 전문가로서 야망을 이룰 수 있을 거라는 희망을 갖고 있다. 원하는 플랫폼에 도착하고자 하는 건 아직도 자신의 성공과 야망을 위한 올바른 플랫폼을 찾고 있음을 반영한다. 기차표는 이런 진로를 따라갈 기회를 나타내는데, 당신은 지금 그 기회를 잃어버리지 않을까 노심초사하고 있다.

　플랫폼에 도착했지만 기차가 떠났다는 건 성공의 기회를 놓치고 싶지 않은 당신의 심정을 의미한다. 달리는 기차 안에 있다는 건 지금 가고 있는 진로를 바꾸고 싶지만 당신이 한 약속 때문에 그조차도 쉽지 않은 상황을 의미한다. 직장생활을 포함해서 모든 일이 잘 되어가고 있는 듯 보여도 벗어날 수 없는 정해진 길을 가야만 한다는 생각에 당신은 좌절감을 느낀다. 하지만 기차는 규칙적으로 역에 정차하며, 그 역에는 당신의 진로를 바꿀 기회가 기다리고 있다.

기차를 타는 꿈은 당신이 원하는 인생의 목적지를 결정하고 그 목적지를 향해 나아가는 과정에서 어떻게 야망을 실현할 수 있는지를 보여준다. 당신이 선택한 진로에 성공적으로 탑승하기 위해서는 정해진 시간 내에 한 방향으로 전념해야만 한다. 전념을 하기가 어려울 수도 있지만, 진로 선택을 보류하면 출세를 할 기회를 놓칠 수도 있다. 일정한 틀에 갇혀있다고 느낄 수도 있지만, 위험하게 진로를 바꾸기보다 인생의 목적지에 도달할 때까지 있는 자리에 그대로 머무는 것도 한 가지 좋은 방법이 될 수 있다.

기차는 직장으로 통근하는 수단이며 지속적인 과정의 느낌을 준다. 반면 선택한 길에서 벗어날 수 없다는 암시도 준다. 선택한 길을 따라 전진하는 동안 당신은 그 진행 과정의 지표인 기차역에 잠시 머무른다. 어떤 사람이 더 이상 앞으로 나아가지 못하고 그가 원하는 위치에 도달하지 못했다고 생각하면 사람들은 '너의 위치를 망각하고 있다 having ideas above your station' 라고 말한다. 예정된 과정에서 벗어난다면, '탈선하다 going off track' 또는 '궤도에서 벗어나다 gone off the rails' 라는 표현을 쓴다.

91 비행기를 놓치는 꿈

당신은 허둥지둥 공항에 도착한다. 비행기 출발까지는 몇 분밖에 남지 않았으며, 공항 검색대를 통과해서 비행기를 타야만 한다. 비행기 정보를 알아보려고 출발 안내 전광판을 유심히 살피지만 정보들이 온통 뒤섞여 있다. 누군가에게 도움을 청하려고 주위를 둘러봐도 아무도 곤경에 빠져있는 당신을 신경 쓰지 않는다. 비행기 시간에 맞춰서 일찍 출발하려고 했지만, 할 일이 너무 많고 싸야 할 짐도 많았다. 당신이 타야 할 비행기가 이륙한다는 안내방송을 듣는 순간, 가슴이 철렁 내려앉는다.

비행기를 놓치는 꿈은 현실에서 세운 계획들이 잘 이행되지 않을까 봐 걱정하고 있다는 의미다. 하늘의 교통수단인 비행기는 끝없는 상상력 속을 날아다니는 아이디어를 상징한다. 비행기를 타려고 안간힘을 쓰는 것은 현실에서 아이디어가 채택되어 지위가 높아지기를 바라는 당신의 희망사항을 뜻한다. 허둥대다가 마침내 비행기를 탔다면 당신은 계획을 달성하기 위해서 잘 짜인 시간표대로 행동하는 아주 계획적인 사람이란 뜻이다. 그런데도 당신이 불안감을 느끼는 것은 자신이 아무리 철저하고 체계적인 사람이라고 해도 열망을 향해 한 걸음도 내딛지 못할 것 같은 생각이 들기 때문이다.

공항 검색대를 통과하는 것은 날마다 삶에서 겪는 힘든 검열로 인해 야망을 실현할 좋은 기회를 종종 놓치고 있음을 반영한다. 출발 안내 전광판의 뒤섞인 정보들은 인생에서 당신을 행복하게 만드는 것이 무엇인지 확신하지 못하는 상태를 나타낸다. 당신의 상반된 욕구들은 당신을 각각 다른 방향으로 인도한다. 늘 철저하고 계획적이기 때문에 당신이 곤경에 빠진 걸 아무도 알아차리지 못한다. 당신이 싸야 할 짐과 해야 할 일들은 대부분의 시간을 자신의 욕구보다는 타인을 위해서 소모했음을 의미한다.

비행기를 놓치는 꿈은 야망을 행동으로 실천할 기회를 확보하라는 충고다. 야망을 어떻게 실천해나갈 것인지 계획된 시간표를 갖고 있더라도 성취감과 행복감이 계획대로 충족되지 않으면 당신은 실망을 한다. 이는 당신의 삶이 목표를 향한 특별하고 목적 있는 행동보다는 목표와 상관없는 바쁜 일정과 활동으로 가득 채워져 있기 때문이다. 자신을 바쁘게 만드는 것은 삶의 최고 목표와 가까워지는 좋은 방법이 아니다. 당신이 가고자 하는 곳에 도달하기 위해서는 안전하다고 느끼는 분야가 아닌 다른 분야를 탐구할 필요가 있다.

공항으로 가서 비행기를 타기까지 과정이 비행하는 시간보다 더 걸릴 수 있다. 이는 예측할 수 없는 상황들이 발생해서 지연이 되었음에도 비행기에 타야 한다는 시간적인 압박감을 준다. 정해진 시간에 목적지를 향해 이륙하는 여객기는 이륙하기 전 지상에서 짧은 시간 동안 대기하고 이륙 후에는 하늘을 여행하므로 한시적으로만 이용할 수 있는 기회를 상징한다. 항공 여행이 대중화하기 전에는 비행기를 놓치는 꿈 대신 물때를 놓치거나 농사를 지을 때 필요한 절기에 관한 꿈들을 꾸었다.

92 폭탄이 터지지 않는 꿈

당신은 우연히 불발탄을 발견하고 깜짝 놀란다. 시한장치의 디지털 라이트가 깜박이거나 알람시계가 똑딱거리며 시간을 초읽기하고 있고, 폭탄의 반이 땅속에 묻혀 있다. 때로는 폭탄이 위험하지 않은 것처럼 위장되어 있거나 당신이 누르기를 기다리는 듯 보이는 커다란 붉은색 버튼이 있는데 그것을 누르면 폭탄이 터지게 된다. 폭탄은 핵폭탄일 수도 있고, 하늘에서 직접 떨어지거나 포물선 탄도를 따라 위협적으로 떨어질 수도 있다. 이따금 폭탄이 터져 모든 것이 파괴되지만, 당신은 상처 하나 입지 않는다.

불발탄이 나오는 꿈은 당신이 현실에서 중대한 변신을 할 큰 기회가 생겼음을 의미한다. 폭탄과 폭발물은 보통 폭발이 우려되는 축적된 에너지를 상징한다. 이 에너지는 계속되는 긴장과 좌절을 통해 점점 더 커지지만, 안전하기 때문에 방출될 확률이 거의 없다. 하지만 당신은 분노를 생산적인 방향으로 처리하기보다는 모든 상황이 당신의 면전에서 터져버리지는 않을까 하는 걱정에 더 급급하다. 초읽기 상태의 시한장치는 당신의 인내가 한계에 이르러서 더 이상 불만을 억제할 수 없는 상태임을 의미한다. 땅에 묻혀 있는 폭탄은 이런 좌절이 대부분 현실적인 본질임을 의미한다.

하늘에서 떨어지는 폭탄은 당신에게 어떤 계획이나 아이디어가 있지만, 차질이 생기거나 시기상조의 예측으로 끊임없이 공격당하는 것을 의미한다. 핵무기는 당신의 삶을 완전히 바꿀 정도로 엄청난 에너지를 방출할 잠재력이 당신에게 있음을 의미한다. 하지만 에너지의 방출이 너무 파괴적인 데다 앞으로 나아가기 전 해결해야 할 케케묵은 문제들이 너무 많은 탓에 당신은 화가 난다. 좌절감을 표현하고 싶지만, 그렇게 하면 오히려 역효과를 낳을까 봐 두렵다. 상황을 진정시키는 열쇠는 버튼 위에 있는 당신의 손가락처럼 바로 당신이 상황을 통제할 수 있다는 사실을 깨닫는 것이다.

당신은 삶의 일정 부분을 긍정적으로 변화시킬 엄청난 잠재적 에너지를 갖고 있다. 폭탄이 터지지 않는 꿈은 당신이 지금 그러한 에너지를 억제하고 있거나 어쩔 수 없이 억제했다는 사실을 말해준다. 따라서 그 에너지를 조절할 필요가 있다. 하지만 통제할 수 없는 외적 요인에 의해 그 에너지가 터져버릴 때까지 기다리지는 말라. 계속 발끈발끈 화를 내고 있는 자신을 방관하지 말고, 한 발 뒤로 물러서 가장 효과적으로 에너지를 표출할 방법을 결정해야 한다.

📖 좌절감의 해소를 표현하는 말에는 폭발물과 관련된 단어나 어구가 많이 사용된다. 예를 들면, "지금 당장 무슨 일이 일어나지 않는다면, 내가 반드시 폭파시키고 말 거야"라는 표현이 있다. 또한 에너지 방출과 관련된 표현으로, "저 사람은 다이너마이트 같다", "우리는 절대적인 폭발력을 가지고 있다"라는 말을 하기도 한다. 우리는 폭발을 갑작스럽고 예상치 못한 폭탄의 폭발과 연관 지어 생각하지만, 폭발물은 파괴적인 목적보다는 건설 현장에서 더 자주 사용된다. 채석과 터널 공사에서 댐 건설 같은 건설 공사 프로젝트에 이르기까지 폭발물은 오래된 것을 제거하고 새로운 것을 만들기 위해서 쓰인다.

93 복권에 당첨되는 꿈

💬 당신은 복권 번호를 맞추어 보다가 잭팟에 당첨되었다는 걸 갑자기 알게 된다. 너무 놀라서 정말 당첨되었는지 확인하려고 복권 번호를 되풀이해서 본다. 또는 지하에 숨겨진 거대한 보물 창고를 우연히 발견하거나 현금으로 가득채운 가방을 발견하기도 한다. 이런 환상적인 행운 앞에서 당신은 당첨금을 은행에 예금할지 또는 지하에 있는 보물을 어떻게 하면 안전하게

지상으로 옮기고 자신의 소유임을 주장할지를 생각하면서 불안해지기 시작한다.

❓
복권에 당첨되거나 보물을 찾은 꿈은 당신이 지닌 유일하고 가치 있는 재능을 의식적으로 알아가기 시작했다는 것을 보여준다. 최근 예상치 못한 기회로 재능에 대한 인식이 급격히 높아진 것이다. 아무 노력도 하지 않았는데 갑자기 기회가 주어진 것처럼 보일 수 있지만, 사실 이것은 당신의 특별한 능력 때문에 일어난 것이다. 당신의 재능은 내부에서 잠자고 있었으며, 지금이 바로 이것을 사용할 기회인 것이다. 복권의 당첨 번호처럼 모든 게 앞뒤가 맞고 이해가 되는 듯 보여도, 당신은 아직 행운을 받아들이기가 어려울지 모른다.

거대한 지하 보물 창고를 찾았다면 당신에게 숨겨진 재능이 대단히 많다는 뜻이다. 당신도 이런 능력을 갖고 있음을 알지만, 능력을 밖으로 끊임없이 끄집어내 사용한다는 건 그리 쉬운 일이 아니다. 복권 당첨금이나 보물의 소유권 주장에 불안을 느낀다는 건 당신의 창조력에 대한 자신감이 부족하다는 의미다. 이런 자기 회의 때문에 당신의 재능은 기회가 확실해질 때까지 숨어있는 것이다. 능력에 대한 자신감이 커질수록 재능에 대한 가치를 더 인정하게 되며, 낙관하면서 행운을 기다리기보다 당신을 위한 기회를 만들기가 쉬울 것이다.

복권에 당첨되는 꿈은 당신이 소중히 여겨야 할 고유한 재능과 기술을 갖고 있음을 보여준다. 그리고 숨겨진 능력들을 탐색, 발굴해서 사용하는 방법을 찾도록 당신을 독려하고 있다. 당신이 가진 재능의 가치를 인식하는 길은 지금은 보잘것없어 보이는 당신의 창조적인 재능을 칭찬하는 것이다. 당신이 자신의 능력을 알아갈수록 사람들이 당신의 진정한 가치를 알아줄 기회가 좀 더 많아질 것이다. 사람들이 당신의 재능을 발견해주기를 기다리기보다는 먼저 그 재능을 위해서 당신이 할 수 있는 것이 무엇인지 찾도록 하라.

우리가 처음으로 듣는 이야기는 대부분 보물을 찾아 떠나는 요정의 이야기와 엄청난 재물을 발견하는 이야기다. 모든 길이 황금으로 덮여있는 부와 약속의 땅에 관한 신화와 전설도 있다. 이런 이야기에서 보물은 대부분 우연히 발견되는데, 현재의 복권과 비슷하다. 마찬가지로 우리는 종종 사람들이 뜻하지 않게 우리의 재능을 발견하고 우리의 존재를 발견해줄 것이라는 희망을 갖고 있다. 재능을 뜻하는 '탤런트talent'의 어원은 라틴어 '탈렌툼talentum'으로 '화폐를 세는 단위'로 쓰였다. 이렇듯 우리는 자신의 재능을 경제적인 성공과 동일시하는 경향이 있다.

94 어울리지 않는 옷을 입고 있는 꿈

당신은 중요한 미팅에 참석하기 위해서 거리로 나선다. 그런데 미팅에 어울리지 않는 옷을 입고 있다. 옷의 일부는 괜찮아 보이지만, 한 부분이 사라졌거나 한두 가지는 완전히 어울리지 않는다. 칙칙한 정장에 다채롭고 화려한 모자를 쓰고 있거나 어울리지 않는 신발을 신고 있다. 또는 몸에 맞지 않는, 다른 사람의 옷을 입고 있기도 한다.

상황에 어울리지 않는 옷을 입은 꿈은 현실에서 당신이 사람들에게 어떻게 보이는지 걱정하고 있음을 의미한다. 보통 옷은 사람들이 당신의 모습을 평가하는 기준이 되므로 우리는 사람들에게 보이고 싶은 모습에 맞춰 옷을 선택하는 경향이 있다. 당신이 품위 있는 사업가로서 비춰지길 원한다면, 말쑥한 정장에 장식이 없는 좋은 구두를 신을 것이다. 큰 단체의 구성원으로 보이고 싶다면, 최신 유행의 옷이든 군 제복이든 상관없이 구성원들과 같은 옷을 입을 것이다.

　당신이 입는 옷은 자신의 지위와 정체성의 표시이므로 어울리지 않는 옷을 입고 있다는 건 보여주고 싶은 모습과 본래의 모습이 불일치하고 있음을 의미한다. 일부분이 사라졌거나 어울리지 않는 옷을 입고 있는 꿈은 이런 불일치의 본질을 반영한다. 어울리지 않는 모자를 쓰고 있는 꿈은 부적절한 생각을 하고 있거나 부적합한 역할을 하고 있음을 의미한다. 광대 복장 같은 우스운 옷을 입고 있다는 건 당신이 신중하지 못하다는 것을 의미한다. 다른 사람의 옷, 특히 다른 사람의 신발을 신고 있다는 건 다른 사람이 되고픈 심리를 반영한다. 몸에 잘 맞지 않는 옷은 당신이 사람들과 잘 어울리지 못하거나 어울리고 싶어 하지 않음을 의미한다.

어울리지 않는 옷을 입은 꿈 때문에 당신은 자신의 진정한 모습과 보이는 모습의 차이에 관심을 갖게 된다. 당신은 사람들과 어울리기를 바라면서 부자연스러운 행동을 하기보다, 어떻게 하면 특별한 상황에서 다르게 보일 수 있는지 생각할 필요가 있다. 때때로 당신의 재능을 드러내지 않는 것이 훨씬 편해 보이지만 사람들의 기대에 자신을 맞추기보다는 주위 상황을 잘 고려하여 어떻게 개성을 드러내 보일지를 생각하라.

인간은 7만여 년 전부터 옷을 입기 시작했는데, 척박한 환경과 변덕스러운 날씨로부터 신체를 보호하기 위해서였다. 옷이 특정 단체에서 신분과 지위를 상징하기 시작한 건 그리 오래된 일이 아니다. 지금 우리가 입는 옷은 단순한 보호 목적에서 자신의 정체성을 드러내줄 목적의 여러 가지 것들로 변화, 발전되어왔다. 당신은 정체성의 일부를 숨겨왔지만, 종종 화려한 드레스를 입고 가는 파티나 전통적인 기념행사에서 숨겨진 개성을 보여주기도 한다.

95 귀중품을 잃어버리는 꿈

당신은 아주 소중한 무언가를 잃어버린다. 잃어버린 물건은 금전적인 가치가 높은 값비싼 것이기도 하지만 정서적인 가치 또한 무시할 수 없다. 분실한 물건은 당신의 가방이나 지갑인 경우가 많으며, 돈을 지불하려고 할 때 없어진 걸 알게 된다. 지폐나 수표 같은 재화 외에도 신분증과 운전면허증 등이 지갑 속에 들어있을 수 있다. 자신의 부주의로 잃어버렸다는 사실이 믿기지 않아서 누군가가 훔쳐갔을 것이라고 확신한다.

소중한 무언가를 잃어버리는 꿈은 현실에서 자신이 얼마나 가치 있는지, 사람들이 당신을 얼마나 가치 있는 사람으로 여기는지에 대해 자주 생각하고 있음을 의미한다. 소중한 물건의 분실은 당신의 자부심이 점점 낮아지고 있으며, 무의식적으로 전과 같은 자부심을 되찾을 수 있을지 불안해하고 있음을 의미한다. 그동안 인정받았던 당신의 가치가 더 이상 그렇지 못한 상황으로 바뀌었을 때 이런 느낌을 받는다. 예를 들면, 재정적인 상황이 변하거나 한때 가까웠던 사람으로부터 더 이상 아무 도움도 받지 못하는 상황 등이다.

당신은 자신이 소중한 사람임을 잘 알고 있다. 하지만 무언가에 대한 값을 지불하려고 할 때 가방이나 지갑이 없어졌음을 알고 화가 나는 건 당신의 가치에 대한 사람들의 인지도가 떨어져서 실망하고 있음을 반영한다. 신분증과 운전면허증의 분실은 자신감의 부족으로 전에 굉장히 즐겨 했던 활동을 더 이상 할 수 없게 되었음을 의미한다. 귀중품을 도둑맞았다고 확신하는 건 사람들이 당신에게 주어진 기회를 빼앗아 가서 당신의 자부심과 사회적 지위의 분실이 그들의 책임이라고 생각하고 있음을 의미한다. 당신은 자신의 진정한 가치를 사람들이 알아주기를 바란다. 하지만 자부심을 유지하는 것은 다른 사람들이 아닌 바로 당신의 책임이다.

귀중품을 잃어버리는 꿈은 자부심을 회복하고 당신의 가치를 보여줄 능력을 되찾을 수 있게 도움을 준다. 잃어버린 물건을 찾기 위해서 왔던 길을 되짚어가듯, 현재 상황을 되돌아보고 사건들을 넓은 시각으로 보는 건 가치 있는 일이다. 당신이 처한 상황에 대해 사람들을 비난하기보다는 새로운 기회를 만들어내는 데 변화된 상황을 이용하라. 자신은 소중한 사람이라는 느낌을 되찾기 위한 최선책은 자연스럽게 행동하는 것이다. 즉 사람들을 감동시키려고 노력하기보다는 가장 가치 있다고 생각하는 것에 집중하라.

우리는 보통 우리가 쌓아온 목표들이 귀중품으로서 가치가 어느 정도인지에 따라서 얼마나 성공했느냐를 판단해왔다. 귀중품은 자부심을 실제적으로 반영하는 것이기 때문이다. 하지만 물건 자체가 모두 가치 있는 건 아니며, 다른 것으로 대치될 수도 있다. 귀중품이란 그 물건이 어떤 의미와 특별함을 포함하고 있느냐가 아니라 우리의 자부심이 그것에 반영되듯이 우리가 그 물건에 부여하는 가치를 의미한다. 소중한 물건을 가치 있게 만드는 방법은 당신의 자부심을 고취시키는 것이다.

96 서류 작업이 잘못되는 꿈

담당자에게 서류를 건네주었는데, 서류가 잘못되었다는 말을 듣고 몹시 당황스럽다. 국경 경비대에 여권을 건네기도 하고, 기차를 타면서 차표를 보여주기도 한다. 당신은 자신의 서류가 유효하다고 확신하지만 책임자는 당신의 문서를 거부한다. 문서가 불충분할 수도 있고, 다른 사람의 신상 명세가 명시되어 있을 수도 있다. 신분을 확인하려고 책임자가 서명을 요구하지만 손이 떨려서 아무리 노력해도 자신의 이름을 서명할 수가 없다.

서류가 잘못되는 꿈은 현실에서 당신이 자신의 고유한 신분을 확고히 하고 사람들에게 자신의 신분을 증명하려고 노력한다는 의미다. 하지만 자신이 누구인가를 표현하는 데 어려움을 겪을 수도 있으며, 스스로도 혼란스러울 수 있다. 자신이 누구인가는 당신의 행동으로 가장 확실히 나타나기 때문에 신분은 늘 당신의 행동과 선택에 반영된다. 제한 없이 행동을 하고 선택하고 싶지만 자격이 없다고 느껴서 자신의 의도와 결정을 증명하기 위해 사람들에게 의지한다.

익숙한 영역에서는 선택하고 행동하는 데 편안함을 느끼지만, 꿈속의 국경은 당신이 뛰어넘기를 원하는 낯선 경계선을 의미한다. 여권은 당신의 공적이고 유효한 신분을 상징하고, 차표는 특정한 결정을 내리고 진행하는 권한을 의미한다. 문서에 다른 사람의 신상 명세가 적혀 있다면 당신이 자신을 사기꾼으로 느끼거나 당신에게 권한을 부여할 누군가를 찾고 있음을 의미한다. 손은 당신이 미래를 어떻게 만들고 창조할 것인가를 나타내므로 떨리는 손은 당신이 무엇을 할지 결정하고 실행에 옮기는 데에 어려움을 겪고 있음을 의미한다. 당신은 다음 단계를 수행할 능력이 있다는 걸 알지만 그 일을 하려면 공식적인 허가가 필요하다고 느낀다.

서류가 잘못되는 꿈은 당신이 자신의 고유한 신분을 증명하기 위해서 노력하는 한편 사람들에게 자신의 고유함을 인정받고 허락받는 데에 대부분의 시간을 허비하는 것을 암시한다. 다른 사람이 허가해주기를 기다리기보다는 자신이 세운 장벽을 깨버리고 진정한 모습을 드러낼 때다. 사람들이 공식적으로 당신을 인정해주는 편이 안심이 되겠지만, 자신이 누구인지 또 자신이 되고 싶은 사람이 무엇인지를 결정하는 건 결국 당신에게 달려있다.

당국 관계자와 대면할 때 신분을 증명하는 건 우리가 취해야 할 기본 과정 가운데 하나로, 공식 문서로 우리의 신분이 확인되기 전까지 우리는 자신을 증명할 수가 없다. 신분을 증명하는 결정적인 증거는 서명이고, 읽고 쓰기에서 처음 배우는 것이 바로 이름이다. 다만 우리가 지닌 문서는 물리적으로 우리를 증명해줄 수는 있지만, 우리가 실현해야 하는 삶의 진정한 목적과 잠재력의 무한한 기회에 대해서는 설명해주지 않는다.

97 틀린 전화번호나 버튼을 누르는 꿈

누군가에게 전화를 걸려고 하는데 자꾸 틀린 전화번호를 누른다. 익숙한 번호인데 이상할 정도로 엉뚱한 버튼만 계속 누르고, 심지어 마지막 두세 개 번호는 뒤죽박죽으로 뒤섞여 헷갈린다. 하지만 급하게 이야기를 해야 하므로 꼭 전화를 걸어야 한다. 어떻게든 전화 연결을 시도하지만, 엉뚱한 곳에 전화를 해서 모르는 사람과 통화하기도 한다. 그 밖에 중요한 문자를 보내거나 키패드 출입 시스템을 눌러 어떤 곳으로 가려고 하는 유사한 상황들이 나타나기도 한다.

틀린 전화번호나 계속 엉뚱한 버튼을 누르는 꿈은 현실에서 연락을 주고받기에 불편한 특정인이 있음을 의미한다. 그 사람과 일상적인 방법으로 연락하고 있지만, 이번에는 혼동이 생겨서 당신이 원하는 방법으로 그에게 메시지를 전달할 수가 없다. 전화기는 보통 의사소통을 위한 단어나 메시지와 관련이 있지만, 이 꿈에서 전화기는 말이 아닌 행동으로 어떻게 사람과 의사소통을 하느냐와 관련이 있다. 당신은 그를 상대하는 습관적인 방식뿐 아니라 그 사람이 특정한 방식으로 응답하게끔 하려면 어떻게 해야 하는지도 알고 있다.

하지만 이번에는 무슨 이유에서인지 그가 당신의 연락에 응하지 않고 있으며, 어떤 방법을 쓰더라도 연락이 닿지 않는다. 연결이 되어도 당신을 알아차리지 못하는 것처럼 보인다. 이는 보통 그가 당신의 마음을 알아차리고 더 이상 당신의 요구에 응하지 않는다는 걸 의미한다. 이런 사실을 알아차렸다면, 어떤 사람이 자신과 친해지려고 할 때 어떻게 행동했는지 깊이 생각해보아야 한다. 키패드 시스템이나 중요한 문자 메시지에 관한 꿈은 당신이 직장에서 어떻게 행동해야 하는가를 한 번쯤은 생각해보아야 함을 의미한다.

틀린 전화번호 또는 엉뚱한 버튼을 누르는 꿈은 사람과의 의사소통은 기계를 작동시키는 것과 다르다는 것을 암시한다. 어떤 사람과 연락이 되지 않는 이유는 그의 잘못이라기보다는 당신의 잘못된 의사소통 방법에 있다. 계속해서 자신의 메시지만을 전달하려고 노력하지 말고 먼저 그 사람이 진정으로 말하고자 하는 바가 무엇인지 귀를 기울여라. 그의 요구가 무엇인지 잘 알게 되면 그와의 연결이 더 강해질 것이며, 그 사람도 당신의 메시지에 주의를 기울일 것이다.

인간이 전등 스위치를 처음 켰을 때부터 우리의 특별한 행동에는 원인과 결과가 있음을 알고 있다. 전화기와 컴퓨터를 사용하면서 인간은 어떤 특별한 사람과 소통하기 위해서는 특별한 과정을 따라야 한다는 걸 알게 되었다. 현대 사회에서 의사소통은 대부분 얼굴을 직접 맞대고 하는 것이 아니라 멀리 떨어져서도 가능한 방식이다. 그 사람의 얼굴을 직접 보고 그의 기분도 파악해서 의사소통을 하기보다는 단지 전화기의 버튼을 눌러서 자신의 감정을 전화기를 통해 이야기한다. 그로 인해 종종 단절감과 오해를 불러일으키기도 한다.

98 기계가 고장 나는 꿈

잘 작동하던 기계가 특별한 이유도 없이 고장 난다. 간단하고 일상적인 일에 사용하려고 하지만 기계는 원래 방식대로 작동하지 않는다. 전원을 켰다 껐다를 반복하면서 소리도 지르고 기계를 때려보기도 하지만 여전히 반응하지 않는다. 완전히 고장 난 기계는 위험하고 위협적인 존재가 되었고, 기계가 영혼을 가지게 되었다는 생각이 든다. 기계를 작동하기 위해서 할 수 있는 일은 아무것도 없다.

기계가 고장 나는 꿈은 종종 현실에서 일반적으로 예측할 수 있던 상황이 붕괴되기 시작했음을 의미한다. 이는 의지했던 사람과의 의사소통이 붕괴되면서 발생한다. 친숙하거나 습관적인 행동에 익숙한 당신은 다른 사람들도 동일한 방식으로 행동하기를 기대한다. 하지만 이런 기대는 스트레스와 긴장을 누적시키고 결국 의사소통의 실패로 나타난다. 아무리 자주 그리고 명확하게 메시지를 전달하고자 노력한다고 해도 사람들은 당신이 원하는 방향으로 협조해주지 않을 것이다.

당신은 자신의 행동을 고치기보다는 다른 사람들을 고치려고 한다. 그래서 당신이 원하는 방향으로 그들이 행동하게 만들려고 한다. 사람들이 비이성적으로 행동하거나 당신과의 관계를 위협하는 것으로 보이기도 한다. 건강한 관계를 회복하고 싶다면 자신과 사람들을 기계처럼 다루는 걸 멈추면 된다. 사람들은 특정한 의견에 예측할 수 있는 반응을 하고 행동을 조금 수정함으로써 쉽게 고칠 수 있는 로봇이 아니다. 그들은 그들만의 삶을 살고 있다. 그들의 마음을 얻고 그들에게 영향을 미칠 수는 있지만 그들을 조정하려 한다면 인간관계가 깨질 수밖에 없다.

기계가 고장 나는 꿈은 누군가와의 의사소통에 실패할 가능성을 경고한다. 모든 것이 정상적인 듯 느껴지지만, 표면 아래에 말하지 않은 것이 있는 긴장이 감도는 관계에서 종종 발생한다. 이런 긴장은 오랫동안 누적되어온 것으로 어떤 문제가 발생하는 순간 바로 무너진다. 관계가 망가진 후 복구하려고 하지 말고 관계를 건강하게 유지하기 위해서 꾸준히 노력해야 한다. 그러면 그들이 필요할 때 그들은 당신 옆에 있어줄 것이다.

📖

인간과 동물의 가장 큰 차이는 도구를 사용하는 능력이다. 인간은 도구와 기계를 사용하는 데 너무 익숙해져서 기계에 우리의 행동을 부여하고 기계를 우리의 연장선상에 세워놓았다. 그리고 기계를 의인화해서 인간의 개성을 부여하는 지경에 이르렀으며, 자동차나 악기에 이름을 지어주기도 한다. '버럭 화를 내다 blowing a gasket'라든지 '시계로 잰 것처럼 정확하게 regular as clockwork'라는 표현처럼 기계를 설명할 때 사용하는 용어로 자신을 표현하기도 한다.

99 신발을 잃어버리는 꿈

당신은 어쩌다가 신발을 잃어버려 양말만 신고 있거나 맨발로 밖을 돌아다니고 있다. 거대한 도시를 걸으면서 신발 없이 어떻게 목적지에 닿을 수 있을까 걱정한다. 잠시 뒤 신발이 그다지 필요 없다고 생각하지만, 사람들이 당신을 보고 어떻게 생각할까 불안해한다. 땅은 거칠거나 젖어 있거나 진흙탕일 수도 있다. 원래 신발이 많이 있었던 것 같지만, 유일하게 남은 신발을 잃어버려 어떤 신발도 갖고 있지 않다.

8장 사물에 관한 꿈

신발을 잃어버리는 꿈은 당신이 믿고 있는 바를 지지할 능력에 대해 우려하고 있음을 의미한다. 발은 현실에서 당신이 잡고 있는 지위의 근간을 상징하며, 자신의 위치를 지킬 수 있는 원칙과 가치를 의미한다. 당신이 신고 있는 신발은 이런 근본 원칙을 보호할 수 있는 능력을 나타내며, 원칙을 실행에 옮기기 위해서 밟아야 하는 조치를 의미한다. 신발은 의복 중에 가장 개인적인 항목에 속하는데 당신의 가치와 마찬가지로 딱 들어맞아야 한다. 그렇지 않으면 몹시 불편함을 느낀다. 신발은 또한 개성을 나타내기 때문에 신발을 잃는다는 건 어떤 면에서 자아를 잃어버리는 것을 의미한다.

신발은 지극히 개인적인 자아를 나타내지만 또한 현재의 사회적인 지위를 반영하기도 한다. 신발을 잃는다는 것은 어떤 면에서 사회적인 기반을 잃었다고 느끼는 것을 의미한다. 당신이 최근 특정한 관계 또는 직장을 떠났거나 사람들이 당신을 무시할지도 모른다고 걱정할 때 이런 감정이 든다. 혼자서도 앞으로 쉽게 나아갈 수 있다고 생각하지만, 상황이 어려울 때 도와주는 사람이 있다는 것은 좋은 일이다. 신발이 한 켤레밖에 없다고 생각하는 것은 당신에게 필요한 것을 제공하기 위해서 한 가지 관점에 너무 의지해왔다는 의미다.

신발을 잃어버리는 꿈은 특정 상황에서 당신의 입지를 재수립하기 위해 당신이 밟아야 할 단계를 의미한다. 이것이 상당히 불편하게 느껴질지도 모르지만 당신이 진정으로 소중하게 여기는 것을 훨씬 더 잘 깨닫게 해줄 기회이기도 하다. 또한 이런 상황에서 다른 사람들에 대해 생각하고 다른 사람들의 입장에서 고려해볼 기회이기도 하다. 자신이 진정으로 소중하게 여기는 것이 무엇인지, 그리고 그것을 어떻게 지원할지에 대해 깨달을수록 스스로를 돌보고 말한 것을 실행하기가 쉬워질 것이다.

📖

우리 선조들은 4만 년 전부터 발을 보호하기 위해서 발을 감싸거나 싸개 등으로 신을 만들어 신었다. 그 뒤 신발은 중요한 패션 액세서리가 되었고, 우리의 이상형과 지위, 부를 반영하게 되었다. 우리는 사람을 판단할 때 행동이나 행위를 보고 판단하기보다는 그 사람의 신발을 보고 판단하기도 한다. 깨끗하게 반짝이는 신발은 신발 주인이 세련된 방식으로 격식 있게 행동하고 있음을 반영한다. 흙이 묻은 작업 부츠는 현실적이고 실용적인 외모를 의미한다.

100 상한 음식이 나오는 꿈

당신은 배가 고파서 음식물을 찾고 있다. 먹고 싶은 것이 있지만 아무리 찾아도 마땅한 먹을거리를 찾기가 어렵다. 사람들과 음식을 먹고 있기도 하지만 그다지 좋은 음식이 아니며 배도 부르지 않는다. 겨우 음식점을 찾았다고 해도 접시에 나온 음식은 상한 듯 보인다. 당신을 제외한 다른 사람들은 모두 제대로 된 음식을 먹고 있다. 당신 접시의 음식은 그다지 먹음직스럽게 보이지도 않고 신선해 보이지도 않는다. 이 음식을 먹느니 차라리 굶는 게 나을 듯하다.

❓
상한 음식이 나오는 꿈은 당신이 현실에서 상당히 불만스러운 상황에 처해 있음을 의미한다. 음식은 자신의 욕구를 충족시켜 자신을 채우는 능력을 의미하는데, 이는 당신에게 기회를 찾고 십분 활용할 수 있는 에너지를 부여한다. 현실에서 자신을 만족하게 해주는 것을 알고 있다고 생각하지만, 당신에게 정말 필요한 것을 찾기는 생각보다 무척 어렵다. 사람들과 식사를 하는 꿈은 사람들과의 관계에서 얼마나 만족해하는가를 생각하고 있다는 의미다. 사람들은 당신의 욕구에 만족하고 있는 듯 보이지만 당신은 무엇인가 근본적으로 건전하지 못하다고 느낀다. 이것이 당신을 공허하고 불만스럽게 만든다.

음식점은 보통 자신이 하는 일에 얼마나 만족하고 있는지를 상징한다. 음식이 상했다면 일에서 성취감을 느끼지 못한다는 뜻이다. 주변 사람들은 자신의 일을 즐기는 것처럼 보이지만, 당신은 자신의 일에 완전히 흥미를 잃은 듯하다. 신선한 도전이라고는 없는 것처럼 보이며, 같은 일을 반복하고 있을 뿐이다. 성취와 성공에 굶주려 있다면 과거를 버리고 자신의 취향에 맞는 풍부하고 다양한 경험들로 삶을 채워나가야 한다. 자신의 야망에 영양분을 공급해줌으로써 꾸준한 만족감을 느낄 수 있을 것이다.

상한 음식이 나오는 꿈은 기대와는 달리 당신이 만족스럽지 않은 상황을 겪고 있다는 것을 나타낸다. 이 일을 하기 위해서 많은 노력을 기울여왔지만 결국 당신이 원한 일이 아니다. 이런 상황은 당신이 다른 사람들의 요구를 돌보는 데 너무 많은 시간을 허비할 때 발생하며, 사람들과의 관계를 불건전한 관계로 이끈다. 자신의 기본 욕구를 잘 돌볼 때 다른 사람들을 돌보면서도 만족을 느낄 것이다.

만족을 표현하는 많은 말들이 음식을 기반으로 한다. 성취의 필요성을 말할 때 '성공에 대한 욕구 an appetite for success'라는 표현을 쓰고, 원치 않은 결과를 말할 때 '재앙의 법칙 recipe for disaster'이라는 말을 쓴다. 먹기 좋고 맛있는 음식은 노력 없이 이뤄지는 성취감을 나타내며, '식은 죽 먹기 a piece of cake', '누워서 떡 먹기 easy as pie' 같은 표현도 종종 쓴다. 대항하기 어려운 힘겨운 상황에서 '딱하기도 하군 hard cheese'이란 표현을 쓰며, 계획이 '설익었다 half-baked'라고 표현하기도 한다. 동시에 여러 가지 목표들을 달성하려고 할 때 '해야 할 일이 너무 많다 too much on your plate'라고 표현한다.

나가며

꿈의 소리에 귀를 기울여라

꿈을 이용하라

꿈의 의미를 이해하면 자신이 누구인지, 무엇을 믿고 있으며 필요한 것은 무엇인지 잘 알게 됩니다. 꿈이 주는 애매한 메시지를 현실에서 활용하기란 쉬운 일이 아닙니다. 하지만 당신이 무의식적으로 만들어낸 이야기에 마음을 연다면 꿈을 기억하고 이용하기가 쉬워집니다. 특정한 상징에 초점을 맞추기보다는 당신이 만들어내는 꿈의 패턴에 주의를 기울이십시오. 이런 패턴은 현실에서 실제로 어떤 일이 일어나는지를 가장 진실하게 반영합니다.

지금까지 이야기한 100가지 꿈의 패턴은 꿈을 행동에 옮기는 다양한 단계를 제시합니다. 당신은 이제 기본적인 테마가 다른 패턴과 연결되고 더욱 크고 복잡한 이야기를 만들어낸다는 것을 알고 있습니다. 커다란 패턴을 사용해서 더 큰 영역을 이해할 수 있으며, 현실에서 당신이 취하는 조치에 확신을 가질 수 있습니다. 복잡하고 기이해 보이는 꿈에서조차 기본 패턴을 찾을 수 있는데, 이 패턴을 활용하면 무의식적으로 만들어낸 메시지를 이해할 수 있습니다.

예를 들어, '쫓기는 꿈'은 당신이 긴장 상태에 있으며 이를 해결해야 한다는 뜻입니다. '떨어지는 꿈'은 마음을 편히 하고 버릴 것은 버리라는 의미입니다. 누군가에게 쫓기다가 절벽에서 떨어지는 꿈은 특정한 상황에서 마음을 편히 먹고 잊을 것은 잊음으로써 개인적인 긴장을 해결할 수 있다는 의미입니다. 그러면 스스로 부여한 책임감에서 자신을 해방시키고 어깨에 짊어진 부담을 없애 '날아가는' 자신을 발견할 수 있습니다.

이런 깨달음을 얻으면 반대로도 이용할 수 있습니다. 가능한 한 유리한 입장을 이용하려고 하지만 때때로 더 큰 기회를 놓치고 있지 않을까 걱정될 때, '끝없이 짐을 싸는 꿈'을 꾸거나 '비행기를 놓치는 꿈'을 꾸게 될 것입니다. 이는 보통 비행기 시간에 맞추기 위해서 짐을 쑤셔넣고 있는 꿈으로 나타납니다. 꿈의 패턴에서 이런 증거를 확인할 수 있다면, 현실에서 꿈과 연관된 조치를 취할 수 있습니다.

무의식은 당신이 보유한 개인적인 능력 가운데 가장 강력한 능력입니다. 무의식은 지속적으로 주변을 비추면서 현실을 이해하도록 도울 단서와 실마리를 제공합니다. 어떤 것에 이끌리거나 본능적인 직감이 드는 경우, 당신은 무의식을 활용하고 있는 것입니다. 우연의 일치 또는 행운이라고 느끼는 경우는 당신이 이런 기회를 무의식적으로 인지하고 있다는 의미입니다. 당신의 꿈과 무의식은 현실의 당신을 도와주지만 당신이 실행에 옮기기 전까지 꿈은 단지 꿈일 뿐입니다.

조명, 베개, 실행

꿈에 들어가기 위한 행동은 불을 끄고 잠에 빠져들기 전부터 시작됩니다. 꿈을 이해하는 가장 기본적인 조건은 꿈을 기억하는 것입니다. 실제로 많은 사람들이 자신은 꿈을 꾸지 않는다고 믿는데, 사람이 꿈을 꾸는 이유는 꿈이 우리의 정신 건강과 생리적인 행복의 근간이기 때문입니다. 우리는 REM수면 rapid eye movement sleep(안구의 급속 운동) 시 생생하게 꿈을 꿉니다. REM수면을 빼앗기면 현실에서 혼란을 겪으며 간단한 일을 처리하는 데도 어려움을 겪습니다. 우리는 꿈을 잊는 경향이 있는 탓에 현실에 빨리 적응하기도 하지만 다양한 방법을 통해 꿈을 기억할 수도 있습니다.

꿈을 기억하기 위한 첫 번째 방법은 편안한 수면 환경을 만드는 것입니다. 주변에 불필요한 물건이 있으면 현실 세계가 꿈으로 침투하기 쉬우므로 침실에서 방해물을 치워 버리십시오. 텔레비전, 컴퓨터, 그 밖의 기기들은 지친 정신을 자극해서 편안하고 깊은 잠에 빠지는 걸 방해합니다. 가능한 한 편안하고 느긋하게 마음을 가진 후, 베개에 머리를 뉘었을 때 마음속으로 '오늘밤 꿈을 기억할 것'이라고 말하십시오. 그러면 꿈을 기억할 가능성이 높아집니다.

그리고 잠에서 깼을 때 눈을 감고 1분 정도 몸을 움직이지 말고 자세를 그대로 유지하십시오. 자세를 바꾸면 꿈 이미지가 흐려지기 때문입니다. 꿈에서 깬 뒤 5분 안에 꿈의 절반 정도가 무의식에서 사라지고, 10분 안에 거의 모든 꿈이 빠져나갑니다. 일어나자마자 잠자리에서 벗어나면 꿈을 기억하기가 어렵습니다. 하지만 1분 정도만 움직이지 않는 상태를 유지하면, 꿈의 이미지와 느낌을 깨어 있는 의식으로 불러올 수 있습니다.

처음에는 이미지가 보이지 않을 수도 있습니다. 따라서 느낌에 집중해야 합니다. 꿈을 꿀 때 행복했는지 불안했는지 기뻐했는지 좌절했는지를 알아야 합니다. 느낌을 깨달으면 이미지가 나타나기 시작할 것입니다. 처음에는 빠르게 지나가고 희미할 수 있지만 이미지를 의식 속에 들어오도록 허락하고 이것들을 연결하면 완전한 꿈을 불러올 수 있습니다. 이런 과정을 거듭하면 점점 편안함을 느끼게 되고, 점점 쉽게 꿈을 기억할 수 있습니다.

꿈이 현실을 더 깊게 이해하고 인식하게 해주는데도, 너무 쉽게 꿈을 잊는 것이 이상할 수도 있습니다. 진화적인 관점에서, 우리가 꿈을 잊는 이유는 잠에서 깼을 때 꿈과 현실을 빨리 구분하기 위해서입니다. 과거에 인간은 꿈의 동굴에서 벗어나서 재빨리 현실로 나와야만 했습니다. 생명을 위협하는 현실 상황에 대처해야 했으니까요. 하지만 선조들이 사냥하는 꿈을 동굴 벽에 그리기 시작하면서 우리 존재의 많은 부분이 공유된 상징에 기반을 두게 되었으며, 꿈과 상징을 기억하는 것이 진화적인 선택이 되었습니다.

꿈에 영향 미치기

꿈은 즉석에서 창조해내는 경험처럼 보이지만, 다양한 방법으로 꿈에 영향을 미칠 수도 있습니다. 가장 쉬운 방법은 꿈에 긍정적인 목적을 부여하는 것입니다. 베개에 머리를 뉘면서 꿈을 기억하겠다고 다짐하고 꿈에 등장할 것들을 선택하십시오. 현실에서 긴장을 야기하는 특정한 관심 등이 해당됩니다. 무의식에 내재된 지혜를 이용하면 이성적인 논리로는 해결할 수 없는 문제들도 종종 쉽게 풀 수 있습니다.

  꿈의 단계를 이해하는 것도 꿈에 영향을 미칠 수 있습니다. 꿈의 첫 번째 단계를 '선잠(꾸벅꾸벅 조는) 단계 hypnagogic stage'라고 합니다. 선잠은 몸을 편히 하고 잠으로 막 빠져들 때 발생합니다. 이 단계는 무작위로 빠르게 지나가는 이미지의 형태를 띠며, 대부분 하루 동안 일어난 일들로 구성됩니다. 그리고 몸이 편해지면서 몸에 남아 있던 긴장이 사라지고, 마지막으로 긴장에서 완전히 풀려나면서 몸의 경련을 경험합니다. 이런 경련 상태를 '수면 경련 hypnic jerk'이라 하는데, 이때 낭떠러지에서 떨어지는 느낌을 받게 됩니다.

꿈의 단계는 수면 주기의 일부를 형성하며, 하룻밤 사이에 평균 다섯 번의 수면 주기를 경험합니다. 따라서 다섯 번 꿈을 꾸는 것입니다. 첫 번째 꿈은 10~15분 정도 지속되고, 꿈의 길이는 수면 주기가 반복될 때마다 길어져서 마지막 꿈은 40~45분가량 지속됩니다. 마지막 수면 단계에 접어들면 꿈과 깨어 있는 상태의 경계를 지나는데, 이를 '비몽사몽 단계 hypnopompic stage'(완전히 잠깨기 전의 반의식 상태)라고 합니다. 이 시점에서는 여전히 꿈의 이미지를 보고 있어도 깨어 있는 상황을 좀 더 의식하게 됩니다. 바로 이 단계가 '내가 원하는 대로 꿈꾸기 lucid dreaming'를 연습하기 위한 최적의 시간입니다.

'내가 원하는 대로 꿈꾸기'는 자신이 꿈을 꾸고 있다는 것을 깨닫는 능력이며, 이 능력을 가진다면 깨지 않는 상태에서 의식적으로 꿈에 영향을 미칠 수 있습니다. 자신이 꿈을 꾸고 있다고 깨닫는 처음 몇 번은 매우 답답합니다. 의식이 그만 잠에서 깨려고 애쓰기 때문입니다. 하지만 '선잠 단계' 때 연습을 하면 할수록 자각 상태를 잘 유지하게 되며, 꿈에 영향을 미칠 수 있습니다. 자각을 활용하는 방법 가운데 가장 인기 있는 방법은 꿈에서 이국적인 장소로 날아가서 육체적이고 관능적인 경험에 몰입하는 것입니다.

'내가 원하는 대로 꿈꾸기'는 유쾌한 경험을 창조하는 데 이용하기도 하지만, 현실의 긴장을 해소하는 데도 사용할 수 있습니다. '내가 원하는 대로 꿈꾸기'는 현실에서 받은 스트레스를 직접 감소시키지는 못하지만, 기저에 깔려 있는 긴장의 원인을 이해하고 이를 해결할 수 있도록 도와줍니다. 이 단계에서 가장 신나는 부분은 당신이 창조한 세계에서 원하는 것을 모두 이룰 수 있다는 깨달음입니다. '내가 원하는 대로 꿈꾸기'를 이용하면 현실의 힘겨운 상황을 해결해나감으로써 자신이 원하는 삶을 만드는 힘이 당신에게 있다는 걸 깨닫기 시작할 것입니다.

꿈의 재료

꿈에 긍정적인 영향을 미치는 가장 좋은 방법은 자신이 취하는 음식과 음료, 그 밖의 물질에 주의하는 것입니다. 보통 꿈은 뇌에서 일어나는 활동일 뿐이라고 생각하지만, 몸의 긴장과 불편함도 꿈의 상태에 영향을 미칩니다. 평소 먹는 음식이 꿈에 어떤 영향을 미칠 것인가에 대해 많이들 잘못 알고 있는데, 가장 심한 오해가 치즈를 먹으면 악몽을 꾼다는 것입니다. 우리가 먹는 음식이 꿈의 패턴에 영향을 미치기는 하지만 음식의 성분이 아니라 몸이 얼마나 쉽게 소화하는가가 중요합니다.

소화가 잘되는 음식일수록 잘 때 몸이 편안합니다. 치즈는 지방이 많은 음식처럼 소화가 잘 되지 않아서 치즈를 많이 먹으면 몸이 편안하지 않은 탓에 자다 깨다를 반복합니다. 따라서 꿈의 내용을 더 잘 인식하는데, 몸이 편안하지 않은 상태이므로 꿈의 내용도 편하지만은 않습니다. 뜨거운 카레나 매운 음식도 불편함을 야기하며 자기 전에 과식을 해도 마찬가지입니다.

몸이 편안해지는 걸 방해하는 물질로 인해 꿈은 더욱더 선명하고 강렬해집니다. 가장 심한 경우가 니코틴 악몽인데, 니코틴 패치를 부착하고 자면 니코틴 악몽을 꾸게 됩니다. 흡연은 꿈의 강도를 약화하는 경향이 있어서 금연을 하면 꿈의 이미지가 놀라울 정도로 선명해지고 사실적으로 나타납니다. 최근에 담배를 끊은 금연자가 니코틴 패치를 부착한 채 잔다면 무척 터무니없는 꿈을 꿀 것입니다. 몸을 쉬게 하고 편안하게 하려면 니코틴 패치를 부착하지 않고 자는 것이 좋습니다.

술은 진정 효과가 있어서 잠을 유도하기 위한 안정제로 종종 사용합니다. 술은 편안한 기분을 만들어주고 잠을 잘 수 있게 도와주기도 하지만, 진정 효과가 사라지면 진정제가 아닌 흥분제가 됩니다. 또한 꿈을 꾸는 데에 필요한 렘수면을 억제해서 꿈을 꾸지 못하게 합니다. 렘수면이 일시적으로 방해받으면 REM-반동이 일어나는데, 그러면 꿈은 더 선명하고 무서우며 강렬해집니다. 알코올 처리는 생리적인 스트레스를 야기하고, 이런 불쾌감은 꿈에서 악몽이나 혼돈, 걱정으로 나타납니다.

약을 먹었을 때도 수면의 질에 부정적 영향을 미쳐서 강렬한 꿈을 꿀 수 있습니다. 역설적이지만 보통 약에는 충분한 수면을 유도하기 위한 수면제가 포함됩니다. 약은 종종 술과 유사한 경험을 불러일으키는데, 약 기운이 떨어지면서 REM-반동과 불편함을 야기합니다. 항우울제도 렘수면을 방해합니다. 복용하는 사람이 악몽을 덜 꾸니 좋은 것일 수도 있지만, 이는 꿈을 이용해 현실에서 우울증을 야기하는 문제들을 해결하기 어렵다는 뜻이기도 합니다.

악몽

악몽은 몹시 무서운 경험일 수도 있으나 감정이 고조되고 통제 불능인 상태를 경험하는 꿈의 한 형태일 뿐입니다. 악몽은 통제할 수 없는 듯 보이지만 악몽을 만든 것은 당신이므로 당신이 해결할 수 있습니다. 악몽은 당신에게 겁을 주고 불안하게 하려는 것이 아니라 현실의 당신이 균형에서 벗어나고 있음을 경고하기 위해서 나타납니다. 이런 불균형을 무시하면 무의식은 꿈에서 감정적인 내용을 늘려서 당신이 의식적으로 주의를 기울일 때까지 더욱더 무섭게 만들어버립니다.

악몽을 꿀 때 가장 답답한 것은 자신이 꿈을 통제할 수 없다고 느끼는 것입니다. 무의식이 충족되지 못한 현실의 욕구와 풀리지 않은 긴장의 일부를 드러내면서 두려움을 느끼게 됩니다. 이는 악몽 같은 경험일지라도 당신에게 중요한 무엇인가를 말하려고 하는 것입니다. 이 문제에 관심을 갖기 시작하면 악몽은 사라질 것입니다. 무서운 꿈을 피할 수 있다면 좋겠지만 악몽이 꼭 나쁜 것만은 아닙니다. 악몽은 현실의 좌절감과 걱정거리에 대한 구체적인 해결책을 확인할 수 있게 도와줍니다.

악몽의 패턴을 이해하면 당신의 무의식이 당신에게 전하려는 메시지를 이해할 수 있습니다. 이 책은 꿈의 패턴들에 대해 설명합니다. 악몽을 통해 이런 패턴을 경험할 수 있고, 패턴에 대한 설명을 이해하면 악몽을 꾼 이유가 무엇인지도 잘 알 수 있습니다. 따라서 악몽은 특정한 상황을 합리적으로 돌아보고 이를 해결할 수 있도록 구체적인 실행 방향을 구상하게 도울 것입니다. 악몽을 해결할 수 있는 직접적인 방법도 있지만 이런 방법은 용기와 자제력을 요구합니다.

악몽을 꾸다가 너무 무서워서 깰 수밖에 없는 순간이 있습니다. 이는 굉장히 중요한 순간으로, 당신의 본능이 당신을 잠에서 완전히 깨워 악몽에서 벗어나게 하는 것입니다. 당신이 꿈에 지나치게 감정적으로 관여하고 있기 때문인데, 이때 악몽에 대처하는 방법이 무척 중요합니다. 일어나는 대신 악몽에서 가장 중요한 측면을 하나 찾고 그것이 자신에게 말하고자 하는 바가 무엇인지 물어 그것과 대면하십시오. 아주 잠시 동안은 더 무서울 수도 있지만 대부분 명확하고 솔직한 답변을 들을 수 있습니다.

당신이 들은 답변은 악몽을 해소하는 열쇠가 되므로 이 정보를 사용해 현실에서 조치를 취하고 긴장을 해소할 수 있습니다. 악몽은 가장 감정적인 꿈 가운데 하나이므로 당신이 듣는 답변을 행동으로 옮기는 것은 감정적인 도전이 될 수 있습니다. 하지만 꿈에서 그만큼 강력하고 감정적인 이미지를 만들 수 있다면 현실에서도 결정적인 행동을 할 수 있는 힘이 있음을 의미합니다. 악몽에 익숙해질수록 악몽에게 조종당한다고 느끼는 대신 자신의 본능과 감정에 좀 더 영향을 미칠 수 있습니다.

치유하는 꿈

꿈이 주는 가장 큰 선물은 현실에서 겪고 있는 갈등의 원인과 해결 방법의 제시입니다. 현실에서 갈등은 자신의 진정한 특성과 실질적인 욕구, 실제 신념을 발견하면서 발생합니다. 눈에는 보이지 않지만 긴장은 불안감을 조성하고, 이런 불균형이 질병이나 병환의 형태로 나타나기도 합니다. 신체적인 긴장은 소소한 통증이나 병원에 가야 할 정도의 심각한 질병으로 나타날 수도 있습니다.

꿈은 다양한 질병을 야기하는 불균형을 해소할 뿐만 아니라 임박한 질병을 사전에 경고할 수도 있습니다. 이런 꿈을 '전조 fore runner'라고 하며, 그리스어 '전구증 pro dromus'에서 유래했습니다. 꿈의 언어는 은유적이므로 특정 질병에 관한 꿈이 실제 질병을 그대로 반영하지는 않습니다. 따라서 우리는 꿈의 이미지를 단서로 활용해야 합니다. 고객이 어떤 꿈을 반복적으로 꾼다며 상담을 해온 적이 있습니다. 꿈에서 낯선 이가 허락도 받지 않고 자신의 정원에 다른 집을 짓는다는 것입니다. 이 집은 그의 집에 그림자를 드리우고 공동 배수관 공사가 문제를 일으킵니다.

이 고객은 비뇨기관 질환으로 고생하고 있던 터라 그에게 병원에 가라고 제안했습니다. 원하지 않는 집은 몸에서 자라는 무엇인가를 나타낸다고 생각해서였습니다. 결국 그의 몸에서 표재성 방광암이 발견되었고, 수술을 받게 되었습니다. 꿈은 질병 진단뿐만 아니라 치료 과정에도 사용할 수 있습니다. 그래서 수술을 받을 때까지 우리는 시각화 과정을 사용했습니다. 그는 조류학 학자였기 때문에 자신을 넓은 대양 위로 밝은 하늘을 뚫고 날아가는 크고 강력한 황금빛 독수리라고 생각하도록 조언했습니다.

우리는 종양을 물가에서 풀을 뜯는 토끼로 설정했습니다. 토끼는 무해하지만 수가 많아져서 통제하기 힘들어지면 골칫거리가 됩니다. 시각화 과정에서 그의 황금빛 독수리는 휙 소리를 내며 땅으로 내려와서 토끼를 한 마리씩 채갑니다. 이런 과정을 몇 차례 거치자 그는 스스로 상상할 수 있게 되었고, 수술날짜가 되기 전에 수술이 필요하지 않을 정도로 종양이 줄어들었습니다. 이는 우리가 함께 노력한 결과일 수도 있고 식단과 생활방식 변화로 일어난 일일 수도 있습니다. 어느 쪽이든 꿈과 시각화로 고객은 강력한 치유 효과를 보았습니다.

꿈을 이용해서 신체 불균형을 해소함으로써 자신을 치유하고 새롭게 태어날 수 있습니다. 꿈과 치유는 늘 밀접한 관계가 있는데, 4,500년 전 중국 황제가 최초로 꿈을 이용해서 치유했다는 기록이 있습니다. 현대의학의 창시자인 히포크라테스는 진단의 일부로 꿈을 해석했으며, 전통적인 히포크라테스 선서는 많은 꿈의 사원을 주창한 치유와 의학의 신 아스클레피오스를 언급합니다. 이 사원에서 환자들은 꿈을 이용해서 스스로를 치유했고, 스스로 새로워지는 방법을 이해했습니다.

꿈의 신체

무의식은 마음과 관련된 성질로 보이지만 신체적, 감정적, 정신적인 부분과도 연결되어 있습니다. 당신의 의식이 인지하는 신체의 명확한 느낌과 실체를 뛰어넘어 무의식적으로 인식하는 신체도 있습니다. 늘 신체를 인식하고 통제하고 있지만 당신의 몸은 의식이 깨닫지 못한 채 무의식적으로 움직이고 손짓하고 대화합니다. 이런 무의식적인 신체 인식은 꿈의 신체로, 자연스럽고 본능적인 육체를 상징합니다.

꿈의 신체는 당신이 누구인지, 진정 무엇을 원하며, 어떻게 실질적으로 획득할 수 있을지를 구현하지만, 당신은 몸이 부자연스럽게 행동하도록 강요해서 진정한 자아를 종종 무시합니다. 의식적으로 자신의 신체를 조절하려고 하면 참다운 자신과 사람들에게 보이고 싶은 모습 사이에서 엄청난 긴장이 발생합니다. 우리의 몸은 살아 숨 쉬는 생명체로, 탐닉하기보다는 허기와 금단 증상을 느끼며 갈망을 느껴야 할 대상처럼 다루어야 합니다. 하지만 인간은 자신의 만족보다는 사람들에게 어떻게 비춰지는가에 따른 판단으로 몸을 제어하려는 경향이 있습니다.

몸을 통제하는 가장 일반적인 방법은 특정 식단을 고수하면서 먹을거리를 제한하는 것입니다. 당신의 무의식은 이런 엄격한 식단에 반항하려고 하지만 점점 통제할 수 없게 변해가는 신체 외관을 발견합니다. 당신은 칼로리를 제공하고 배고픔을 달래기 위해서 음식을 섭취한다고 생각하지만 보통은 드러나지 않는 무의식적 욕구를 채우려고 음식을 먹습니다. 이런 욕구는 꿈에서 명확하게 나타나는데, 욕구를 채움으로써 꿈의 신체는 자연스럽게 건강한 육체의 모습을 갖추게 됩니다.

당신이 통제력이나 힘을 잃는 내용의 꿈을 꾸면, 당신은 음식을 조절해서 삶을 조율하려고 할 것입니다. 과도하게 먹거나 굶거나 하며, 이따금 두 가지를 반복할 것입니다. 삶에 무엇인가가 빠져 있는 꿈을 꾼다면, 배가 고프며 영양분이 필요해서라기보다는 자신의 기분을 좋게 만들기 위해서 기분을 좋게 해주는 음식을 먹을 것입니다. 충족되지 않은 욕구에 대한 꿈은 종종 습관적인 식사 행위에서 분명하게 나타나는데, 실제로 먹는 행위가 정신적인 욕구를 채워주지 못함에도 계속 먹으려고 할 것입니다.

꿈의 패턴에서 나타나는 의미와 메시지를 이해하면 실제로 원하는 것이 무엇인지, 당신이 진정 소중하게 여기는 것이 무엇인지를 좋은 방향으로 규명할 수 있습니다. 실제 욕구가 충족되면 먹는 것 등을 제한해서 자신을 통제하지 않아도 됩니다. 자신의 몸에 대해 편안하게 느낄수록 다른 사람이 자신의 외모를 판단하는 것을 허용하지 않을 것입니다. 자신의 행동과 절차를 느슨하게 풀어주면 외형이 통제 불능 상태가 되지만, 그 반대의 경우도 마찬가지입니다. 진정으로 원하는 것을 채워주면 자연스럽고 건강한 꿈의 신체를 얻을 수 있습니다.

꿈의 마음

마음은 완전하게 의식할 수 있는 신체의 일부분으로 보입니다. 하지만 당신은 더 큰 아이디어를 자극하고 진작시키며 무의식적으로 더 깊은 사고를 받아들이고 처리하는 현명한 마음을 갖고 있습니다. 이런 현명한 마음은 꿈의 마음으로, 똑똑하고 영리한 의식이 할 수 없는 것도 해냅니다. 당신의 의식은 확실성을 요구하며 합리적인 수준에서 작동합니다. 한편 꿈은 역설과 가능성을 포용합니다. 모든 사실을 알고자 하기보다는 정보의 부분과 단편을 바탕으로 창의적인 의식에서 번성합니다.

불완전한 정보를 바탕으로 결정을 내리는 건 의식적으로는 어려운 일이지만 꿈의 마음은 불완전성과 모호함만 갖고도 쉽게 해낼 수 있습니다. 이런 특징은 무의식이 미지의 것에 잘 적응하도록 이끌며, 획기적인 돌파구를 마련하도록 돕습니다. 꿈의 마음은 순차적이고 논리적인 방법으로 해결하기보다는 패턴을 비교해서 서로 맞추고 유추하여 당신의 세계를 더 깊게 이해하게 합니다. 알베르트 아인슈타인, 닐스 보어, 프리드리히 케쿨레 Friedrich August Kekulé von Stradonitz(독일의 화학자, 꿈에 뱀이 자신의 꼬리를 무는 것을 보고 벤젠 고리의 구조를 연상함) 같은 위대한 과학자들뿐만 아니라 많은 사람들이 꿈의 마음을 활용해서 다른 방식으로는 얻기 힘든 기술적인 발견을 실현했습니다.

컴퓨터는 가장 이성적이고 논리적인 기기이지만, 창시자인 찰스 배비지 Charles Babbage(1792~1871, 영국의 수학자, 계산기 연구의 선구자)와 에이다 러브레이스Ada Lovelace(1815~52)는 무의식을 이용해서 꿈을 이루었습니다. 케임브리지 대학의 수학 교수였던 배비지는 분석협회에서 일하면서 졸음을 어떻게 활용할까에 대해 생각했습니다. 그가 목재 테이블에 머리를 기대고 자는 동안 꿈의 마음은 다른 테이블table(표)을 찾아 헤맸습니다. 이것이 바로 대수표logarithmic tables인데, 그의 꿈은 현대 컴퓨터 하드웨어의 전신인 미분기Difference Engine를 고안해내도록 도왔습니다.

영국의 백작 부인이었던 에이다 러브레이스는 배비지와 미분기를 발전시킨 해석기관Analytical Engine을 개발했고, 소프트웨어 응용 프로그램을 가동시켰습니다. 러브레이스는 열병으로 고생했는데, 그 덕에 종종 강렬하고 선명한 꿈을 꿀 수 있었습니다. 꿈을 꾸던 중 그녀는 숫자를 기호로 사용할 수 있다는 걸 깨달았으며, 꿈의 마음이 했던 것과 같은 방식으로 해석기관을 기호로 조작할 수 있었습니다. 러브레이스는 이런 통찰력을 사용해서 해석기관이 가동되는 일련의 계산을 구상했습니다. 그녀는 현재 세계 최초의 컴퓨터 프로그래머이자 소프트웨어 창시자로서 인정받고 있습니다.

이런 혁신적인 발견은 천재들만의 일인 듯 보이지만 천재는 우리가 익숙한 것을 익숙하지 않은 방식으로 볼 뿐입니다. 꿈의 마음은 당신의 편협한 시각을 열어줍니다. 현재 합리적인 현실로 받아들이는 아이디어들은 과거에는 단지 꿈이었을 뿐입니다. 도전에 맞설 때 우리는 종종 잠을 자면서 이에 관해 생각합니다. 우리의 잠에서 가장 소중한 부분이 바로 꿈입니다. 문제에 부딪혔다고 느낄 때 의식을 분산하려 노력하고 꿈의 마음이 무의식적으로 다양한 해결책을 구상할 수 있게 하십시오.

꿈의 관계

꿈에 등장하는 인물의 성격은 현실에서 중요한 사람과의 실제 관계를 반영합니다. 의식적으로 깨닫지 못하는 자신의 일부분이 꿈을 통해 상징적으로 드러나는데, 현실에서도 무의식적인 성격을 드러내 그와 같이 행동합니다. 당신이 끌리는 사람들은 종종 당신이 의식적으로 인식하지 못하는 당신의 긍정적인 특징을 반영합니다. 당신이 싫어하는 사람의 특징은 무의식적으로 드러내는 당신의 행동을 반영하기도 하지만 이성적 자아가 의식적으로 허용하지 않는 행동을 반영하기도 합니다.

또한 당신은 꿈에 등장하는 인물의 성격이 다른 사람들의 정체성을 반영한다는 사실을 무의식적으로 알고 있으며, 가능한 한 자신이 아름답고 강력한 사람으로 보이도록 참다운 성격을 감추려고 노력합니다. 이는 사람들에게 영향력을 행사하려는 공공연한 전략일 수도 있지만, 용기를 내어 자신의 장점을 보려 하기보다는 사람들에게 비치는 모습을 통해 간접적으로 보려 하는 것입니다. 알려지지 않은 내면의 장점이 당신을 불안하게 만들므로 관습적으로 인정되는 장점에 순응함으로써 이를 숨기는 것입니다.

자신의 무의식적인 특징을 사람들에게 드러낼 때 당신은 본능적으로 반사되어 돌아오는 것이 무엇인지 확인하려고 애씁니다. 그것이 무엇인지 확인하는 건 무의식적으로 다른 사람을 판단하는 것으로 보이지만, 사실 자신의 무의식적인 성격을 판단하는 것입니다. 너무 자신만만하고 시끄럽다고 누군가를 비난한다면, 그 사람의 행동 중에 당신이 하고 싶은 행동이 있을 수 있지만 그것을 시인하거나 깨끗하게 인정하기를 거부하는 것입니다. 당신이 틀렸거나 약점이 있다고 느낀다면 이런 행동을 거부하는 것은 자연스러운 자기 방어입니다.

하지만 당신에게 없는 성격을 사람들에게 계속 투영한다면 언제나 같은 이야기만 반복하는 관계에 갇히기 쉽습니다. 상대방이 변한다고 해도 그들은 당신의 행동에서 당신이 인정하고 해결해야 할 성격을 반영해줄 뿐입니다. 이처럼 현실에서는 어렵지만, 꿈에서는 반복되는 패턴들의 관계를 명확하게 볼 수 있습니다. 당신이 꿈에서 만들어낸 성격을 이해함으로써 현실에서 당신이 누구에게 이끌리는지 깨닫게 될 것입니다.

꿈의 관계를 인식하는 것은 로맨틱하고 친밀한 관계를 도울 뿐만 아니라 직장이나 사회에서 사람들과 어떻게 연결되어 있는지를 인식하는 일입니다. 자신이 사람들에게 어떻게 보이는지 너무 신경을 쓰기보다는 이런 관계에서 당신은 정녕 누구이며 원하는 바가 무엇인지 자각하도록 하십시오. 그리고 사람들과 친해질 수 있는 기회를 갖도록 노력하십시오. 이런 관계가 주는 소중한 선물 중 하나는 자신의 깊은 자아를 탐험할 수 있도록 도와주는 것입니다.

꿈의 여행

출생과 사망에 관한 꿈은 흥미롭지만 무서운 경험이기도 합니다. 태어나거나 죽는 꿈은 사람들을 종종 불안하게 만듭니다. 특히 이 꿈을 있는 그대로 받아들이고 현실의 출생과 죽음으로 연결한다면 말입니다. 하지만 삶의 시작과 끝에 관한 꿈은 대부분 현실에서 특정한 상황의 시작과 끝을 의미합니다. 이런 순환은 숨 쉬기처럼 짧은 것일 수도 있고, 삶의 여정처럼 길고 지속되는 것일 수도 있습니다. 당신이 관여하는 모든 활동에는 반드시 시작과 끝이 있게 마련입니다.

인간의 문화는 새로운 시작을 알리는 상징으로 출생의 은유법을 사용하며, 다음 단계로 넘어가는 변화의 상징으로 죽음을 사용합니다. 출생에 관한 꿈은 새로운 시작이나 소중한 아이디어가 결실을 맺음을 의미합니다.

출생에 관한 꿈을 꾼다는 것은 인생의 여정에서 새로운 단계로의 이동을 깨닫기 시작했다는 것을 의미합니다. 당신의 무의식이 현실에서 누군가가 임신 또는 출산하려고 할 때 나타나는 미묘한 육체적 또는 행동적 신호를 기억했다가 이런 정보를 당신의 꿈과 엮는 것입니다.

출생에 관한 꿈은 기쁘고 축하할 일이지만 죽음 또는 사망에 관한 꿈은 슬프고 당황스러우며, 꿈에서 깨어날 때 두렵고 걱정스럽게 만듭니다. 하지만 죽음과 관련된 꿈은 실제 죽음과 거의 관련이 없습니다. 그보다는 현실에서 근본적인 변화가 일어나고 있다는 걸 의미합니다. 죽음에 관한 꿈을 꾸는 것은 현실에서 어떤 중요한 일이 자연스럽게 끝나고 있음을 뜻합니다. 이는 당신이 크게 성장해서 직장을 떠나거나 새로운 도전을 위해서 준비하는 등 중요한 변화를 상징합니다.

또한 죽음의 꿈은 지난 일을 잊고 새로운 것을 시도해야 함을 암시합니다. 현재의 상황이 막다른 길에 다다랐으며, 이제 자신의 꿈과 열망을 실현해야 함을 의미합니다. 익숙했던 역할에서 벗어나 새로운 모험을 떠나야 할 때가 왔거나 당신의 성장을 돕지 못하는 관계에 갇혀 있음을 의미할 수도 있습니다. 현실에서 변화를 겪을 때 종종 임신, 출생, 무럭무럭 자라는 아이에 관한 꿈을 꾸기도 합니다. 이 꿈을 통해 새로운 것을 환영하고 포용하기 위해서 이전의 삶을 뒤로 하는 것에 즐거움을 느낄 것입니다.

꿈에서 경험하는 출생과 죽음은 또한 현실에서 중요한 일의 시작과 끝, 모든 끝과 시작 사이의 기간에 관심을 갖게 하고 그 기간을 새롭게 합니다. 현재의 여정에 좀 더 관심을 갖는다면 당신이 어디에서 왔는지 어디로 갈 것인지를 잘 볼 수 있습니다. 과거의 슬픔과 미래에 대한 두려움에 초점을 두기보다는 더 큰 여행과 당신의 꿈에 어떻게 다가갈 수 있을지를 깨닫기 시작할 것입니다.

꿈의 삶

꿈을 연구하는 심리학자로 살면서 운 좋게도 성공한 고객을 만날 기회가 많았습니다. 보통 사람의 눈에는 그들이 성공에 따르는 명예와 돈 등 원하는 것을 모두 가진 듯 보일 것입니다. 하지만 이런 화려함 뒤에서 그들은 우울증과 낙담으로 고통받고 있습니다. 그들의 꿈을 살펴보면서 꿈에 나오는 사람들이 현실에서 보이는 공인의 모습과는 많이 다르다는 것을 발견했습니다. 그리고 그들이 "돈은 많지만 그게 나의 전부는 아니다" 또는 "왠지 어딘가에서 길을 잃은 것 같다"라고 말하는 것을 계속 들었습니다.

평범한 삶을 사는 사람들도 마찬가지입니다. 우리는 되고 싶은 무엇인가에 대한 원대한 희망, 이 위대한 모험에서 동료가 될 아름다운 사람에 대한 열망을 갖고 있습니다. 우리는 자신이 성취할 부와 위대한 행동에 관해 말하는 꿈을 꿉니다. 하지만 몇 년 후 자신에게 질문을 합니다. "이 일을 왜 하는 거지?", "매일 하는 이 일이 무슨 의미가 있지?" 또는 "나는 왜 스스로에게 고통과 불행을 주는 거지?"라고 말입니다.

우리는 모두 현실에서 고유한 삶의 이야기를 갖고 있지만, '삶이 진정으로 어땠으면 좋겠다' 하는 이상적인 그림을 그리기도 합니다. 완벽한 삶에 관한 개인적인 희망을 '꿈을 이루다'라고 표현하지만, 얼마나 열심히 일하든 어떤 희생을 하든 이런 꿈은 늘 멀리 있는 듯합니다. 하지만 꿈같은 삶을 이루는 가장 확실하고 직접적인 방법은 무의식에서 일어나는 일이 현실에서도 실현될 수 있음을 인정하는 것입니다.

무의식이 만들어내는 꿈을 이해함으로써 당신이 누구인지, 어디로 가고 싶은지에 대한 참다운 이야기를 들을 수 있으며, 목표에 닿을 가장 직접적이고 확실한 길을 알 수 있습니다. 꿈을 이해하면 자신을 더 깊게 이해할 수 있고, 현실과 이상적인 꿈의 미래를 연결하는 방법도 알게 됩니다. 자신의 큰 꿈에 얼마나 가깝게 연결되어 있는지 알면 당신은 깜짝 놀랄 것입니다. 다만 꿈을 현실로 불러오기 위해서는 확실한 노력이나 관점의 변화가 있어야 합니다.

현실의 이야기와 꿈을 연결한다면 당신은 꿈을 이루는 자신을 발견할 것입니다. 꿈을 피해서 숨으려고 한다면, 당신의 꿈은 진정한 자신을 찾고 마침내 진실을 말할 수 있을 때까지 당신을 계속 자극할 것입니다. 꿈이 당신을 자극하면 당신은 진실로 행복해지기 위해서는 전단지나 텔레비전 광고에 나오는 그런 '꿈'에서 살 필요가 없다는 걸 깨달을 것입니다. 대신 자신의 꿈을 이루려고 노력할 것입니다. 오직 당신만이 꿈꿀 수 있는 유일하고 원대한 꿈 말입니다.

꿈을 이루기

꿈을 꿀 때 수백만 년 동안 이루어진 진화가 분 단위로 측정할 수 있는 우리 일상과 조우합니다. 우리는 꿈을 꾸는 생명체로 진화했습니다. 꿈을 통해 단 하나의 삶을 경험하는 것이 아니라 과거 세대가 증류한 삶은 물론 미래 세대가 겪을 가능성의 삶도 경험합니다. 우리의 꿈은 모든 기회를 밝혀주고, 모든 업적을 목격하며, 우리가 알고 있는 가능성으로 우리를 안내합니다. 꿈은 인류가 받은 가장 큰 선물로 우리가 누구인지, 어디로 가고 있는지 그리고 어떻게 그곳에 닿을지 그 신비 속으로 우리를 초대합니다.

우리는 우리가 누구인지 기억하기 위해서 그리고 어떤 사람이 되고 싶은지 이해하기 위해서 꿈을 꿉니다. 우리는 자신이 보유한 모든 재능과 아이디어를 연결하기 위해서 꿈을 꾸지만, 꿈을 무시하고 방치하는 경향이 있습니다. 우리는 미래의 잠재력과 가능성과 놀기 위해서 꿈을 꿉니다. 과거에 경험하고 앞으로 경험하기를 원하는 기억의 단편들을 수집하고 연결하기 위해서 꿈을 꾸며, 이 모든 기억과 희망을 의미 있는 이야기로 엮습니다. 꿈에서 만들어내는 이야기를 이해함으로써 자신의 고유함을 이해하고 자신의 재능을 축하할 수 있습니다.

멀찍이 서서 자기 상황을 평가하는 관찰자가 된다면 꿈을 이룰 수 없습니다. 꿈으로 들어가는 것이 자신이 되고자 하는 사람과 만나는 유일한 방법이며, 꿈을 이루기 위해서는 더 넓은 의식 속에 몰입해야 합니다. 무의식은 끊임없이 실제의 당신과 꿈속의 당신, 즉 의식의 자아를 넘어선 더 큰 자아를 연결하려고 하지만 이는 쉽게 무시됩니다. 하지만 자신을 넘어선 세계와 자신을 연결한다면 자신의 깊은 자아와 더 깊게 연결될 수 있습니다.

우리가 만든 모든 관계, 영적인 행위와 예술은 자신을 넘어서는 어떤 것과 연결되어 육체를 초월하려는 욕망에 따라 이루어져 왔습니다. 인간의 가장 큰 업적은 미래에 관한 꿈을 상상하는 것에서 시작되었습니다. 꿈을 단지 뇌에서 순간적으로 지나가는 의미 없는 이미지로 치부하기 쉽습니다. 하지만 꿈을 인식하고 꿈을 현실로 만드는 것은 인간이 되기 위해서 꼭 필요한 과정입니다. 꿈은 우리 모두를 연결하며, 우리 모두가 인식하는 세계를 만들어냅니다.

이 책을 읽으면서 당신의 무의식은 조용하게 움직입니다. 당신의 뇌를 형성하는 천만 개의 뉴런을 자연스럽게 밝혀주면서 말입니다. 각각의 뉴런들은 특별한 목적 없이 무작위로 불타오르지만 집단적으로 활동하면 의미를 갖게 됩니다. 뇌 세포 각각은 본능적으로 다른 뉴런과 연결되고, 그 수천 가지의 연결을 통해 익숙한 주제와 패턴을 드러냅니다. 당신의 꿈은 당신이 만들어낸 모든 연결과 당신을 위해서 뉴런들이 비춰주는 모든 가능성의 이야기입니다.